普通高等教育应用创新系列规划教材·经管基础课程系列

市场营销学

刘岚岚　任洪云　张　磊　主编

科学出版社

北　京

内 容 简 介

  本书结合国内外先进的市场营销学研究成果和鲜活的案例,对市场营销的基本理论加以系统、全面的介绍。全书共 12 章,具体包括市场营销与市场营销学概述、市场营销环境、市场营销调查与预测、组织市场与购买行为分析、目标市场营销战略、市场营销组合、产品策略、价格策略、分销渠道策略、促销策略、市场营销管理与控制和市场营销的新领域与新发展。

  本书不仅适用于普通高等院校的经济管理类、财经类学生,还可以作为企业管理人员和营销人员的参考用书。

图书在版编目（CIP）数据

市场营销学 / 刘岚岚,任洪云,张磊主编. —北京：科学出版社,2019.3

普通高等教育应用创新系列规划教材·经管基础课程系列

ISBN 978-7-03-059357-3

Ⅰ.①市… Ⅱ.①刘… ②任… ③张… Ⅲ.①市场营销学–高等学校–教材 Ⅳ.①F713.50

中国版本图书馆 CIP 数据核字（2018）第 251651 号

责任编辑：王京苏 / 责任校对：李 影
责任印制：霍 兵 / 封面设计：蓝正设计

科 学 出 版 社 出版

北京东黄城根北街 16 号
邮政编码：100717
http://www.sciencep.com

石家庄继文印刷有限公司 印刷

科学出版社发行 各地新华书店经销

*

2019 年 3 月第 一 版 开本：787×1092 1/16
2019 年 3 月第一次印刷 印张：17 3/4
字数：421 000

定价：48.00 元

（如有印装质量问题,我社负责调换）

前　言

所谓市场营销，就是在变化的市场环境中，旨在满足消费需要、实现企业目标的商务活动过程，包括市场调研、选择目标市场、产品开发、产品定价、渠道选择、产品促销、产品储存和运输、产品销售、提供服务等一系列与市场有关的企业业务经营活动。市场营销学是一门研究以满足市场需求为中心的企业市场营销活动及其规律性的应用性学科。作为一门课程，市场营销学的教学可以使学生比较系统地、全面地、客观地了解和掌握其基本理论，吸收和借鉴当今国内外市场营销理论的新观点、新方法，对市场营销学的内容形成比较全面的认识，以适应社会发展和本人发展的需要。

本书精选了市场营销管理理论的主要内容作为框架，以通俗易懂的方式阐述了市场营销的基本原理、活动、策略和方法；同时，本书特别注重实践应用和创新能力的培养，吸收了大量内容丰富翔实、具有经典与现代意义的国内外企业营销案例，力求做到营销理论与企业实践的有机融合。本书体例新颖，体系清晰合理，在内容结构安排和形式设置选择上，突出了其实用性、可读性、实践性和操作灵活性的特点。在每一章中都设置了引导案例、相关链接、相关案例等众多独具特色的栏目，使教材系统性更加突出，内容更加丰富充实，营销实践更加显著，从而实现了教材在内容和形式上的"双创新"。

本教材由刘岚岚（哈尔滨学院）、任洪云（哈尔滨石油学院）、张磊（哈尔滨华德学院）担任主编，并对全书进行统稿。具体分工如下：刘岚岚编写第 1~4 章；任洪云编写第 5~8 章；张磊编写第 9~12 章。本教材在编写过程中直接或间接借鉴了国内外大量营销学者的最新研究成果，在此一并表示由衷的感谢与深深的敬意。由于编写时间仓促，编者水平有限，书中尚有疏漏和不妥之处，敬请同行、专家和广大读者不吝赐教，批评指正。

编　者

2019 年 1 月

目　　录

第 1 章

市场营销与市场营销学概述

【引导案例】

营销时刻影响着我们

早上起床，我们会打开海尔牌的冰箱拿出牛奶，并用格兰仕牌的微波炉加热牛奶，之所以每天喝牛奶是因为广告里面营养学家告诉我们，牛奶可以补钙，我们喝的是来自内蒙古的蒙牛或者伊利牛奶。然后我们可能会穿上李宁牌的运动鞋去进行一段晨跑，学校的篮球场的篮板上印着可口可乐的广告，让人每投一次球，都能看到一次可口可乐的字样。我们还可能会骑上一辆捷安特或者永久的自行车和同学一起出去游玩。那么，我们为什么会做出这样的选择呢？正是因为这些企业所做的营销努力起了很大作用，包括广告、更快捷的到达、更低的价格等。

想想这些，你会发现，每天在你的生活周围实际上碰到的都是营销问题，有一个庞大的营销系统正在为你服务着。你会发现，不止企业，就连学校的食堂，服务也越来越好，政府机构的办事效率也在逐步提高。

原来，营销影响着我们生活的各个方面，它经常以我们没有想到的方式影响着我们。

【案例思考】

1. 结合案例并细细体会、观察生活中的市场营销现象，谈谈你对市场营销活动有了哪些全新的认识？

2. 这个案例对你有何启示？

【学习目标】

学习本章，应该了解市场营销学这门学科的发展历程；准确把握市场营销学的研究对象和研究内容；理解学习和研究市场营销学的重要意义；了解市场营销学的学科特点及其研究方法。明确市场营销的概念及市场营销的范围；理解市场营销的核心概念及其相互关系；掌握不同阶段市场营销观念的特征及其演变和发展过程；了解市场营销未来的发展导向。并能结合实际，理解市场营销对我国经济发展和企业成长的重要意义。

1.1 市场营销与市场营销范围

1.1.1 市场营销的含义

市场营销学中最重要、最棘手的问题之一也许就是对市场营销的定义了。什么是市场营销？有人认为市场营销就是销售或推销，即想办法把货物卖出去。这种想法未免过于狭隘。正如营销学家菲利普·科特勒所说："销售只是营销冰山的一角，销售是企业市场营销人员的职能之一，但不是最重要的职能。"美国管理学家彼得·德鲁克也曾说过："市场营销的目的在于使推销成为不必要。"

国内外学者对市场营销已下过上百种不同的定义，企业界的理解更是见仁见智，迄今为止，还没有一个被广泛承认的统一的定义。下面介绍几个比较有代表性的定义。

1. 彼得·德鲁克的定义

市场营销不只是一个比销售更广的概念，也并不是一个完全专门化的活动，它与整个企业相关联。营销的目的在于深刻地认识和了解顾客，从而使产品或服务完全地适合顾客的需要。因此，市场营销的领域和责任范围必须涉及企业的所有部门。

2. 科特勒的定义（1996年）

市场营销是个人或组织通过生产和制造并同别人或其他组织交换产品或价值，以满足需求和欲望的一种社会和管理过程。据此，将市场营销概念具体归纳为下列要点：①市场营销的最终目标是"满足需求和欲望"；②"交换"是市场营销的核心，交换过程是一个积极寻找机会、满足双方需求和欲望的社会过程和管理过程；③交换过程能否顺利进行，取决于营销者创造的产品和价值满足顾客需求的程度和交换过程管理的水平。

3. 日本市场营销协会的定义（1990年）

市场营销是指企业及其他组织从全球的视野出发，以争取客户为目标，通过公正的竞争来创造市场的综合性活动。

4. 美国市场营销协会的定义（1985年）

市场营销是通过创造和实现交换，对创意、产品和服务的观念、价格、促销和分销进行计划和实施，以实现个人和组织目标的过程。

美国市场营销协会（American Marketing Association，AMA）1985 年的定义具有以下特点：①明确了市场营销活动的目的，即创造交换——实现个人和组织目标的交换；②市场营销是一个包括市场调研、分析、计划（策划）、实施等活动的管理过程；③交易对象不只限于有形产品，还特别提出了构思和服务等无形产品；④符合以顾客为导向的市场营销观念；⑤没有偏重于流通，而是要求全面运用市场营销手段；⑥定义中没有使用生产者、流通业者、消费者一类词语，意味着市场营销既适用于以营利为目的的企业活动，也适用于非营利组织。

5. 纪宝成的定义

所谓市场营销，就是在变化的市场环境中，旨在满足消费需要、实现企业目标的商务活动过程，包括市场调研、选择目标市场、产品开发、产品定价、渠道选择、产品促销、产品储存和运输、产品销售、提供服务等一系列与市场有关的企业业务经营活动。

通过对以上众多学者和营销协会的市场营销定义的分析，根据市场营销自身的特点，本书较为认同美国市场营销协会和纪宝成教授对市场营销定义的表述。其认为市场营销是企业为满足目标市场的需求和欲望，而采取的一系列综合性的经营管理活动。显然，市场营销不等同于推销或销售，而是贯穿了企业经营管理的全过程，包括市场调查、市场细分、目标市场选择、产品开发、定价、促销、分销和售后服务等一系列活动。市场营销的实质是交换，其核心内容就是满足消费需求。市场营销活动全过程如图 1-1 所示。

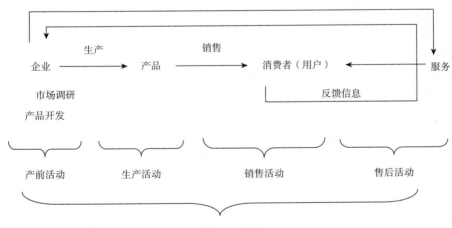

图 1-1　市场营销活动全过程

1.1.2　市场营销的范围

市场营销就只是营销商品吗？还有什么是可以营销的？答案是：市场营销的范围广泛，在实际的营销工作中，市场营销人员不仅营销商品，还要进行更多不同的市场营销活动。

1. 商品

一般来说，狭义的商品，即有形商品，其构成了多数国家国内生产和市场营销总额的主要部分。例如，我国 2003 年便生产了 43 067 万吨粮食、14 470 万吨水果、6 541.4 万台彩色电视机等。在其他发展中国家，商品特别是食品、农产品、矿产品、能源、电力、服装和住房等，更是其经济社会的支柱。

【相关链接】

你知道人一生消耗的食物有多少吗？

科学家做过这样一个推算：按一个人活到 70 岁，平均每天吃 500 克粮食、500 克蔬菜、1 个鸡蛋来计算，那么这个人一生要消耗大约 12 吨粮食、12 吨蔬菜、2.5 万个鸡蛋。

这个数字显然是惊人的，你也许从未想过你的一生将要消耗这么多的食物。你也许要问：我能承受得起这么多食品的消费吗？答案显然是肯定的。随着人民生活水平的提高，人们早已不再为吃喝发愁了。现代人关心的是，如何在物质条件许可的情况下，合理地调整膳食结构，获得营养和健康。

2. 服务

随着社会经济的进步，许多国家日益增长的经济活动份额将越来越多地集中于服务业，发达国家或新兴的发展中国家更是如此。2018 年上半年，美国服务业增加值高达 81 512.3 亿美元，占到了美国 GDP 总量的 80.6%；而中国的服务业增加值为 227 575.6 亿元人民币，占 GDP 总量的 54.32%。服务行业包含的范围也越来越广泛，除传统的服务行业，如航空、旅店、旅游、理发、美容、维修、餐饮外，还包括在公司工作的专业人员，如会计师、律师、工程师、医生、电脑软件程序设计员、企业管理顾问等。

【相关链接】

美国——世界第一大服务经济国

美国已成为世界第一大服务经济国，服务业已占美国 GDP 近 80%，而服务业提供的工作机会在 1970 年占全美工作机会的 55%，1993 年达到 79%。而服务贸易占美国总出口额的近 30%。服务业在世界经济中以一种更快的速度发展着，达到国际贸易总额的四分之一。在服务方面取得的实质性贸易顺差与货物贸易的巨额赤字形成鲜明对比。全球经济将越来越多地受到服务业的支持。实际上，各类服务业——从银行保险和通信到运输、旅游和娱乐，现在已占到世界发达国家经济的 60%。全球服务业的增长率几乎是制造业增长率的两倍。

3. 事件

事件营销也叫活动营销。某些事件之所以能用作营销，主要是可利用这些事件的影响力或魅力来为机构树立声誉或推介产品，即以所谓"借势""造势"来提高企业或产品的知名度和美誉度，从而树立其良好的品牌形象。常被用来营销的事件有奥运会、大型贸易展览、体育赛事、艺术表演、专题社会公益活动等。例如，2008 年北京奥运会的会徽成为最具有开发价值的资产，因为会徽产生后，将以纪念品、宣传册、比赛场馆周边的景观布置等形式，广泛应用到奥运盛会中，向世人传达奥林匹克精神。北京奥运会会徽的商业价值将因奥林匹克运动大会的成功召开而获得前所未有的丰厚回报。又如，神舟六号升空之际牵动了"事件营销"的再次升温，科龙电器成为航天专用产品；蒙牛通过赞助神舟六号升空直播而成为中国航天员专用牛奶；海尔集团投入 5 000 万元的祝贺广告于 2002 年 7 月 13 日北京申奥成功的第一时间在中央电视台播出，使海尔成为与民众一同分享喜悦的成功民族品牌；等等。这些都是事件营销的典范。

4. 人物

这主要是指名人的名气营销。创造名人效应营销已变成一种重要的商业活动。明星形象在现代人心里占有非常重要的位置，于是企业开始有意将明星与商品揉在一起，借爱屋及乌的常理将世人对明星的崇拜延伸到对商品的崇拜，于是各企业不惜重金精心挑选，而后隆重推出自己产品或品牌的形象代言人。最常见的是企业借助歌星、影星、笑星等娱乐界的明星，或是各界名人志士，在广告中登台亮相做代言人，以此来宣传自己的企业或产品。例如，中国联通请体育明星姚明、王励勤和歌星张韶涵、林俊杰联手打造的广告深得人心；"飞人"刘翔和 S.H.E 少女组合的完美演绎更是令可口可乐饮料宣传度达到极致。

5. 地点

地点用作营销，主要表现在各个城市、省区、地方以至全国采取各种宣传促销活动，积极争取、吸引国内外旅游者、工厂、公司及新居民。例如，南太平洋国家新西兰，其政府一直在各种场合以各种方式，不遗余力地向世界宣传其国家形象；韩国前总统金大中曾在电视上亲自做广告宣传韩国，让更多的人去韩国旅游。又如，每逢哈尔滨国际冰雪节召开之际，都会组成一个由市长亲自带队的团队赴北京参加新闻媒体的推荐会。

6. 机构

将机构作为营销主体并不是指把机构作为买卖的对象，而是指机构努力为自己在社会公众心目中树立强而有力的形象，积极对自己进行宣传。最常见的是通过建立机构形象识别标志来争取更多公众的认同和支持。例如，许多大学、医院、博物馆、艺术表演团体都在积极拟定提高自身形象的计划，争取更大程度地获得生源、观众及资金支持。

7. 信息

众所周知，信息也可以像产品一样被生产和销售。这种信息产品是由学院、大学、研究所生产，以一定的价格分销给家长、学生及社会公众。人们通过百科全书、专业杂志、CD、网络等获得信息。此外，大量的市场调查公司、咨询公司也在不遗余力地做着采集并提供信息的工作。目前信息的生产、包装和分销已成为一种重要的社会行业，如网上学堂，提供房源、婚源的中介服务，知识产权和专利的转让等都属于信息营销。

8. 观念

一段时间以来，观念或点子营销已悄然兴起。除了一些个人或组织以付费的方式通过传媒或广告传播自己的观念、信仰、见解和主张外，更多的是通过某种观念的传播而获得社会公众的认同和资金支持，如咨询顾问公司、市场研究公司直接向社会机构、工商企业甚至政府部门出售各种类型的点子。例如，希望工程、艾滋病宣传等公益事业，都是通过一种人文理念而获得社会公众的认同和资金支持。

1.2 市场营销观念及其演变与发展

1.2.1 市场营销观念的含义

企业在市场上进行市场营销活动必然要遵循一定的指导思想，而为了适应不同时期的市场营销环境，企业必须正确调整和发展自己的市场营销观念。市场营销观念既不是市场营销行为和市场营销战略体系，也不是市场营销技术和手段。

在我国市场营销学教科书和著作中，"市场营销观念"的表述形式有很多。据有关学者的调查，50本书中除5本没有提及市场营销观念以外，共有14种表述，如市场营销哲学、营销管理哲学、营销管理指导思想、市场经营观、企业经营观念、企业经营哲学、市场营销理念等。其中使用得最多的表述是市场营销观念，因此本书采用这一表述。

所谓市场营销观念，又称为市场观念、营销哲学，是指在一定时期占统治地位的贯穿企业整个市场营销活动过程的总体指导思想和行为准则。

实际上，市场营销观念是企业在开展经营活动时，对市场的根本看法和态度。它体现了一个企业的经营理念和思维方式，即企业在开展市场营销活动的过程中，在处理企业、顾客和社会三者利益方面所持的态度、思想和观念。其核心问题是：以什么为中心来开展企业的生产经营活动。显而易见，企业的市场营销观念不同，必然导致不同的经营态度和经营成果。

1.2.2　市场营销观念的演变与发展

市场营销观念是企业在市场上进行市场营销活动的指导思想，是随着商品经济的发展而产生和不断演变的。纵观市场营销观念的发展，其大体经历了生产观念、产品观念、推销观念、市场营销观念和社会营销观念五个阶段。

1. "以产定销"的生产观念

这种经营思想作为一种古老的经营哲学，产生于 19 世纪末至 20 世纪 20 年代。当时，由于生产力水平低下，商品经济不发达，物资短缺，市场处于商品供不应求的卖方市场的状态，竞争不激烈，消费者对商品选择的余地很小，消费者或用户只是企求能够购买到价格能被承受且有用的产品，并不计较该产品的具体特色或特性。

也就是说，对于企业而言，消费者喜爱那些可以随处买到而且价格低廉的产品。这种情形在当时是能够成立且具备合理性的。一方面是产品供不应求，物资短缺。对此，顾客最关心的是能否买到产品，而不是其他问题。另一方面是产品成本过高，必须扩大生产，降低成本，以吸引更多的顾客购买。因此，在这种状况下，企业无须考虑市场需求问题，于是就形成了其基本的思想，即企业生产什么产品，就销售什么产品，顾客就会购买什么产品，产品只要生产出来就必定有销路。这是一种源于"我们生产什么，就卖什么"的态度。于是，在这种观念的指导下，企业的中心任务是以生产为中心，组织所有资源、集中一切力量改善工艺，提高生产效率，大量生产，增加产量，降低成本和售价。

【相关案例】

美国福特汽车公司——生产观念的引领者

20 世纪初期，由于物资短缺、需求旺盛，许多产品供不应求，因而生产观念颇为流行。美国福特汽车公司是当时在美国奉行生产观念"扩大生产，降低价格"的典型代表。美国人亨利·福特在汽车发明后不久，于 1903 年自己创办了福特汽车公司，并生产了"T 型车"——一种 3 个汽缸、20 马力的低价位汽车，十分畅销，供不应求。福特汽车"不是到外面兜售"，而是"直接从柜台上递给顾客的"。福特曾傲慢地宣称"不管顾客需要什么颜色的汽车，我只有一种黑色的"，这是只求产品廉价而不讲究产品式样的生产经营的典型表现。公司当时的经营哲学就是倾全力于汽车的大规模生产，降低成本，扩大市场。福特也因此首创了大量生产系统，即 3S（standardization/标准化、simplification/单纯化、specialization/专门化）和传送带移动组装法。于 1908 年 10 月发售的 T 型车只卖 850 美元，而当时一般汽车的售价高达 2 500~7 000 美元。1914 年，T 型车价格更是由 850 美元降到 490 美元。T 型车产量急剧增加，1914 年为 28.3 万辆，1916 年增加到 78.5 万辆，1920 年高达 107.4 万辆。到 1921 年时，福特汽车在美国汽车市场上的占有率已高达 56%。

显而易见，生产观念是一种从生产者角度出发，以生产为中心的企业经营指导思想。其经营的着眼点是产品；经营的基本策略是以生产数量多、物美价廉的商品而取得优势；经营的基本方法是等客上门，通过大量生产来获取利润。这种观念的缺陷在于，很少或根本不考虑消费者的需求情况，忽视了消费者的个性以及产品的质量。过去我国长期实行计划经济，国家对企业产品实行统购包销，企业只注重生产规模的扩大和生产计划的完成，根本不用考虑销路，这实际上就是奉行了生产观念。目前，我国还有少数企业由于产品供不应求或竞争较弱而仍持有此观念。

2.　"酒香不怕巷子深"的产品观念

产品观念与生产观念几乎并存于同一时期，是从生产观念中派生出来的又一种陈旧的企业经营哲学，也是典型的"以产定销"的观念。20世纪20年代，整个市场仍处于卖方市场的状态下，但商品的供不应求现象得到了缓解并趋于缓和，部分商品甚至出现了需求超过供给的状态。此时，企业的基本经营思路是：实行以产品为中心的指导思想，奉行以质取胜，通过物美价廉获取利润。他们认为消费者总是喜欢购买那些质量高、性能好、有特色、价格便宜的产品。为此，企业集中一切力量，致力于生产高质量、技术独到的产品。具体表现为提高生产效率、提高产品质量、改进产品的性能、降低价格。在他们看来，只要产品好，顾客就一定会自动找上门来争相购买，就一定会产生良好的市场反应，就一定会顾客满门、市场无限。因此，生产观念其实是一种"酒香不怕巷子深"的经营管理理念。

表面上看，生产观念追求的是"以量取胜"，产品观念追求的则是"以质取胜""以廉取胜"。但究其实质而言，产品观念与生产观念在本质上其实是相同的，都是企业生产什么就销售什么。从根本上讲，产品观念只是生产观念的一种表现形式，只是比生产观念增加了一层竞争的色彩，开始考虑顾客在产品质量、性能、特色、价格等方面的需求。

由于奉行产品观念的企业一般认为，只要自己的产品质量优良、价格合理，就可以永远吸引顾客，却没有看到市场需求的动态变化和多样性，其必然导致在产品开发方面趋于保守，最终使自己陷入困境。这恰恰是此种观念的缺陷所在，也是营销学中所说的"营销近视症"，即企业在市场营销管理的过程中，缺乏必要的远见，忽略顾客的需求，而一味把目光放在自己的产品上、过分迷恋自己的产品，认为只要自己的产品质量好，一定会人见人爱，而忽视甚至完全看不到市场需求的变化，致使企业经营陷入重重困境。

【相关案例】

PC 带给 IBM 公司永远的痛

无疑，我们不能诋毁 IBM（International Business Machines Corporation，国际商业机器公司）全球型公司的良好声誉。在其发展的历史过程中不断追求卓越的精神，成就了它辉煌的市场业绩与长青的伟业。但是 IBM 曾经非常迷恋大型机，一方面是由于 IBM 靠大型机一举奠定了其霸主地位，可谓对之"情深意切"；另一方面，IBM 对自己的技术非常自信。而在 IBM 眼里被视为"玩具"而不值得一提的 PC 机，一经推出却很受消费者欢迎，甚至导致 IBM 大型机的销售日渐萎缩。IBM 已无法在引领世界潮流的 PC 领域获得与其名声相一致的战绩，2005 年不得不把它的 PC 事业都卖给中国的联想集团。

大量的事实证明，经久耐用、货真价实的产品并不会永远畅销。例如，美国一生产文件夹的制造商，认为他们制造的文件夹质量非常高，从四楼摔下都不会损坏，因此，产品应该卖得出去，然而当销售不畅之时他们想不通，而他们的营销顾问却一针见血地指出，顾客买文件夹并不是为了从四楼向下摔。相似的情形还有，美国爱琴钟表公司自 1896 年创立以来，一直被认为是美国最好的钟表制造商之一，其产品以优质享有盛誉，销售额连年上升。1958 年之后，销售额和市场占有率开始下降，其主要原因是公司仍迷恋于生产传统样式的手表，没有注意市场的变化，即消费者对手表的需求已由注重准确、名牌、能用一辈子甚至传子传孙，转变为方便、经济、式样新颖。而许多制造商迎合消费者需求，开始生产低档手表，并通过廉价商店、超级市场等大众分销渠道积极推销，夺走爱琴的大部分市场份额，爱琴企业经营遭受重大挫折。

3. "只知开拓市场，不问顾客需求"的推销观念

推销观念，也叫销售观念，大致产生于 20 世纪 20~40 年代由卖方市场向买方市场转化的过渡时期。此时，生产力水平有所提高，市场上商品供应日渐丰富，大批产品供求平衡甚至供过于求，卖方之间竞争日益加剧，产品的销售问题日趋成为企业的主要矛盾。尤其是 1929~1933 年世界经济大危机期间，大量产品销售不出去，迫使多数企业认为如果不进行推销，顾客就不会购买足量的产品。所以，需要通过强力推销来刺激顾客的购买欲望，只要企业努力推销某种产品，消费者或用户就会更多地购买这种产品。

推销观念的基本思想是以销售为中心，其中心任务是进行主动推销和积极的促销。强调企业为了把生产出来的产品卖出去，避免造成产品积压、货款无法收回以及资金周转困难的情境，必须进行积极的推销和大量的促销活动，才能使消费者克服购买惰性或抗衡心理而足量购买某一产品。作为企业绝不能顺其自然，必须注意运用推销术和广告术等经营形式和手段，利用广告、人员推销等促销方法来扩大销售获得利益；同时采取低价格和宽渠道的手段，力求赢得更多的顾客，以提高市场占有率。例如，20 世纪 30 年代的美国汽车开始供大于求，每当顾客走进商店汽车陈列室，推销人员都会笑脸相迎，主动介绍各种汽车的特色，有的甚至使用带有强迫性的推销手段促成交易。

【相关案例】

推销观念曾造就中国市场的神话

在中国向市场经济转型的 40 年中，持有推销观念的企业比比皆是。它们通过大量投入广告宣传，曾造就了中国市场中的诸多神话："每天往中央电视台开进一辆桑塔纳，却开出一辆奥迪"的一代标王——"秦池酒"；"让太阳每天都升起来"的太阳神；"关爱

中国男人健康"的"沈阳飞龙"……都曾经是叱咤风云的广告高手，但最终还是被市场"无情"地抛弃了。无疑，推销观念虽能解一时之急，却并非长久之计。

推销观念的根本其实与前述两种观点一样，都是站在卖方即企业的立场上，从既有产品出发，其本质依然是生产什么销售什么，缺乏对消费者需求的了解。如果企业生产出的产品是消费者不想要的或不需要的，那么企业销售人员的素质再高，能力再强，也很难实现高利润的目的。例如，企业的销售人员在气温高达二三十度的广州大街上向人们推销"羽绒服"，其结果可想而知。

4. "以顾客需求为导向"的市场营销观念

市场营销观念是作为对上述观念的挑战而出现的新型企业经营观念，盛行于 20 世纪 50 年代后期的西方发达国家。随着科学技术的飞速进步和生产的不断发展，商品经济日益发达，美国等发达资本主义国家，已经由个别产品供过于求的买方市场，变为总量产品供过于求的买方市场。特别是西方国家推行高工资、高福利、高消费的政策，刺激了人们的购买力。加之，市场需求瞬息万变，消费者可选择性加大，市场竞争日趋激烈，要想拥有顾客取得高利润，产品必须适应顾客的需求。

市场营销观念是以市场为中心，以消费者需求为核心的一种营销观念，其基本内容是消费者或用户需要什么产品，企业就应当生产、销售什么产品。简言之，"顾客需要什么，我们就生产什么"。它把满足消费者或用户的需要作为企业一切活动的中心和最高准则，贯彻到生产经营的全部过程中。

【相关链接】

推销观念和市场营销观念的比较

美国著名管理学家彼得·德鲁克曾明确指出，市场营销的目的就是要使推销成为多余。推销观念的中心出发点是卖方需要，其宗旨是如何把卖方的产品换成现金。市场营销观念的出发点是买方需要，即通过与产品和一切与制造、传送和消费有关的活动来满足顾客的需要。二者的比较见图 1-2。

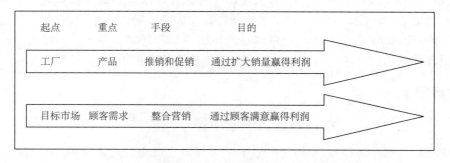

起点	重点	手段	目的
工厂	产品	推销和促销	通过扩大销量赢得利润
目标市场	顾客需求	整合营销	通过顾客满意赢得利润

图 1-2　推销观念和市场营销观念的比较

市场营销观念的产生，是市场营销理论的一种根本性的转折，从此企业从以生产为中心，转向以消费者为中心。这种观念认为，企业的中心任务就是要满足顾客的需求和欲望，企业的一切计划与策略应以消费者为中心，正确确定目标市场的需要与欲望，比竞争者更有效地提供目标市场所需求的产品。市场营销观念有四个主要支柱，即目标市场、顾客需求、协调营销和营利性。

【相关案例】

从布匹经营到日本零售业王者之路

日本三重县三井高利是一位立志要做布商的人，他一无所有前往东京闯天下，可是很长时间一直没有起色。正当他想关起店门回到故乡的时候，一天，在洗澡堂里听到几个手艺人在高声谈论，准备穿一条新丁字裤（兜裆布）去参加庙会。可是却凑不齐人数合伙去买，为此烦恼不已。

凑齐人数合伙去买新的丁字裤，这是怎么回事？三井高利一边冲洗着一边在想。

"啊，对了，原来是这样！"他拍了一下大腿。原来，在当时的商业习惯上，买布料需要凑集几个伙伴去买一匹，可是人数却不易凑齐。

用现在的话来说，当时布料只以匹为定位出售，是"不符合顾客需求的"。于是第二天，三井高利便在店门口贴上这样一张纸条："布匹不论多少都可以剪下来卖。"

昨天在澡堂里遇到的手艺人看了这张纸条飞奔进来："买够做一条丁字裤的布。"

三井高利看准了在接近庙会的这段日子里，有相同需求的人一定非常多。于是，店里所有的布，在那一天将会销售一空。

许许多多的女孩子和附近的太太们都涌到店里来买零布头。三井高利的店门口连日来热闹非凡。

三井高利领悟到做生意倾听顾客心声的好处，简直乐不可支。他把吃饭的时间都节省下来站在店门口接待顾客，由此又获得很多启示。

布店主要的顾客是女性，但女性买东西买得最多的时候，是女儿出嫁的时间。可是，出嫁时所需要的东西，不仅是衣服，还要备齐放衣服的衣橱、包绸缎、梳子、簪子、鞋箱、餐具等。由此，新娘和她的母亲必须东一家西一家的去选购。但是，如果那些东西可以在一个地方一次买到，对顾客来说该多方便呀。于是三井高利马上将其付诸实施，这就是日本的第一家百货公司——"三越"。

百货公司之所以能以压倒竞争对手的优势成为零售业的王者，缘于其苦心谋求如何才能方便顾客，于是，有能力的布店有很多都学"三越"的做法，扩充店面，引来了许多顾客。

在市场营销观念的指导下，企业不再从现有的生产和产品出发，而是立足于市场，以顾客的需求为导向。也就是说，企业不再是销售已生产的产品，而是生产销售市场上需要的、好卖的产品。一时间，"顾客至上""生产消费者需要的""哪里有消费者的需要，哪里就有我们的机会"成为企业经营流行的口号。"发现欲望并设法满足""热爱顾客而非产品""任你称心享用（汉堡王公司）""你就是主人（美国联合航空公司）"也都成为对市场营销观念的精辟表述。

企业为了更好地满足顾客需求，向顾客提供比竞争对手具有更多顾客让渡价值的产品，关键在于要及时了解和准确把握目标市场的需求和欲望，充分重视市场调研，在消费需求的动态变化中不断发现那些尚未满足的市场需求。并集中一切资源和力量，一方面通过改进产品、服务、人员和形象，提高其总价值；另一方面通过降低生产和销售成本，减少顾客购买产品所需的时间、精力和体力成本，降低其总成本，从而在顾客的满意之中不断扩大市场销售，长久地获取较为丰富的利润，在满足顾客需要和需求的同时实现目标。以消费者为中心的市场营销如图 1-3 所示。

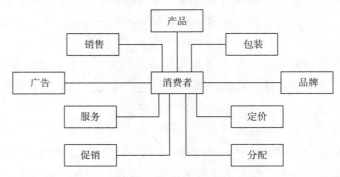

图 1-3　以消费者为中心的市场营销

前面提到的福特汽车公司，此时也改变了以往的经营观念，放弃了一直以来单一颜色和单一款式的汽车，推出了不同型号、档次、款式和颜色的汽车，以迎合顾客需求的变化。瑞典的"宜家家居"——享誉世界的家具商，提供给顾客的正是一个温暖的"家"，顾客回馈给"宜家"的就是在全球的良好业绩与知名品牌。美国的西南航空公司将自己视为"爱心"航空公司，始终向消费者出售低价格、高质量的航空服务，在全美九大航空公司中，位列顾客满意度排行榜第一名，因此，其在美国航空业持续低迷的情况下，仍连续 23 年保持盈利；中国的海尔集团，坚持狠抓产品质量、服务，即使在短缺经济时代，也决不让一台哪怕只有一点质量问题的冰箱流入市场，"忠诚到永远"始终是海尔集团对消费者不变的承诺，有这样对待消费者的态度，海尔自然能不断成长。

【相关案例】

海尔的"人单合一"模式

中国家电巨头海尔集团 2005 年实现全球营业额 1 039 亿元，其中出口和海外生产销售达 28 亿美元。这一年，海尔为满足市场需求开发新产品 450 个，平均每天 1.82 个；与 200 多个国际化品牌联合研发；有 17 家国际合作工厂为海尔订单生产产品；吸引 74 家国际供应商到海尔工业园区周边建厂；多家全球著名专业服务商和呼叫中心为海尔品牌提供物流和售后服务。2006 年，海尔启动了其全球化品牌战略。该战略的基本模式是"人单合一"。

海尔集团 CEO 张瑞敏认为，"人单合一"就是要使每一个人都面对市场，直接从市场获取订单，工厂按其订单制造并发货，每一张订单都有人为它负责，达到人与市场的高度融合。海尔为每个人提供创造世界级品牌的舞台和空间，期望每个人都成为世界名牌员工。

成功的企业通常都会有一个好的理念，并为贯彻这一理念而做出一系列的决策和管理。海尔的新产品研发、生产和供销服务链合作，乃至"人单合一"模式的推出，其内核都是为了强化企业与客户（市场）的关系，即实现以顾客为中心的营销管理理念和哲学。

5.　"力求化解顾客需求和社会总体利益之间矛盾"的社会营销观念

市场营销观念是以强调满足消费者需求为主的一种经营管理思想，却忽略了消费者需求、企业利益和长期社会福利之间隐含的冲突。我们知道，企业的生产往往会导致环境污染、资源短缺、物质浪费、损害消费者长远利益等现象的产生。随着环境的恶化，生态平衡的严重破坏，20 世纪中后期，社会上出现了各种关于不营养食品、资源浪费、能源短缺、环境污染严重、人口激增、贫困和社会服务被忽视等的批评之声。这时，需要有一种新的观念来修正或取代市场营销观念。于是，社会市场营销观念应运而生。

【相关链接】

是什么让春天变得如此寂静

是什么让春天失去了声音？

1942 年，蕾切尔·卡逊女士出版了《寂静的春天》一书。在这本现在被认为划时代的书中，作者花费了四年时间，搜集了大量无可辩驳的事实，证明由于对剧毒性农药 DDT 的滥用，春天已经变得寂静无声。

《寂静的春天》精确而通俗地叙述了生命与环境的关系。蕾切尔·卡逊女士在书中向公众呼吁，要求制止使用有毒化学品的私人和公共计划，这些计划最终将毁掉地球上的生命。春天到了，万物复苏，到处鸟语花香。然而，这样的描述或许将只能存在于文学作品中了。

自 20 世纪 70 年代起，西方市场营销学界提出了一系列新的观念，如人类观念、理智消费观念、生态准则观念等。其共同点是认为企业生产经营不仅要考虑消费者需要，而且要考虑消费者和整个社会的长远利益，这类观念可统称为社会市场营销观念。菲利普·科特勒最早提出了"社会市场营销"的概念，即以社会市场营销观念来补充和完善市场营销观念。

社会市场营销观念，就是指企业生产产品不仅要满足消费者的需求与欲望，而且应当符合企业和社会的长远利益。其基本思想是：企业应当同时统筹兼顾消费者利益、企业利益和社会利益，即同时考虑并把三者有机协调地结合起来。如图 1-4 所示，这一观念，既不是从企业利益，也不是单纯从消费者利益出发，而是从整个社会的立场出发，强调企业在考虑顾客需求、自身利润的同时，更要考虑社会利益，做一个有公共道德的企业。

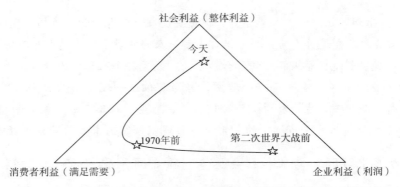

图1-4　企业营销观念的变化趋势及社会市场营销观念强调的三点考虑

【相关案例】

荷兰花卉业基于社会市场营销观念提升竞争力的启示

荷兰被誉为世界郁金香王国，其花卉产业在全球享有卓越声誉。但是，一般专家都认为，荷兰缺乏种植花卉所必需的良好土壤与气候条件。按照一般栽培技术，不仅很难培育出优良的花卉品种，而且对荷兰的生态环境还会造成不利影响。因此，只有另辟蹊径，走一条花卉培育的新路，要求既能培育出好的花卉产品，又不以牺牲环境为代价。

为避免对环境造成不利影响，采取封闭式培育方式，是荷兰花卉产业发展的唯一道路。如此虽能减少对环境的污染和不利影响，但势必会提高种植成本。如果不能将种植成本有效降低，荷兰真没有必要发展自己的花卉产业。为此，在封闭式培育花卉的基本思路下，荷兰不断创新培育技术，通过采用众多研究机构开发的新技术，最终不仅在花卉培育过程中没有对环境造成不利影响，还因为采用了最先进的栽培技术和方法，降低了培育成本，培育出了更优良的花卉品种。此案例告诉我们，采用社会营销观念开展经营活动，虽然有可能提高企业经营成本，但同时也会形成一种创新压力，逼迫企业不断追求技术创新，降低经营成本，反而能提升整体竞争力，并符合社会与消费者的长远利益要求。企业何乐而不为呢！

显然，社会市场营销观念突出强调的是，企业不仅要满足消费者的短期利益，而且要对消费者的长期利益负责，即企业在满足消费者需求的同时更要履行社会责任，企业应从满足需求和符合社会利益中获取利益。具体说来，企业不能生产造成精神污染、环境污染、浪费社会资源的产品。例如，快餐解决了职业阶层、广大市民吃饭的难题，赢得了时间，带来方便，但缺乏营养，不利于健康；香烟满足了嗜烟者的需要，但又损害其身体，污染环境；洗涤剂工业满足人们洗涤衣物的需求，却严重污染了江河，大量杀伤鱼类，危及生态平衡，严重危害着消费者的生命和健康；汽车行业满足了人对交通方便的需求，但产生了燃料的高消耗和严重的环境污染，而且随着世界人均拥有汽车数量的与日俱增，这种危害将愈演愈烈。

【相关链接】

你知道汽车尾气排放的危害吗？

目前，汽车使用的汽油多是含铅的汽油，由铅作为防爆剂，有防止汽油燃烧不完全而爆炸的作用。每台汽车，每年大约要排出2.5吨铅。试想一下，全世界无数台车，排放出含有铅的汽车尾气，降落在土壤、江河中，将严重地污染着我们赖以生存的环境。现在，虽已研制出无铅的汽油，但由于价格较贵，并没有普及开来。

其实，社会市场营销观念与市场营销观念并不矛盾，它是对市场营销观念的重要补充和完善，是21世纪市场营销的主题，也是绿色市场营销提出的核心之所在。社会市场营销观念认为，企业的任务在于确定目标市场的需求、欲望和利益，比竞争者更能有效地使顾客满意，同时维护与增进消费者利益和社会福利。对于市场营销观念的四个支柱，社会市场营销观念都做了修正，调整为顾客导向、整体营销、顾客满意度和盈利率。

它要求企业在开展市场营销活动的同时，要努力消除和减少生产经营对生态环境的破坏和影响。具体来讲，企业在选择生产技术、生产原料、制造程序时，应符合环境保护标准；在产品设计和包装装潢设计时，应尽量减少产品包装或产品使用的剩余物，以降低对环境的不利影响；在分销和促销过程中，应积极引导消费者在产品消费使用、废弃物处置等方面尽量减少环境污染；在产品售前、售中、售后服务中，应注意节省资源，减少污染。可见，绿色市场营销的实质，就是社会市场营销观念的集中体现，强调企业在进行市场营销活动时，努力把经济效益与环境效益结合起来，尽量保持人与环境的和谐，不断改善人类的生存环境。

【相关案例】

麦当劳的环保，心动不如行动

请先看看麦当劳为环保所做的举措吧！这些为减少废弃物所做的贡献，使麦当劳获得了美国国家环境保护局颁发的年度奖。

（1）用未漂白纸和再生纸做的盒子作外卖包装。

（2）用单层纸包裹三明治，节约了3 200吨纸张和硬纸板。

（3）用重量轻的杯子，减少1 100吨硬纸板。

细心的中国消费者可能会注意到，一直以来用塑料袋包装外卖的"麦当劳"快餐从2007年初开始，逐渐给外卖换上了"纸外套"。

麦当劳店里几乎所有用来盛放食品的容器上都标有循环使用标记。外卖纸袋虽不像塑料袋那样方便，既没手拎的地方，又让人担心中途渗漏，不过有利于环境保护，这一点不方便也就无所谓了。

"换装"的原因是纸袋更有利于环境保护。麦当劳有关负责人表示，纸袋成本虽然比塑料袋高，不过纸张容易降解，同时还可以循环使用，因此麦当劳采取了这一举措。

毫无疑义，社会主义市场经济体制要求企业以社会市场营销观念指导生产经营行为。然而，我国处于社会主义初级阶段，社会生产力还不发达，市场经济体制正在确立之中，总供给的相对过剩基于并不发达的消费能力和技术水平。因此，企业的生产经营行为还没有真正纳入市场营销和社会市场营销的指导思想。部分垄断行业的生产观念根深蒂固；大部分企业重视营销手段，但指导思想仍停留于推销阶段；越来越多的企业从市场出发，围绕顾客需求这个中心从事生产经营活动，但主动关心社会公众利益，愿意牺牲企业利益保障公众利益的企业还不多见。对这种情况，现阶段需要法律和政府行为予以调节。

除以上这五种营销观念外，还有生态营销观念、大市场营销观念等，其要点如表 1-1 所示。本书在此不做详细讲述。

表 1-1　生态营销观念与大市场营销观念

营销观念	出发点	方法	终点（目的）
生态营销观念	企业优势	运用各种营销策略	企业优势同消费需求充分协调
大市场营销观念	市场环境	运用"4P+2P"的整体营销策略	进入特定市场，满足消费者需求

注：4P+2P 是指"大市场营销"理论，它是将市场营销组合的 4Ps 组合扩展为 6Ps 组合，即加上了 2Ps：political power（政治力量）、public relations（公共关系）

1.2.3　市场营销观念的比较与分析

如前所述，市场营销观念是企业对其营销活动及管理的基本指导思想和思维方式。企业市场营销观念的演变经历了生产观念、产品观念、推销（销售）观念、市场营销观念和社会营销观念五个阶段。不难看出，生产观念、产品观念和推销观念都是以产品（企业）作为出发点进行的营销活动，而市场营销观念和社会营销观念则是以消费者（顾客）作为出发点来进行的营销活动。因而，按照以生产者为中心，还是以消费者为中心，我们可以把上述五种市场营销观念划分为传统营销观念和现代新型营销观念两大类。生产观念、产品观念和推销观念统称为传统营销观念；市场营销观念和社会营销观念统称为现代新型营销观念，如图 1-5 所示。

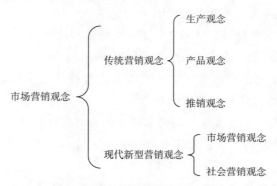

图 1-5　市场营销观念的类型划分

　　传统营销观念和现代新型营销观念，在内容上存在着本质的区别。概括起来，体现在以下四个方面。

　　（1）导向不同。前者是一种"以生产者为导向"的营销观念，企业重点考虑的是"我擅长于生产什么"；后者则是一种"以市场（消费者）为导向"的营销观念，企业首先考虑的是"消费者需要什么"。

　　（2）出发点不同。前者是以产品和企业生产为出发点，以卖方（企业）的要求为中心，并不重视市场的调查；后者则是以市场或顾客为出发点，以消费者需求为中心，企业围绕市场需求开展营销活动，重视市场调查和预测，以此作为生产的依据。

　　（3）营销手段和方法不同。前者主要是通过增加生产、改进产品或加强推销和广告术来实现的；后者则是开始于产品生产之前，就将以产品适销对路为中心的整体营销活动贯穿于企业的经营管理的全过程中。

　　（4）企业的目标不同。前者以卖出产品，增加产品的销售额来获取利润为其最终的目标，企业表现为追求短期利润；后者则着眼于满足消费者需求，强调以顾客满意为终点，把从顾客需求满足和履行社会责任中获取利润作为最终的目标。即不仅要有短期利润目标，而且要建立长期利润以及总体产品利润。企业卖出产品并不意味着企业责任的完结，而只有在顾客购买产品并获得满意后，企业的责任才算完结。

　　综合以上叙述，两大类型营销观念的比较如图 1-6 所示。

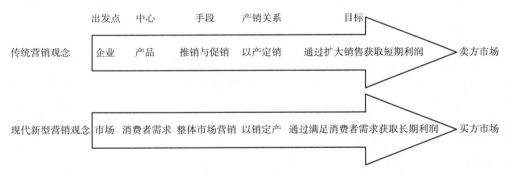

图 1-6　两大类营销观念的比较

　　总之，上述五种营销观念的产生与存在，各有其必然性和合理性，都是与一定的生产力发展水平、一定的商品供求状况和企业规模等相联系、相适应。尽管它们在历史上是依次出现的，但并不能认为它们是此生彼亡的关系。在同一个时期，不同的企业往往也会有不同的营销观念。

【相关链接】

市场营销观念的新发展

　　（1）市场营销观念已拓展至国际市场领域。

　　（2）市场营销观念已应用于非营利领域。

　　（3）市场营销观念呼唤更多的社会责任和道德。

1.2.4　市场营销新导向

21 世纪的企业营销环境发生了深刻的变化，经济全球化趋势、知识经济趋势、信息技术的迅猛发展和电子商务的广泛应用，深刻改变了社会的生产、生活领域和人们的思维方式。为了谋求生存和发展，现代企业必须树立与新经济相适应的新营销观念，因为 21 世纪市场营销的主题是：幸福、安全、环保、和平与自由。

1. 知识营销导向

21 世纪是知识经济时代。知识营销强调挖掘产品（服务）的文化内涵，在营销活动中尽量注入知识的含量，进而与消费者形成共同的价值观。

同样的商品（服务），其使用价值与物质文化并无丝毫差别，若注入不同的观念价值、精神文化，即知识含量不同，其营销效果将有所不同。例如，原本平淡无味的山石花草、沟壑溪流、亭台楼阁，若赋予动人美丽的传说、艺术想象，就会变得富有神韵与魅力，就可能成为卖点，成为新的销售增长点，如广告语"钻石恒久远，一颗永流传"就是通过一种信念与文化内涵所做的营销。

提高商品（服务）的文化品位，挖掘商品（服务）的知识含量，在很多情况下不花成本却可提高商品（服务）的附加值。

2. 绿色营销导向

整个 20 世纪，工业化浪潮以前所未有的速度和效率为社会创造了巨大的财富，为更多消费者提供了多种多样的物质产品，也给企业带来了巨额的商业利润。但与此同时，人类赖以生存的环境正在受到严重的威胁，人类面临着前所未有的生存危机。面对这一"有增长，无发展"的困境，绿色营销应运而生。1978 年，德国率先提出了"蓝色天使"计划，向达到一定生态环境标准的产品颁发蓝色天使标签。随后，美国、加拿大在 1988 年也开始实施环境标志制度。20 世纪 90 年代，法国、瑞士、荷兰等国也相继推出了环境标志制度。

绿色营销以"绿色、自然、和谐、健康"为宗旨，从保护环境出发，以绿色文化为其价值理念，以消费者的绿色消费为中心和出发点，满足消费者的绿色需求。第一个特征是环保性，第二个特征是绿色性。绿色营销的 4R 原则包括：减量（reduction）、复用（reuse）、回收（recycling）、再生（regeneration）。

绿色营销是全球经济可持续发展的一个重要组成部分，要求企业在营销过程中，注重保护地球的生态环境，改善人类的生活环境，反对污染，节约资源。

【相关链接】

发达国家的"绿色"先行

据联合国统计署提供的数据，现阶段全球绿色消费总量已达 3 000 亿美元。"绿色消费"在发达国家受到消费者的极大关注。据统计，90%的德国人，84%的荷兰人和89%的美国人购物时会考虑消费品的环境标准；85%的瑞典消费者愿意为环境清洁而支持较高的价格；80%的加拿大消费者宁愿多付10%的钱购买对环境有益的商品；77%的日本消费者只挑选符合环境要求的商品。

3. 竞争营销导向

竞争营销是基于市场经济，靠法律构成框架，靠契约、合同把企业之间的利益联系起来产生的一种新的营销理念。

竞争营销导向强调契约的各方共赢，变企业营销的"对立"竞争为"双赢""都赢"，因此，竞争营销突出合作竞争、协同竞争、同盟竞争。例如，美国快餐两巨头麦当劳与肯德基就奉行竞争营销的做法。

团结就是力量，企业之间通过合作，通过横向联合变竞争为"竞合"，企业之间不仅是竞争关系，而且是合作伙伴关系，企业集团之间的竞争，由合作的完美性来决定其胜负。

1.3　市场营销的核心概念

为更进一步理解和把握市场营销概念的深刻内涵，有必要讨论与之相互关联的五组概念，它们是：需要、欲望和需求；产品；效用、价值和满足；交换、交易和关系；市场；市场营销和市场营销者。这些市场营销的核心概念是相互联系的，并且每个概念都是建立在前一概念之上的。图 1-7 表明了这些核心概念之间的相互关系。

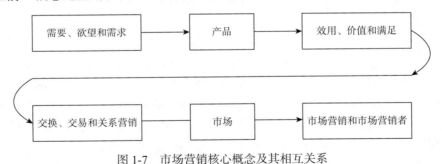

图 1-7　市场营销核心概念及其相互关系

1.3.1　需要、欲望和需求

市场营销的出发点即消费者的需要和欲望。

1. 需要

人的基本需要是市场营销的最基本的出发点。所谓需要就是指感到没有得到某些满足的状态。凡有生命者都有需要，需要是人类与生俱来的本性。植物需要水分、阳光，动物需要空气、水分、食物。高级动物则还有感情及生理上的需要。

美国心理学家马斯洛提出的需要层次理论将需要分解为五个层次，即生理需要、安全需要、社交需要、自尊需要和自我实现需要。显然，人们为了生存，需要食品、衣服、住所、安全，除此之外，还需要教育、娱乐等。

人的需要不是由市场营销活动造成的，而是由人的内在基本构成的。因此，需要存在于市场营销活动之前。营销者的任务并不是创造人类的需要，而是发现需要，并通过提供产品和服务满足人们的需要。而当人们趋向于某些特定的目标以获得满足时，需要就变成了欲望。

2. 欲望

人的欲望是指想得到这些基本需要的具体满足物的愿望。例如，为满足解渴的生理需要，人们可能选择喝开水、茶、汽水、果珍或是矿泉水；为满足饥饿的生理需要，人们可能选择意大利式烤饼、美式汉堡包或是中式的饺子。一般来说，人的欲望的形成和实现往往受其个人文化背景和所生活的环境的影响。有一个很有意思的例子：一个地道的广东农村干部因公出差到陕西的米脂县将近一个月。他各方面都大致能适应，只是对吃的主食很不习惯，因为那里每餐吃的不是窝窝头就是馒头，他很想吃大米饭，但因为照顾他一个人的需要会给主人带来相应的麻烦，他只好勉强忍耐。很有意思的是，他竟然有好几个晚上做梦都梦到吃大米饭，显然这是他的欲望得不到满足的表现。

人类的需要并不多，而他们的欲望却是很多的，像我们很小时候就知道的《渔夫的故事》。因此，有的人可能会有无限的欲望，但他的财力是有限的。当具有购买能力，并愿意购买他所期望的产品时，欲望便转化成了需求。

3. 需求

需求是指对有能力购买并且愿意购买的某个具体产品的欲望。一般来说，消费者的需求可分为否定需求、无需求、潜在需求、不规则需求、下降需求、充分需求、过度需求和有害需求。人们会在购买力水平的约束下，选择能最大限度满足其欲望的产品和服务。例如，改革开放前的中国人与现在的中国人，都对代步的交通工具有购买欲望。但现在的中国人可能更愿意选择购买一辆汽车，而不再满足于一辆自行车了。因为随着时代的发展，购买力水平提高导致需求也发生了改变。

我们不能创造人类的需要，那么我们能不能创造人类的需求呢？营销者和企业不能创造人类的需要，因为需要在市场营销活动之前就已存在了。但是，优秀的企业可以通过自身的努力来影响人们的需求，可以通过市场营销激起和影响消费者的欲望，进而激起消费者购买该企业产品的需求。

1.3.2 产品

人们的需求是靠产品来满足。任何能够满足人们某种需要和欲望的有形的实体或无形的服务都是产品。一个面包、一件大衣、一台机器是有形的产品，而理发师为顾客理发、策划人员为企业出点子、导游服务、观看表演、维修人员修理汽车等就属于无形的产品。除商品和服务外，产品也包括人物、地点、组织、活动、观念及体验等。例如，人们感到烦闷想要轻松解脱，可以参加音乐会，观看演员表演节目（人物），可以到风景如画的桂林去旅游（地点），可以参加消费者假日俱乐部（组织），可以参加支持希望工程的活动（活动），或是接受一种不同的价值观或审美观（观念），或是到迪士尼乐园游玩体验那种新奇和刺激（体验）。以上这些都可视为能满足人们某种欲望和需求的产品。如今，人们购买小汽车不是为了观赏，而是因为它可以提供一种叫作交通工具的服务。又如，快餐店提供物品（汉堡、炸鸡）、服务（购置、座位）及理念（省时）。因此，市场营销者的任务，是向市场展示产品实体中所能满足人们需要和欲望的利益或服务，而不能仅限于描述产品的形貌。

1.3.3　效用、价值和满足

效用是指消费者对产品满足其需要的整体能力的评价。价值是指消费者对取得产品或满足需求而付出的代价。满足则是指感到已经足够了，即消费者对产品满足其需要所达到良好的满意程度。

消费者通常都面临一大批能满足某一需要的产品，在这些不同产品之间进行选择时，消费者一般都是以他们对这些产品的直观价值估计为依据，即根据他们认为哪一个产品提供了最大价值而做出购买决定。所以，价值是获得与付出之间的比率。

$$价值 = \frac{获得}{付出} = \frac{利益}{成本} = \frac{功能利益+情感利益}{金钱成本+时间成本+精力成本+体力成本}$$

作为企业，必须不断创新，创新服务流程、生产流程，通过降低其他成本来抵补因提高顾客满意程度所不得不增加的成本。例如，丰田汽车就是通过改革生产方式，创造了汽车制造业 JIT（just in time，准时制生产方式）模式，极大地降低了生产成本，凭此为消费者提供了更多的产品款式与服务。

【相关案例】

格兰仕公司的成功之道

格兰仕是目前全球微波炉市场最大的供应商，占据了全球 40%左右的份额。在中国微波炉市场，格兰仕是消费者的首选品牌。在全球其他市场，格兰仕也通过贴牌生产获得了很大的市场份额。格兰仕如何从一家小企业成长为全球知名微波炉制造商的呢？源于格兰仕对顾客价值、顾客让渡价值与市场营销的关系的深入透彻的理解。其在为全球顾客服务的过程中，把对这种关系的理解，深深地融入企业内外协同一致的行动过程之中。国外其他知名微波炉品牌如惠而浦、LG、三星、夏普，不论是产品、形象还是其他方面，都为消费者提供了极高的顾客价值。格兰仕之所以能战胜这些强劲的竞争对手，根源在于它为消费者提供了更高的顾客让渡价值。其产品、服务、人员等价值丝毫不逊色于其他世界品牌，作为微波炉市场的后进入者，虽然其形象价值不及这些知名品牌，但它专注于制造环节，通过合作的方式将微波炉核心部件变压器的生产线直接搬至生产车间，使市场成本大幅度下降，从而奠定了降低消费者货币成本的基础。可见，格兰仕因其对顾客价值的精准把握，通过内外协同的方式向消费者转移了更高的顾客让渡价值，从而赢得了更多顾客的青睐，市场份额逐渐提高，最终成长为全球知名的微波炉制造商。

【相关案例】

万科房地产的顾客忠诚计划

1998 年深圳万科地产有限公司推出了"万客会"，在地产界率先推出了"忠诚计划"。设立之初，万客会为会员提供了一系列优惠，如向会员赠送管理费与现金等礼品、享用万客会精选商号所提供的购物折扣和优惠价格等，但这引起其他会员组织相继效仿，忠诚计划的效果大打折扣。

实施一段时间以后，万客会果断地抛弃了这种做法，新措施的重点是增强会员的归属感和加强万客会与会员之间的联系。

首先，万客会实施"欢笑积分计划"，使忠诚计划成为规范的、长期的优惠计划；其次，万客会创办会刊，推出定期的业主运动会、一系列的沙龙与茶话会等活动。现在，万客会已经成为一个社区，大大增强了会员的情感归属，成为万科有效的竞争壁垒。在房地产行业顾客重复购买率很低的情况下，深圳万科地产公司的"万客会"却表现出了强大的营销效力。

1.3.4 市场

企业所有的市场营销活动都是在市场中，通过市场完成的。狭义的市场是指商品交易的场所。广义的市场是指产品的现实和潜在购买者，它不是指某一特定的场所，而是指一定范围的人群，即有能力并愿意购买有关产品的人群。这种市场范围可指一定区域：国家市场、农村市场；也可指一定的商品范围：汽车市场、旅游市场；还可指针对不同年龄、性别购买者的某一类商品：儿童用品市场、老年营养品市场、妇女时装市场等。

1.3.5 市场营销者

在交换双方中，如果一方比另一方更主动、更积极地寻求交换，前者就称为市场营销者，后者就称为潜在顾客。所谓市场营销者，就是指希望从别人那里取得资源并愿意以某种有价值的东西作为交换的人。市场营销者可以是卖方，也可以是买方。当买卖双方都表现积极时，就把双方都称为市场营销者，此时的情形称为相互市场营销。

1.4　市场营销学概述

1.4.1　市场营销学的产生与发展

市场营销学是由英文"marketing"一词翻译而来的，其作为系统研究市场问题的一门独立经济学科，是在资本主义工业革命以后出现的，是资本主义经济发展的产物。市场营销学于19世纪末20世纪初创建于美国，后来流传到欧洲、日本和其他国家与地区，在实践中不断完善和发展。若从第一次出现"marketing"——市场营销学一词算起的话，作为一门学科，它已经历了将近 120 年的发展历程。根据其发展过程，大体可以划分为以下五个阶段。

1. 萌芽阶段（1900~1920 年）

"市场营销学"一词于1902年首次出现在美国密歇根大学的学报上。当时，美国密歇根大学开设了一门名为"美国的分配和管理行业"的课程；1905 年，W.E.克罗西在宾夕法尼亚大学开设了"产品市场营销"课程；1906 年，俄亥俄州州立大学开设了"产品的分配"课程；1910 年，R.S.巴特勒在威斯康星大学开设了"市场营销方法"课程。

此后，一些大学也都相继开设了市场营销方面的课程，并发展了广告术和推销术。学术界开始从商品、机构、职能等不同的角度研究市场营销问题，出版相关教材和著作，而且陆续提出了一些有关本学科的新概念。值得一提的是，1912 年，哈佛大学教授赫杰特齐出版了第一本以"marketing"命名的教科书，被视为市场营销学作为一门独立学科出现的里程碑。但总体而言，这一时期的市场营销学侧重于对推销和销售方法的研究，理论上还没有真正形成体系。

2. 形成与应用阶段（1920~1940 年）

20 世纪 30 年代到第二次世界大战结束，市场营销学开始应用于流通领域，这一时期，资本主义国家遭遇经济危机，生产相对过剩，产品销售困难。20 世纪 30 年代开始，市场营销学从大学的讲坛走向了社会，1931 年成立了美国市场营销协会。20 世纪 40 年代，费雷德·克拉克提出"推销是创造需求"的概念，这是营销思想的一次飞跃，市场营销学开始注重市场调查分析并预测消费者的需求，从而确立了市场营销学在实践中的地位。

随着科学技术的迅速发展，生产力水平大大提高，产品数量急剧增加，产品供求矛盾日渐突出，为了企业的生存和发展，理论与实务界的有识之士不断加强对市场营销学的研究。在此期间，学术界开始将各专门学科和各种研究方法的成果加以整合、提炼，逐渐形成了较为系统的市场营销理论，而且对已出版的各种市场营销学原理论著进行修订，使市场营销学在理论体系上日趋完善和系统化。

3. 变革阶段（1940~1960 年）

第二次世界大战后到 20 世纪 60 年代末，随着经济学、心理学和管理学的融入，市场营销学得到了长足发展，在企业经营实践中被广泛应用，市场营销学进入革命和创新阶段。

一方面，重新评价原有的研究成果；另一方面，强调市场营销学理论的科学性。在此期间，学术界提出了不少新的概念，产生了许多新理论。尤其是市场细分理论、4Ps（product、price、place、promotion，即产品、价格、渠道、促销）理论和市场营销观念的提出，使市场营销学发生了革命性的变化。温德尔·史密斯于 20 世纪 50 年代中期提出了市场细分的新概念，从而使市场营销进入一个新阶段，即目标市场营销阶段。1950 年，埃得蒙特·麦加利提出了市场营销学的六职能分类体系。1960 年，麦卡锡在早期职能学派的研究基础上，尤其是在麦加利的六职能分类体系的基础上提出了市场营销组合，即 4Ps 理论，从产品、价格、渠道（地点）和促销方面奠定了营销学的构架，从而使市场营销学有了根本性的发展。

此外，许多市场营销学者经过潜心研究，提出了一系列新的观念。其中之一就是将"潜在需求"纳入市场概念，确立了以消费者为中心而不是以生产者为中心的新型的市场营销观念。这一新概念是对传统观念的挑战，强调企业要以市场为导向，全面运用市场营销手段去满足目标市场的需求。这一新型观念的出现导致了市场营销学基本指导思想的变化，在西方称为市场营销学的一次"革命"。

【相关链接】

市场营销发展史上经历的三次"革命"与营销变迁

第一次革命——把市场作为生产过程的起点；

第二次革命——战术营销向战略营销的转变；

第三次革命——以顾客的价值来看待企业的营销。

4. 完善阶段（1960~1980 年）

20 世纪 60 年代以来，市场营销学从概念到内容都发生了深刻的变化，进入了完善和繁荣阶段。企业在变革中确立了"以消费者需求为中心"的市场营销观念；1964 年，美国哈佛大学教授鲍敦提出了市场营销组合这一非常重要的新概念；与此同时，市场营销理论的优秀著作相继问世，特别是美国市场营销学家麦卡锡的《基础市场学》和菲利普·科特勒的《营销管理：分析、计划、执行与控制》，全面提出了现代市场营销理论，强调了市场营销的管理导向，把市场营销学发展为指导企业经营决策的学科，形成了现代市场营销学的概念、方法与理论体系。菲利普·科特勒的著作《营销管理：分析、计划与控制》自 1967 年出版以后，现已被翻译成十余国文字，对我国市场营销学的发展也起到了深远的作用。

进入 70 年代后，出现了社会市场营销观念，以此补充市场营销观念之不足，从而使市场营销学理论得到进一步完善。同时，更多的学科如行为科学、经济学、社会学、心理学、公共关系学、预测学等学科密切结合到市场营销学当中，使市场营销学成为一门热门的、综合性的、应用性的经营管理科学。

5. 发展与创新阶段（1980 年至今）

经过上述四个阶段的发展，市场营销学已成为一门较成熟的学科，建立起了独立、系统、完整的理论体系。但是，作为一门科学的市场营销学并非静止的，而是动态的。它随着科学技术的进步、社会的发展而不断发展和创新。

一是学术界为适应新的环境，创造了新理论，如 20 世纪 90 年代美国劳特明教授针对 4Ps 理论提出了 4C（consumer/顾客、cost/成本、convenience/方便、communication/沟通）理论。

二是在原来市场营销学总论的基础上分化出了市场营销的分论，即行业分类市场营销学，如服务市场营销学、房地产市场营销学、非营利组织市场营销学、国际市场营销学等。

三是为保护地球环境，防止其受到污染，进而提出了环境市场营销和绿色市场营销。

四是科学技术在市场营销领域的运用，促进了市场营销手段的革新，从而出现了网络营销。

此外，知识营销、关系营销等也应运而生。市场营销学在协同发展与分化扩展中不断完善与创新。

【相关链接】

营销理论从 4Ps-4Cs-4Rs 的演变如图 1-8 所示。

图 1-8　营销理论的最新演变

1.4.2　市场营销学的研究对象和内容

1. 市场营销学的研究对象

市场营销学作为一门应用性经营管理学科，其构建是从微观开始的，后来逐步形成了微观与宏观两个分支。宏观市场营销学从社会总体交换层面研究营销问题，微观市场营销学则是从个体（个人和组织）交换层面来研究营销问题。现代市场营销学更多的是从微观层面，研究企业经营方略和生财之道，研究企业如何在激烈的市场竞争中求生存、求发展的学问，也是一门研究企业如何更好地满足消费者或用户的需要与欲望的学问。它着重研究买方市场条件下卖方（企业）的市场营销管理问题，即着重研究卖方（企业）在激烈竞争中和不断变化的市场营销环境中，如何识别、分析、评价、选择和利用市场机会，如何满足其目标顾客的需要，提高企业经营效益，求得长期生存和发展。

因此，现代市场营销学是一门企业市场营销管理学，是基于以满足消费者的需求为中心的研究，以及从企业的立场对消费者的研究。它把以创造和满足消费者需求为中心的企业市场营销活动及其规律性作为其主要的研究对象，研究企业（卖方）在动态市场上如何有效地管理其交换过程、交换关系和市场营销活动过程，以提高企业经营效益，实现企业目标。简言之，市场营销学的研究是以消费者及其需要为中心，并围绕着这一中心而展开的对其他各项活动的研究。

2. 市场营销学的内容结构

一门学科的研究内容，是由该学科的研究对象所确定的。不同学者或不同学派对学科的理解及其著作的内容体系，自然会有较大的区别，但是，市场营销学的核心部分或主要内容仍然是比较稳定的。我们可以把市场营销学的主要内容大体归纳为四个部分，并且各部分之间的内容也是相互渗透的，如图 1-9 所示。

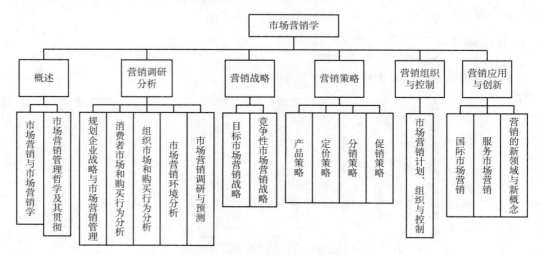

图 1-9　市场营销学内容结构框架

第一部分：市场营销原理，主要指图 1-9 中的概述、营销调研分析和营销战略部分，也是市场营销学的基础理论部分，着重于市场营销若干基本原理和基本思路的阐述，具有基础性的意义。主要包括市场营销观念、市场营销环境与市场分析、市场细分、目标市场、消费者需求研究和购买行为等。这部分内容主要研究企业与市场的关系，分析影响企业营销活动的宏观环境和微观环境，分析各类市场需求和购买行为，进而研究企业如何面对环境变化所带来的机会或威胁，制定自己的发展战略和营销战略，并提出进行市场细分和选择目标市场的理论和方法。

第二部分：营销实务，主要指图1-9中的营销策略部分。营销实务是基于企业营销活动与营销决策的研究，是市场营销学的核心内容。其任务在于研究企业如何运用可以控制的各种市场营销手段与企业不可控制的外部环境相协调，以实现企业的预期目标。将企业可控制的各种营销手段归纳为四个方面即上文所述的 4Ps 策略，构成了营销活动研究的四个重要方面，即四大支柱。营销实务的内容相当丰富，是市场营销学基本原理的具体应用。

第三部分：营销管理，主要指图1-9中的营销组织与控制部分。营销管理是基于营销组织与营销控制的研究，主要阐述企业为保证营销获得成功而应在计划、组织、调研、控制等方面所能采取的措施与方法。营销管理的全过程如图 1-10 所示。

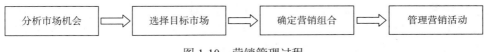

图 1-10　营销管理过程

第四部分：营销应用与创新，主要指图1-9中的营销应用与创新部分。营销应用与创新是基于特殊领域市场营销的研究，由网络营销、服务市场营销和国际市场营销等组成，是 21 世纪对现代市场营销理论的进一步延伸、拓展与丰富。

1.4.3　研究市场营销学的意义

1. 学习和研究市场营销学是迎接21世纪挑战的必然选择

在现阶段，面对知识经济时代的来临及其带来的严峻挑战，加强对市场营销学的学习和研究已成为顺应知识经济时代要求和迎接 21 世纪挑战、适应环境变化的迫切需要。经济全球化、高新技术特别是信息科技产业的崛起，以及金融市场的跌宕起伏和全球企业并购之风的兴起，带来了比以往更为复杂的社会经济环境以及更为激烈的全球竞争，预示着未来的营销从观念、规划到方式都必须发生深刻的变革。所以，善于学习、创新与运用新知识的组织将是最大的赢家。

2. 学习和研究市场营销学是大力发展市场经济、促进经济成长的必然要求

企业的效益和成长，是国民经济发展的基础。宏观经济的稳定、健康和持续发展，取决于多种要素，其中市场营销占据重要地位。市场经济必然存在着产品如何满足和适应整个社会和人民群众的需要的问题；存在着如何取得市场信息，疏通流通渠道，用最少的费用和最快的速度把产品送到消费者手中的问题；存在着如何搞好市场调查、市场研究和市场预测的问题。

市场营销的发展，在扩大内需、进军国际市场，以及吸引外资，解决经济成长中的供求矛盾、资金、技术等方面，开拓了更广阔的空间。在对外开放和经济全球化的进程中，要同国外的企业打交道，就必须学习市场营销学，掌握正确的经营思想、经营策略、经营方法和经营技巧，这样才能走出国门、进入国际市场，才能在世界市场上取得主动权和国际竞争优势。例如，海尔集团实施全球发展战略，在境外建起千家空调专营店，发展了300多个代理商，形成内销、出口、海外建厂销售三足鼎立的市场影响格局。内蒙古鄂尔多斯、伊利等企业通过市场营销战略，在国内外市场赢得了广泛的发展空间。可见，学习和研究市场营销学对进一步促进市场经济的健康发展，促进经济成长具有十分重要的作用。

3. 学习和研究市场营销学是促进企业成长的重要基石

世界著名管理学专家彼得·德鲁克早就精辟指出：现代企业最主要的职能只有两个，一个是创新，另一个就是营销。这一结论无疑是正确的。尤其是现在，一些国际著名公司如通用电器公司、通用汽车公司、宝洁公司等就较早地认识到市场营销的重要性。中国优秀的企业实践着德鲁克方式使自己迅速成长：华为以"为客户服务是成长的唯一理由"，"海尔"为满足农民的需求而生产适于洗蔬菜的洗衣机，联想制造出普通百姓买得起的电脑，格兰仕以低价高质的产品理念让微波炉走进千家万户。

实践证明，市场营销学对于经济成长的贡献，恰恰集中体现在解决企业成长与发展的基本问题上。市场营销学在总结了从事市场经营活动经验的基础上，以满足消费者需要为宗旨，引导企业树立正确的营销观念，面向市场组织生产过程和流通过程，不断从根本上解决企业成长中的关键问题，从而为企业经营活动及其发展提供一整套战略管理原则、竞争策略、组织管理和营销计划执行与控制的技巧与方法，指引企业创造竞争优势，从而处于不败之地。

1.4.4 市场营销学的研究方法

20世纪以来，研究市场营销学的方法随着市场营销学的发展而发生变化。在20世纪50年代以前，对市场营销学的研究主要采用传统的研究方法，包括产品研究法、机构研究法、职能研究法、历史研究法等。50年代以后，市场营销学从传统市场营销学演变为现代市场营销学，研究方法主要是现代科学法，包括管理研究法、系统研究法及社会研究法。市场营销学研究方法的不断创新和发展，也正是这门学科的生命力所在。

1. 传统研究方法

1) 产品研究法

产品研究法是以产品为中心的研究方法，即对各类产品或各种产品的市场营销分别进行分析研究，如针对某类产品诸如农产品、工业品、矿产品、消费品及劳务等进行分别研究，由此产生了各种专业的市场营销学。其研究各类产品的设计、包装、厂牌、商标、定价、分销、广告及产品的市场开拓。1912年，查尔斯·帕林首先提出了商品分类体系，认为"妇女的购买物"有三类：便利品、急需品和选购品。由于这种研究方法是针对不同产品的市场营销特征来进行的，因此研究问题比较具体深入，特点突出，可详细地分析研究各类产品市场营销中遇到的具体问题。但由于对各类或各种产品进行逐一地分析研究，需耗费巨大的人力、物力和财力，不仅很麻烦，要花很多时间，而且不可避免地要重复性地劳动。所以，一般只有企业人员采用这种方法研究本企业的市场营销活动，而科学研究中则很少采用这种研究方法。

2）机构研究法

机构研究法是一种以研究市场营销制度为出发点的研究方法，即着重分析研究营销渠道制度中各个环节和各种类型的市场营销机构（如大小厂商、代理商、批发商、零售商及各种辅助机构）的市场营销问题，如研究百货商店的演变过程及发展前途等。这一研究方法的代表人物为韦尔德。西方的大学，主要是在某些高级市场营销学课程（如批发学、零售学等）中，采取机构研究法。同时，这一专业研究方法也受到不同行业、不同类型企业的青睐。

3）职能研究法

智能研究法是从市场营销的各种职能来进行研究和分析的方法，即通过分析交换功能（购买与销售），供给功能（运输与储存），便利功能（资金融通、风险承担、市场信息）等各种市场营销职能以及企业执行各种功能中必定或可能遇到的问题，来认识和研究市场营销问题。职能研究法的首倡者为阿奇·沙奥。在西方国家，多数大学的市场营销学课程都重视采用职能研究法，但并不把它作为唯一的研究方法。

4）历史研究法

历史研究法是指从事物的产生、成长、衰亡的发展变化或演变的角度来分析研究市场营销问题。例如，分析研究市场营销这一概念的含义的发展变化、近百年来西方工商企业的市场营销观念的演变、市场营销战略思想的发展变化等，找出其发展变化或演变的原因，掌握其发展变化或演变的规律性。西方市场营销学者一般都很重视历史研究法，但也不把它作为唯一的研究方法。

2. 现代市场营销的研究方法

20 世纪 50 年代以后，市场营销学发生了革命，研究市场营销学的方法也随之发生了变化，主要采取的是管理研究法和系统研究法。

1）管理研究法

管理研究也叫决策研究，这是一种从管理决策的角度来分析、研究市场营销问题的方法，它综合了产品研究法、机构研究法和职能研究法，特别重视市场营销分析、计划、组织、执行和控制。从管理决策的观点看，企业营销受两大因素的影响：一是企业不可控制因素，如人口、经济、政治、法律、物质、自然、社会文化等因素；二是企业可控因素，即产品、价格、分销及促销。企业营销管理的任务在于全面分析外部不可控制因素的作用，针对目标市场需求特点，结合企业目标和资源，制定出最佳的营销组合策略，实现企业赢利目标。这正是基于从管理决策的角度来研究企业的市场营销问题。

一般认为，管理研究法是现代市场营销学众多研究方法中最具综合性的一种研究方法。目前，西方市场营销学主要是运用这种方法进行研究。菲利普·科特勒教授是管理研究法的世界级著名权威。本书所采用的就是这种方法。

2）系统研究法

系统研究法是将系统理论具体应用的一种研究方法，即企业营销管理者做市场营销管理决策时，把企业的有关环境和市场营销活动过程看作一个系统，统筹兼顾其市场营销系统中的各个相互影响、相互作用的组成部分，千方百计使各个部分协同活动，从而产生增效作用，提高企业经营效益。也就是说，系统研究法是从企业内部系统、外部系统，以及内部和外部系统如何协调来研究市场营销学的。企业内部系统主要是研究企业内部各职能部门，如生产部门、财务部门、人事部门、销售部门等如何协调，以及企业内部系统同外部系统的关系如何协调。后者主要研究企业同目标顾客外部环境的关系。内部与外部系统又是通过商品流程、货币流程、信息流程联结起来的。只有市场营销系统的各组成部分相互协调，才能产生高的营销效益。西方市场营销学者和企业营销管理人员从管理决策的角度分析研究企业的市场营销问题时，通常还配合采用这种系统研究方法。

3）社会研究法

社会研究法主要是指研究各种市场营销活动和市场营销机构对社会的贡献及其所付出的成本，即研究企业营销活动对社会利益的影响的一种方法。市场营销活动一方面带来了社会经济繁荣，提高了社会及广大居民的福利；另一方面造成了某些负面效应，如污染社会及自然环境，破坏社会生态平衡。这种方法研究的课题有：市场效率、产品更新换代、广告真实性及市场营销对生态系统的影响等。因此，有必要通过社会研究方法，寻求使市场营销的负面效应减少到最低限度的途径。

【本章知识反馈】

一、单项选择题

1. 市场营销产生于（　　）
A. 19 世纪末　　　B. 20 世纪　　　C. 第二次世界大战末期　　　D. 20 世纪 50 年代
2. 属于现代市场营销研究方法的是（　　）
A. 管理研究法　　　B. 产品研究法　　　C. 职能研究法　　　D. 机构研究法
3. "酒香不怕巷子深"是一种（　　）观念。
A. 生产观念　　　B. 产品观念　　　C. 推销观念　　　D. 社会营销观念
4. 市场营销观念是以（　　）为中心的营销观念。
A. 产品质量　　　B. 产品数量　　　C. 消费者需求　　　D. 推销

5. 企业市场营销观念的根本变革发生在（　　　）时期。

A. 生产观念向产品观念转变　　　　B. 产品观念向推销观念转变

C. 推销观念向市场营销观念转变　　D. 市场营销观念向社会营销观念转变

二、复习思考题

1. 如何理解市场营销的含义？市场营销与推销有哪些根本区别？

2. 构成市场营销的核心概念有哪些？

3. 什么是市场营销观念？传统营销观念与现代新型营销观念有何区别？

4. 试述市场营销学的形成与发展过程。

5. 市场营销学的主要研究对象是什么？主要的研究内容包括哪些？

案例分析

第 2 章

市场营销环境

【引导案例】

湖南卫视的市场营销策环境分析与策略

湖南卫视经过探索和运作，成功地确立了国内首席娱乐频道的地位，成为唯一一个能与央视频道分庭抗礼的省级电视台。

1997 年 1 月，湖南电视台第一套节目上星①改名为湖南电视台卫星频道。上星之后推出了《快乐大本营》《玫瑰之约》《音乐不断》等栏目。"金鹰独播剧场""钻石独播剧场""青春进行时剧场"是湖南卫视晚间三大剧场。

2010 年 1 月，湖南广电整合后，呼号更名为"湖南广播电视台卫星频道"。

2016 年 1 月，湖南卫视确立了"珍惜爱更青春"的频道口号。

2016 年 4 月，湖南卫视确立了"越新鲜越青春"的频道口号。

2018 年 5 月，湖南卫视推出了"快乐中国，奋斗吧青春！"的频道口号，并全面打造及维护这个以青春和奋斗为主题的品牌概念。

一、湖南卫视营销环境分析

1. 政治因素

21 世纪以来，整体社会局势向着开放、自由、个性的方向发展；国内政治体系不断完善，政局稳定，保证了整个社会能够理性地面对存在的弊端和问题，并能够合理引导社会发展的多样化趋势。

2. 经济因素

随着经济的发展，人们的生活水平不断提高，消费层次、消费水平、消费能力都发生

---

① 上星是指电视台把播出的节目上传，通过卫星转发的频道，即卫星频道。

了变化。人们不再满足于枯燥乏味的单一电视新闻，而是期望更多个性化的节目。庞大的网络资源、实时的新闻效果及点播式的自助娱乐方式，成为彰显个性化、满足特定需求的重要基础资源。传统的电视媒体面临着新型网络媒体的冲击。

3. 社会因素

中国人有着强烈的家庭观念，而电视是聚集家庭成员的最佳工具。当一家人齐聚一堂时，新闻电视节目的吸引力有限，娱乐性节目才是家庭媒体所关注的重点；而央视牢牢占据着国内新闻的头把交椅，地方电视台只能采取差异化的竞争方式，娱乐节目成为差异化最主要的工具。

4. 技术因素

技术的不断进步助推了互联网的发展，并催生了现今的新媒体时代，传统的电视节目受到新技术的不断挑战。但新技术同样也赋予传统电视节目以新生，IPTV（交互式网络电视）、数字电视等技术的产生在一定程度上消除了被动的接收方式。与此同时，技术的进步实现了各媒体间的相互支持，造就了新型的综合媒体时代，并创造了前所未有的市场价值。电视媒体作为其中的核心媒体之一，有着较为广阔的价值空间。

二、湖南卫视的营销策略

根据上述分析，湖南卫视在全国所有电视媒体中率先对自身品牌进行了清晰的定位——打造中国最具活力的电视娱乐品牌。围绕这一定位，湖南卫视构建了整合营销模式。

第一，要求广告部、总编室、覆盖办、节目部四大部门密切合作，相互配合抓创收，从根本上改变过去广告部单一运作的传统营销模式。

第二，与各地方电视台合作，如"超级女声"节目在海选阶段与广州、长沙、郑州、成都、杭州等电视台合作，设立五个赛区进行选拔赛。

第三，充分利用网络、短信等现代传播手段，通过网络互动、短信互动将全国各地的观众聚集到一起，如"超级女声"节目在歌迷极力推销歌手的同时，其影响力也随之扩大。

第四，对赞助商的资源进行整合，如赞助商在传播"超级女声"节目品牌的同时，也扩大了湖南卫视的影响力。

【案例思考】

1. 湖南卫视所面临的是什么样的市场环境？
2. 湖南卫视是如何有针对性地开展营销活动的？

【学习目标】

学习完本章后，正确认识企业与市场营销环境的关系；了解微观环境和宏观环境的主要内容和变化趋势；掌握市场营销环境的含义和特点。并结合所了解的企业，准确分析其所处的营销环境。

2.1 市场营销环境概述

企业作为一个开放性的系统，与其他系统一样，每天都在进行着"新陈代谢"。根据系统理论，企业为了维持内部的稳定和自身的发展，必须每天与周围的环境进行物质、功能和信息的交换，企业从环境中获取人才、物质、资金、设备、产品等，同时也把自己生产的产品出售给外部环境。

任何一个企业都是在与其他企业、目标顾客和社会公众的相互联系（如协作、竞争、服务、监督等）中开展市场营销活动的，企业营销活动的效果既受内部结构的制约，也受外部环境的影响。环境力量的变化，既可以给企业营销带来机会，也可以形成某种威胁。成功的公司，无一不对环境的细微变化有敏锐的洞察力。全面、正确地认识市场营销环境，监测、把握各种环境力量的变化，对企业开展市场营销活动具有重要意义。

2.1.1 市场营销环境的概念

市场营销环境是指营销职能之外的、影响企业与目标顾客建立并保持互利关系的各种因素和力量之和。市场营销环境是决定企业的营销目标能否顺利实现的关键因素。市场营销环境按照与企业关系的密切程度可以分为微观市场营销环境和宏观市场营销环境，如图 2-1 所示。

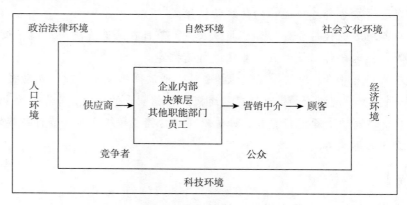

图 2-1　市场营销环境

微观市场营销环境是指与企业的日常经营密切相关，直接影响企业的营销效率和目标市场服务能力的所有因素和力量的总和。它包括企业本身、供应商、营销中介、顾客、公众和竞争者。由于微观环境直接作用于企业，所以又称其为直接营销环境。

宏观市场营销环境是指影响整个行业和事业性组织的社会性力量。它包括人口环境、政治法律环境、自然环境、经济环境、社会文化环境、科技环境等。宏观市场营销环境不直接作用于企业，它是通过直接影响企业所处的微观市场营销环境的方式，间接影响企业的营销效率和目标市场服务能力的，因此，宏观市场营销环境又被称为间接营销环境。

微观市场营销环境与宏观市场营销环境是影响与被影响的关系，微观市场营销环境受制于宏观市场营销环境，微观市场营销环境中的所有因素均受到宏观市场营销环境中的各种力量和因素的影响。

【相关链接】

美国次贷危机，影响全球经济

美国次贷危机是一场新型的金融危机，金融风险被逐步转移并放大至投资者。这些风险从住房市场蔓延到信贷市场、资本市场，从金融领域扩展到经济领域，并通过投资渠道和资本渠道从美国波及全球范围。

索罗斯认为，次贷危机是第二次世界大战以来 60 年内最严重的金融危机，是以美元作为世界货币时代的终结。英国《金融时报》评论家沃尔夫将次贷危机视为盎格鲁-撒克逊金融体系的危机。美国经济学家罗比尼则认为，美国联邦储备系统连续降息举措难以阻止美国经济陷入衰退。

次贷危机酿成全球危机的渠道之一是国际贸易，美国是全球最重要的进口市场，美国经济陷入衰退将会降低美国的进口需求，这将导致其他国家出口减缓，进而影响到这些国家的 GDP 增长。这对那些依靠净出口拉动经济增长的国家或地区如德国、加拿大、墨西哥、东亚新兴市场国家、石油输出国等的影响尤为显著。此外，美元大幅贬值将会损害其他国家出口商品的国际竞争力，特别是那些与美国出口商品构成同质性竞争关系的国家和地区，如欧盟和日本。

次贷危机后的应对政策助长了全球通货膨胀的发展。当前，无论是处于经济周期由高及低的发达国家，还是在经济周期持续上扬的新兴市场国家，无论是处于降息通道的美国，还是按兵不动的欧盟和日本，甚至在实施从紧货币政策的中国，通货膨胀随处可见。

2.1.2　市场营销环境的特点

企业依托于动态变化的营销环境而生存与发展，它的营销行为既要受到自身条件的限制，又要受到外部条件的限制与制约。营销环境是由多层次、多因素构成的复杂的综合体，综合体中任何因素的变化，都会带来环境整体的变化，而环境的变化中蕴含着机会的同时，也隐藏着威胁，如果企业能够很好地了解与掌握营销环境变化的特点，对企业去适应与驾驭环境将会有很大的益处。市场营销环境的特点概括来说，一共有以下几点。

1. 差异性

市场营销环境的差异性首先表现在不同类型的企业所面对的营销环境是有细微差别的。例如，粮食加工企业主要关注粮食的价格，而对计算机生产企业主要关注科技的进步和发展。其次，同一环境因素的变化对不同的企业会带来不同的影响。甲型流感的广泛传播，对餐饮和旅游业带来了威胁，但同时给消毒水、口罩、相关药品的生产和销售单位带来了机会。再次，不同地域和不同时期的营销环境也是有差异的。

2. 规律性与突发性相结合

市场营销环境是不断变化的，不确定性因素很多。有些环境的变化是突发性的，如2008 年汶川地震，这种突发性的变化是任何企业都无法预料的。但是有些环境的变化是缓慢进行的、渐变的，是有规律可循的。例如，随着医疗卫生事业的发展，人口的自然寿命在不断延长，许多国家都进入了老龄化国家，日本企业观察到了这种变化，进行了营销组合的调整。

3. 关联性

市场营销环境是一个由多因素组成的复杂的综合体，各因素之间并不是绝缘的，它们相互影响，一个因素的变化可能引起其他因素的变化，进而带来一系列的连带效应。例如，商品的供给情况，不仅与商品的需求价格有关，还会受国家的经济发展水平、财政政策等的影响。

2.2　宏观市场营销环境

宏观市场营销环境是企业不可控制的社会力量，如人口、经济水平、政治法律、科技、社会文化，这些因素间接作用于企业，既可能给企业创造市场机会，也可能给企业带来环境的威胁。

2.2.1　自然环境

自然环境因素是指影响企业生产和经营的物质因素。自然环境的发展变化会给企业造成一些"环境威胁"和"市场营销机会"，企业要避开自然环境带来的威胁，最大限度利用环境变化可能带来的市场营销机会，就应不断地认识和分析自然地理环境变化的趋势和动向。目前企业营销者需要注意的自然环境趋势主要体现在以下三个方面。

1. 自然资源日益短缺

自然界为人类提供了丰富的自然资源，但这些自然资源不都是"取之不尽，用之不竭"的。总体上可以把自然资源分为三类：第一类是无限可循环再生资源，如空气、水等。但是由于工业废水、废气的超标排放，空气质量严重下降，水污染严重，全球气候变化，温度升高等，多处地区和国家出现用水困难。第二类是有限可循环再生资源，如森林、粮食等。森林资源由于人们肆无忌惮的大量砍伐，加之自然灾害等其他因素，森林覆盖面积逐年降低。2000 年世界平均森林覆盖率是 30.81%，2005 年是30.52%，2014 年全世界平均的森林覆盖率为 22.0%。第三类是有限不可循环、不可再生资源，如石油、煤炭、矿物资源等。随着人类工业化进程的加快，这些能源的蕴藏量在逐渐减少。

2. 能源成本上升

世界上主要工业国的经济严重依赖石油，油价在 1970 年时每桶 2.23 美元，2010 年高达每桶 58 美元，石油资源的短缺和石油成本的上升已经成为未来经济增长遇到的最为严重的问题。在这种背景下，利用新能源做动力装置的产品或资源节约型的产品，必将获得消费者的青睐。例如，宝洁公司重新设计塑料包装以减少塑料用量。麦当劳所有餐厅都采用再生纸制成的纸巾；用单层纸包裹三明治；使用重量轻的杯子。麦当劳因其在减少废弃物方面的突出表现而得到了美国国家环境保护局颁发的年度奖。

3. 政府加强环境立法和保护制度

自然环境的恶化，已经严重损害了人们的身体健康，威胁到了生态平衡和经济的可持续发展。因此，各国都加强了环境保护和环境立法，我国从 1989 年开始陆续颁布了多项法律法规以约束企业的行为，如《中华人民共和国环境保护法》《中华人民共和国清洁生产促进法》《中华人民共和国水污染防治法》《中华人民共和国节约能源法》等。可喜的是不仅政府高度重视环境保护，而且居民的环保意识也逐渐增强，这些都迫使企业采用低能耗、低污染的技术进行生产和销售。

1990 年 4 月，一种倡导企业营销与自然环境友好的绿色营销理念在美国诞生，1992年 6 月，联合国环境与发展大会在巴西里约热内卢通过了包括《里约宣言》和《21 世纪议程》在内的一系列重要文件，可持续发展的观念逐渐形成，经过近十年的发展，可持续发展理论逐渐被世界各国所接受，并促进了绿色消费、绿色营销、绿色产业的蓬勃发展。环保技术被大量应用于企业的生产中，其创作的产值正在逐年增长，到 2010 年达到6 000 亿美元。中国节能环保产业快速增长，总产值从 2012 年的 29 908.7 亿元增加到 2015年的 45 531.7 亿元，与 2015 年相比增长 16.4%。细分领域中，节能产业、环保产业增速迅猛，年增长率均超过了 20%。

2.2.2　经济环境

经济环境是企业重要的宏观市场营销环境。经济环境的好坏直接影响着消费者的购买力、影响着市场的容量。

1. 消费者收入与支出

企业最关心的就是有支付能力的需求的数量，即居民消费品购买力。它是指一定时期、一定地区内城乡居民用以购买消费品的货币支付能力。企业营销活动必然受到居民消费品购买力发展变化的影响和制约，因此，企业也都在密切地关注着居民购买力增减所带来的机会和威胁。

总的来说，居民消费品购买力大小取决于整个国家乃至世界的经济发展水平，以及由此决定的人均收入水平。人均收入水平高并不一定就意味着总购买力大、企业营销机会多，要认清真正的购买力，还要了解以下问题和概念。

（1）当财富较平均地分布在消费者中间时，人均收入水平高，就意味着消费者的购买力大，市场容量和潜力巨大，营销机会多；但是如果财富分布不平均，社会的大部分财富被少数人掌握，多数居民生活在贫困中，这时现实的消费能力总和并不大。

（2）要分清实际收入与名义收入。名义收入并不真正代表购买力，要考虑扣除税收、福利、通货膨胀（紧缩）之后的实际收入。其中，通货膨胀和通货紧缩对购买力的影响很大。通货膨胀造成物价上涨，货币贬值，企业营销成本和生产成本上升，影响企业的资金链；通货紧缩造成消费低迷，人们收入减少，失业严重。

（3）个人可支配收入。个人可支配收入是指从可支配收入中扣除维持个人和家庭生活必需费用所余下的部分，个人可支配收入是需求中最活跃的因素，它所形成的需求伸缩性很大，需求弹性较强，是企业营销所要争夺的主要对象。

消费者收入的变化直接影响到消费者支出模式的变化。2018 年我国个人可支配收入达到 28 228 元，相比 2017 年增长 8.7%。收入的提升，带动了消费的快速增长，服务业迅速崛起，"消费主导-服务业推动"的组合逐渐成为新的增长动力，第三产业比重超过50%而成为主导产业，产业结构呈现高级化。企业格局将发生重大变化，企业规模逐渐扩大，大企业数量快速增加，跨国公司或企业迅速崛起壮大，成为发达国家经济实力的主要载体，带动人均 GDP 迅速向更高阶段跨越。

2. 消费储蓄、信贷和投资

消费者的收入除了用于日常开销之外，还有一些结余购买力，这部分收入可以存入银行、购买有价证券或其他形式的投资。储蓄和投资的增加会减弱消费者短期的购买力，但也有可能增强日后购买汽车、房屋等耐用消费品的支付能力。

目前很多消费者都选择贷款的方式购买房产、汽车等产品。消费者信贷是用消费者的个人信誉作担保，换取商品的所有权和使用权，用明天的钱办今天的事，是一种提前消费的行为。

3. 经济周期

世界各国无论处于何种经济发展阶段，都要经历经济周期。它是指经济运行中周期性出现的经济扩张与经济紧缩交替更迭、循环往复的一种现象，表现为经济增长、投资、失业率、物价、货币供应量、对外贸易等活动的增长率的波动。经济周期一般经过繁荣、衰退、萧条、复苏四个阶段（图 2-2），其中繁荣与萧条是两个主要阶段，衰退与复苏是两个过渡性阶段。我们可以把复苏和繁荣阶段看成经济的上升阶段，在这一阶段，企业有一个较宽松的外部环境，市场需求增加，商品销售顺畅，资金周转灵活，价格在不断攀升，是投资的好机会。与之相反，衰退和萧条是经济的下降阶段，这一阶段商品销售下降，库存增多，市场行情恶化，商品价格下降，企业经营困难。企业家必须了解、把握经济周期的波动，充分利用外部环境，并在一定范围内改变企业的小环境，并能制定相应的对策来适应周期的波动，以增强自身活力，扩大市场占有率，否则，企业将会在经济的波动中丧失生机。

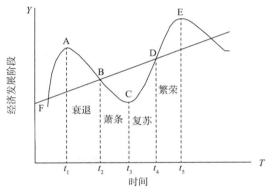

图 2-2　经济周期

2.2.3　政治法律环境

政治环境引导着企业营销活动的方向，指导着资源的使用方式；法律环境则为企业规定经营活动的行为准则，形成一个公正、公平、有序竞争的市场环境。

政治环境主要涉及国家政治体制、政党制度、政权更替，以及一些政策措施，如财政政策、税收政策、人口政策、贸易政策等。近年来，各国都加强了对环境的保护，纷纷出台政策鼓励节能产品、环保产品的设计和使用，其实这也反映了目前消费者的一种新的消费主张——低碳生活。

法律环境是国家颁布的各项法律条文，其目的是保障企业和消费者的合法权益不受侵犯；规范企业的经营行为。改革开放 40 年来，随着经济的发展，我国法律体系也在不断健全，对企业影响较大的法律有公司法、合同法、知识产权法、消费者权益保护法、破产法、保险法、劳动法、商标法、价格法等，企业一般都聘请了专业的法律顾问，帮助自己维护权利。

公共利益集团也是一个不容忽视的力量。高度组织化的利益集团具有严密的组织结构和明确的分工，有特定的利益诉求表达渠道，或以特定的方式追求利益。这些团体有妇联、工会、共青团、残疾人联合会、保护未成年人协会、消费者协会、环境保护组织、权益保护基金组织等，公共利益集团监督企业的行为，保护特定群体的利益，一些利益集团可能会通过向地方政府机关捐款，捐赠交通、通信工具等，直接或间接影响地方政府决策。

2.2.4　社会文化环境

文化是一个国家历史的积淀，是人类社会发展过程中逐渐积累下来的物质财富和精神财富，是人类智慧的结晶。一个地区的文化影响着当地人们人生观、价值观的形成，文化在群体中传播，潜移默化地影响着人们的消费心理和消费习惯等。我们可以从以下几个方面去解读文化对营销的影响。

1. 价值观

价值观是一个人对周围的事物的总体评价和总体看法。它支配和调节一切社会行为，是驱使人们行为的内部动力。一定的社会地位和物质生活条件，决定着人们的价值观念。处于相同的自然环境和社会环境的人，会产生基本相同的价值观念。它是人们衡量自己和别人行为的价值尺度，价值观对企业营销的影响主要体现在价值观支配着人的行为、态度、观察、信念和理解等。

【相关案例】

纳爱斯读懂中国人的价值观

在 90 年代末期的中国城市市场，以宝洁的汰渍为代表的洋品牌洗衣粉风头很劲，而一些民族老品牌如白猫等也纷纷投靠于洋品牌旗下。洋品牌以高端产品自诩，采取高价格、高利润的营销策略，而对当时的消费者却颇为受用。一时间汰渍们甚是嚣张，而以奇强为代表的中国品牌虽然依仗农村路线赢得了销量第一，但在城市市场则缺乏品牌影响力。

而随着消费者日益成熟、逐步理性，他们开始对洋品牌的"高价游戏"不满，这时市场真空出现了：广大城市消费者希望出现一些既价格实惠、品质有保证，又要有品牌含量的产品。而在洗衣粉行业，企业的规模是决定其生存的一个重要因素。因此，在建立一定的品牌基础上，用大规模的制造能力抢夺市场，做大自己的份额，成为纳爱斯放手一搏的机会。

纳爱斯的董事长兼总裁庄启传提出了"纳爱斯辩证的发展观"——搞经济也好，办其他事也好，凭一时的"躁动"是不对的，但已有了较长时间积累的能力而不"躁动"同样是不对的。

在中国洗衣粉市场上埋头耕耘、孤独求败了 7 年之后，积累了丰厚实力的纳爱斯开始了自己的"躁动"之旅。1999 年，纳爱斯建成了全世界四台之一的全自动喷粉设备，生产效率大大提高，就在这一年，雕牌一跃成为行业销量第二位，业界惊呼：狼来了！2000年，雕牌洗衣粉销量超过奇强，位居行业第一；2001 年，雕牌销量 89 万吨，雄踞霸主地位，相当于所有在华跨国洗衣粉公司销售总量的 5 倍，超过国内前 10 家的销量总和，是第二名奇强（29 万吨）的 3 倍。

　　与大多数企业的收购兼并不同，纳爱斯通过委托加工模式，实现了快速的低成本扩张，在短短几年内使自己的生产规模迅速得到提升，为抢夺市场份额奠定了基础。包括德国汉高在华的四个洗涤剂生产厂和宝洁的两个工厂在内的遍布全国 19 个省的 30 家企业都曾为纳爱斯生产过产品。通过异地委托加工，不仅有效地实现了产地销售，减少了运输成本，而且为纳爱斯的全国计划奠定了坚实的基础。

　　与迅速扩大的产能相呼应的是：1999 年刚开始，雕牌洗衣粉的价格就降到了一箱 29 元，跌破了行业内 30 元的心理防线，价格一步到位。

　　与此同时，雕牌洗衣粉瞄准城市中档洗衣粉市场的空缺，一则"只选对的，不买贵的"广告，正中城市普通居民下怀。这个广告回避了当时众多洗衣粉广告的功能性宣传，反复用"我要雕牌"来引起消费者的注意力，并暗示雕牌的实惠价格。此广告家喻户晓，为雕牌知名度的提升起了很大的作用。接下来，雕牌洗衣粉继续贴近普通市民和城市弱势群体，关注城市中的热点——下岗，下岗女工女儿的一句"妈妈，我也能为你干活了"博得了大众的好感，许多偏爱外资品牌的消费者也在感动之余改用雕牌。雕牌洗衣粉不但赢得了眼球，也将其富有中国特色的亲情文化的品牌内涵传达到消费者的心中。

2. 民族和宗教

　　宗教在许多社会都有重要的作用。为了掌握人们的购买动机和行为习惯，认识和理解他们的宗教是至关重要的。有些国家和地区宗教色彩比较淡薄，从事营销可以不必过多地考虑宗教方面的影响。但在宗教色彩浓烈的国家和地区，不了解当地宗教的情况，对有关的要求、规定或禁忌不清楚，可能无法开展营销活动。

　　很多国家都是多民族国家，如中国、俄罗斯、印度等。我国由 56 个民族组成，各民族都有自己鲜明的民族特色，如传统的服饰和饮食、风俗习惯等，企业需要对这些出现亚文化群的特色有所了解，以便营销活动的顺利开展。

3. 教育水平

　　教育是文化代代相传的重要载体。受教育水平高低的影响，消费者的生活态度、购买行为特点、具体的消费方式以及对商品的价值取向、对广告促销的反应等各有不同。教育水平高的消费者，对新事物的接受速度快，喜欢新颖独特、包装精美、科技含量高的产品；教育水平越高，对书籍、高档文具、艺术品、乐器、个人计算机、高性能家用电器等的需求量就越大，反之，需求量就越小。

2.2.5　人口环境

　　市场营销以消费者为核心。人口环境是市场营销的基本要素，人口的多寡直接决定着企业市场容量的大小、企业的获利空间和发展空间。一般来说，对生活必需品的消费，人口数量越多，市场规模越大。对于非生活必需品之外的产品的消费，除了考虑人口数量，还必须考虑的一个关键指标就是人口结构，即人的年龄结构、家庭结构、受教育程度等。因此，不同的人口环境对消费品需求也就有所不同，且影响消费水平、消费心理、消费结构、消费方式的变化，而这些变化必然会对商品销售的数量产生影响。总而言之，企业需要综合考虑人口数量和结构两个指标，来选定自己的目标市场。

1. 人口数量

国家统计局测算数据表明，2005 年 1 月 6 日，中国人口总数达到 13 亿（不包括香港特别行政区、澳门特别行政区和台湾省），约占世界总人口的 21%。由于实行计划生育，中国 13 亿人口日的到来推迟了 4 年。2018 年中国人口总数约为 13.953 8 亿。预计人口总量高峰将出现在 2033 年前后，达到 15 亿左右。

人口数量是衡量一个市场潜力的基本指标，中国是一个大市场，就是因为中国有着十几亿的人口，中国众多的人口，也就意味着众多的需求，然而，人口不是越多越好，人口的增长应与经济的增长、社会资源总量相适应，否则就将提升企业的市场营销成本，降低企业的利润。

【相关链接】

马尔萨斯人口陷阱

马尔萨斯（1766~1834 年）是英国的牧师、经济学家。他在《人口论》一书中提出，人和动、植物一样都听命于繁殖自己种类的本能的冲动，造成了过度繁殖。因此人口有超过生活资料许可的范围而增长的恒常趋势。他断言：人口按几何数列 1、2、4、8、16、32……增加，而生活资料只能按算术数列 1、2、3、4、5、6……增加。人口的增长快于生活资料的增长这个无法改变的自然规律，将使全体人民沦于贫乏和困苦的境地。

2. 人口结构

人口结构包括人口的自然结构，即性别比例、年龄比例等；还有人口的社会结构，即人口的文化水平、家庭规模等。与人口的数量指标相比，人口的结构对企业更具有意义，正是由于人口构成的不同才形成各具特色的消费者群，这也是企业进行市场细分和营销定位的主要依据。

1）年龄结构

年龄结构即不同年龄阶段的人口在总人口中所占的比例。根据年龄段的不同，可以划分出儿童市场、青年市场、老年市场。人们所处的年龄阶段不同，其消费行为和偏好各不相同：年轻人比较冲动、喜欢新奇的事物；老年人比较稳重、消费观念比较成熟。年龄还与家庭的收入高低有关。西方许多发达国家人口出现了负增长趋势，逐步进入老龄化社会，老年人将在人口总数中占据一定比例，这种年龄结构的变化会导致整个国家的消费能力的重心发生转移，保健品、医疗服务、营养品、旅游用品、文化用品的需求将增加。出生率下降，会导致劳动力供给的不足，带来劳动力成本的上升。

【相关案例】

日本化妆品企业抢攻银发族

日本化妆品公司在经济不景气中拼业绩，目标对准 60 岁以上的银发族，争相开发中高龄专属品牌。由于这个年龄层消费能力强，主打的都是高档化妆品，资生堂希望两年内年度销售额能破 100 亿日元。

据日本共同社报道，日本二战后婴儿潮的这一代人逐渐步入 60 岁，这个年龄层的女性因为子女已成年而有更多钱可自由支配，而且喜欢让自己更靓丽，各大化妆品公司无不摩拳擦掌抢占这个市场。

银发族化妆品卖点已不只是遮盖皱纹，而是让银发族更漂亮。资生堂表示，60 岁以上女性的化妆品市场每年都在成长，占整个化妆品市场的近两成。资生堂社长前田新造指出："社会高龄化，高龄者的心却年轻化。这个年龄的女性有钱有闲，是化妆品的新兴市场。"

资生堂 2017 年 9 月已针对中高龄女性推出售价 21 000 日元的保湿乳液和 126 000 日元的面霜。并于 11 月下旬推出专攻 60 岁以上女性的新品牌 "Elixir Prior" 护肤产品。佳丽宝化妆品公司也推出 55 岁以上女性专属品牌 "Chicca"（Chicca 是意大利米兰人对"可爱"的昵称），共有 166 种产品，包含银发族可以方便使用的眼影和口红，售价在 1 000 日元至 36 000 日元不等。虽然日本经济恶化，但仍有不少女性专程从东北地区和九州到东京和大阪的 "Chicca" 门店消费。

尽管百货业绩下降，但日本化妆品市场却连续 22 个月处于增长态势，市场专家指出，化妆品市场长红的另一原因是妇女的观念改变，过去她们愿意为家庭牺牲自己，节约化妆品开支，现在则希望让自己亮丽光鲜，有些妇女每月化妆品支出甚至达到 30 000 日元左右。

2）性别结构

男、女在生理、心理以及社会角色上的差异决定了他们不同的需求和特点。值得注意的是，女性在家庭中和社会上的地位都在不断提升，家庭中的许多购买决策都是由女性做出的。女性触及社会工作的各个领域，职业女性的消费不仅成为商家新的利润增长点，同时双职工家庭的增多，相应地提高了家庭的收入，也刺激了服务行业的发展。然而性别比例出现的一个问题，就是中国受重男轻女观念的影响，使得女孩的出生率不断下降，性别比例失衡。2018 年的数据显示，中国男性人口为 71 351 万人，占总人口的 51.13%，女性人口为 68 187 万人，占总人口的 48.86%。不过这个数据在近几年已经逐渐在往好的方向转变。

3）家庭构成

家庭是社会的细胞，又是组织消费的单位。家庭规模是影响消费品市场的重要因素。总体上来说，中国大陆的家庭户人口规模在逐渐变小，家庭向小型化方向发展，出现了独生子女家庭、丁克家庭等，消费品需要分别购买，这就加大了耐用消费者的消费，对许多产品的消费也趋向于小型装，同时消费支出及其比例关系也发生了明显的变化，小规模家庭的人均消费比例明显高于大规模家庭。随着家庭规模的减小，对住房面积的要求也都基本上集中在 90 平方米左右。

3．人口地理分布

人口地理分布状况对企业的影响主要体现在两个方面：一个是对营销成本的影响，人口分布的密集程度直接影响营销渠道的建设、分销成本和资源的分配。人口分布越集中就越能发挥规模效益的优势，降低分销成本和销售费用，而且产品的示范推广作用也更显著。我国人口大部分分布在东部沿海地区，中东部地区的基础设施建设相对西部地区也比较健全，这也便利了东部市场营销的发展。另一个是对产品定位的影响，不同地域的气候、自然资源状况、生活习惯不尽相同，这会导致人们消费行为的差异，这种差异会影响到企业产品的设计和宣传推广。

从有人类历史以来，人口流动就一直在进行。近年来，随着经济的发展，人口流动的规模越发壮大，并且出现了两个相反的流向：一是农村剩余劳动力大量涌入城市，解决了城市劳动力不足问题；二是城市人口向周围卫星城市流动，这主要是大城市生活压力不断增大引起的；三是以外地进行旅游、休闲、度假、商务及务工、学习等活动的人口流动。总的来说，人口流动对提高人口素质，缩小城乡居民收入差距，平衡地方发展差距，促进城市化建设，促进旅游业和服务业发展起着积极作用。

2.2.6　科技环境

科学技术对企业的市场营销是"创造性的破坏力量"，科学技术的产业变革的推动力量，是市场变化多端、周期性发展的根本原因，科技发展导致新行业的出现，同时也使某些行业、企业受到冲击甚至被淘汰。

科学技术是生产力发展的先导，催生了新行业的发展。20 世纪生命科学对基因的研究，对核酸分子结构的发现，以及人类基因组计划的实施，催生了以生物技术为核心的产业群，人类社会的农业生产、工业生产、食品医药、环境保护等，都发生了深刻的变化。19 世纪末和 20 世纪早期对电子及原子结构的研究，量子力学的产生等，为电子计算机、半导体、集成电路、激光等技术的发展奠定了理论基础，而这些技术的发展导致了信息技术革命，使信息产业成为人类社会的主导产业。

信息技术、网络技术、多媒体技术等的快速发展，缩短了人与人之间的距离，使营销人员可以更快速地与顾客沟通，对企业服务模式、管理模式、运作效率都有决定性的影响。网上购物的盛行，也逐渐地改变着人们的消费行为和消费习惯。

现代信息技术革命，引起能源革命和材料革命，使自然资源得到最大限度的开发和更有效的利用，同时，也可以满足人们新的需求。

2.3　微观市场营销环境

企业进行营销活动是想通过营销努力建立企业与其目标顾客间的某些关联，这种关联能否建立和是否稳固还取决于供应商、营销中介、公众、竞争者和顾客，这些因素组成了企业的微观市场营销环境。

2.3.1　企业内部

一个企业的组织结构从纵向来看，一般可分为三个管理层次：决策层（领导层）、中间层（执行层）和基层（操作层）。从横向来看，又有不同的职能部门：市场部、生产部、采购部、人力资源部、财务部、研发部等，这些部门和人员构成了企业的内部环境。企业的正常运转，不仅需要各部门、人员各司其职，也需要部门之间的沟通协作、通力配合。

决策层负责制定公司目标，公司目标引导营销目标，公司目标在营销部门寻找和评估机会，以及在制定营销战略时起指导作用。因此，营销经理应参与制定公司目标，以保证营销目标符合企业的营销利益和公司的长远愿景。

为了顺利地实现营销目标，营销部门还需要高效地整合企业内与顾客有关的所有工作，准确地把顾客的意愿和需求传达给组织中的职能部门，起到衔接各部门的桥梁的作用。例如，在营销计划的执行过程中、在产品的宣传推广中需要资金的支持，营销部门应与财务部门进行协商，保证资金在生产制造部门和营销部门之间得到合理的配置；企业要不断地开发新产品，才能始终处于不败之地，营销部门要经常与研发部门商讨新产品的创意和构思，防止研发部门设计出虽然精美但是不能体现消费者需求的产品；营销部门还要把近期和未来一段时间的销售信息及时反馈给生产和采购部门，保证物料和产品的充足。

2.3.2　供应商

供应商是企业渠道的起点，负责向企业提供原材料，供应商在企业整个顾客价值传递系统中起着重要的作用。供应商提供的原材料的价格和质量，直接关系到企业的生产成本和产品档次；原材料是否能保质保量地送达，直接影响企业生产计划的安排。随着企业经营实践的发展和竞争的加剧，企业与供应商之间已不再是简单的制造商与供应商的关系，而逐渐演变成一种风险共担、利益共享、互通有无的战略伙伴关系。企业与供应商之间信息共享，极大地提高了生产效率、节约了交易成本，优秀的供应商可以不断满足为企业保质保量准时供货的基本要求，还可以为企业融通资金，支持企业的技术研发和改造。供应商对企业来说越来越重要，已经上升到战略的高度，所以，企业应主动了解各供应商的竞争状况，对不同的供应商进行有效的区分，搞好与供应商的关系。

【相关案例】

戴尔的零库存管理模式

戴尔不懈追求的目标之一是降低库存量。戴尔公司分管物流配送业务的副总裁迪克·亨特说，高库存一方面意味着占有更多的资金，另一方面意味着使用了高价物料。戴尔公司的库存量只相当于一个星期出货量，而别的公司库存量相当于四个星期出货量，这意味着戴尔拥有3%的物料成本优势，反映到产品价格就是2%~3%的优势。

戴尔模式的竞争力在哪里？专家研究后发现，主要体现在低库存方面。戴尔的低库存是因为它的每一个产品都是有订单的，通过成熟的网络，每20秒就整合一次订单。戴尔的库存时间比联想少18天，效率比联想高90%，当客户把订单传至戴尔信息中心，由控制中心将订单分解为子任务，并通过互联网和企业间信息网分派给上游配件制造商。各制造商按电子订单进行配件生产组装，并按控制中心的时间表供货。戴尔只需在成品车间完成组装和系统测试，剩下的就是客户服务中心的事情。一旦获得由世界各地发来源源不断的订单，生产就会循环不停、往复周转，形成规模化。这样纷繁复杂的工作如果没有一个完善的供应链系统在后台进行支撑，只通过普通的人工管理来做，是"不可能的任务"。在得克萨斯州圆石镇，戴尔公司的托普弗制造中心巨大的厂房可以容纳五个足球场，而其零部件仓库却没有超过一个普通卧室。工人们根据订单每三到五分钟就组装出一台新的台式电脑。

2.3.3　营销中介

营销中介的职责是帮助企业转运产品、储存产品、逐级分配、销售产品到最终消费者手中。营销中介包括中间商、货物储运公司、营销服务机构及金融中介。

营销中介长期跟踪、从事营销中的某一环节，所以各有专长。中间商分为代理中间商和买卖中间商，一般位于价值链的下游环节，帮助企业寻找顾客，进行销售，他们直接与顾客接触，能获得最真实的第一手资料；货物储运公司负责货物的仓储和各地之间的运输，各个企业都会综合考虑成本、安全和速度等因素，最终选择最佳的货运方式；营销服务机构有管理咨询公司、营销研究公司、营销顾客公司、广告商、传播媒介公司等。营销服务机构专门负责给企业提供信息、推广宣传企业产品、提供促销等服务，一般大企业都会有自己的广告部门和调查部门，有的企业也会把这些业务外包出去，究竟如何选择要看效率和成本；金融中介包括银行、信贷公司、保险公司等，他们帮助企业进行金融交易或者降低企业买卖风险。

营销中介的有效利用可以为企业提高办事效率，节约成本，更好地与顾客进行沟通，了解顾客的需求及其购买行为。

2.3.4　竞争者

很多行业的顾客都是交叉的，因为人们有多种需求和欲望，所以每个企业都必须面临形形色色的竞争者，各个层次的竞争者、各个相关主体以不同的方式和力度作用于企业，对企业的营销活动产生影响。按照竞争者的层次来划分的话，竞争者可以分成四种类型。

1. 愿望竞争者

愿望竞争者是指满足消费者各种不同的需求和欲望的竞争者，是对同一顾客有限购买力的竞争。消费者的支付能力是有限的，而欲望是无限的，同一个消费者在同样的时间可能同时存在着多种需求尚未被满足，多样的需求和有限购买力之间的矛盾迫使消费者要进行取舍，也就造成了企业之间的竞争。例如，消费者目前有一笔现金，既可以用来购买耐用消费品，也可以购买汽车、出去旅游等。如果你是海尔，那么汽车企业和旅行社就成了你的愿望竞争者。

2. 一般竞争者

一般竞争者是指提供不同种类的产品，满足消费者某种愿望的竞争者。例如，消费者要满足便利出行的需求，可以选择骑自行车、开私家车、乘公交车、骑摩托车等，如果你是通用汽车公司，那自行车、摩托车制造企业就是你的一般竞争者。

3. 产品形式竞争者

产品形式竞争者是指生产同种产品但是产品的规格、型号、功能、外观等存在差异性的竞争者。例如，冰箱就有单开门、三开门、双开门之分；颜色也有白色、银色、红色之别；容积和耗电量也不同。

4. 品牌竞争者

品牌竞争者是指相同规格、型号的产品，但是品牌不同的竞争者。例如，冰箱的品牌有三星、海尔、LG、西门子、荣升等。各品牌之间都是竞争者。

2.3.5　公众

公众包括金融公众、媒介公众、政府公众、公民团体公众、社区公众和一般公众。金融公众指银行、投资公司、保险公司等，其能够影响企业获得资金的能力；媒介公众指报纸、杂志、电台和互联网等；政府公众指政府立法机构、司法机构和行政机构等；公民团体公众指慈善组织、环境保护组织、消费者组织等；社区公众指企业所在地附近的社区居民和社团组织；一般公众指无组织状态的外部公众。现代企业经营不仅要实现企业目标，还要承担一定的社会责任，因为企业的经营活动会影响到公众的利益，所以公众会关注、监督、影响企业的经营，公众的能力是不可小觑的，他们会对企业实现营销目标的能力产生实际或潜在的影响。因此，企业的经营除了要与竞争对手争夺市场之外，还要与各种公众发生联系，还要处理好与各类公众的关系，企业要积极参加公益活动，努力树立健康形象，与公众建立和保持建设性关系。

【相关链接】

信息时代的公众在不断壮大

随着我国传媒业的发展壮大和国家对舆论监督的重视，舆论监督发挥的作用也越来越重要。互联网的开放性使企业直接面临着来自公众的压力，任何消费者都可以在互联网上自由地发表自己的观点，揭露企业的恶行，而且这些言论会迅速在网上传播，由小范围扩大到全国。近年来，企业的不诚信行为纷纷在网络和各大媒体上曝光，从2008年6月的三鹿"奶粉门"，到2009年4月的万科"面积门"，再到2015年央视曝出苏泊尔不锈钢炊具锰含量超出国标近四倍，可引起帕金森等危险疾病。这都在提醒企业们，公众的力量已经不再可以忽视，企业应该重视自身的行为。

2.3.6 顾客

顾客是企业一切营销活动的出发点和归宿。营销的目的就是与顾客之间建立关联，顾客也可以理解为企业的目标市场，是企业最重要的营销环境因素。顾客可以分为个人消费者、生产者市场、中间商市场、政府和国际购买者。每一类型的顾客都有其独特的消费行为、购买规律，企业需要针对不同类型的消费者采取不同的销售措施。

【本章知识反馈】

一、单项选择题

1. 一个国家人口中，青年的比重上升，将会对（　　）行业带来环境威胁。
A. 美容用品、服装、大学教育　　　　　B. 运动器材、家具
C. 健康保险、滋补保健品　　　　　　　D. 家庭旅游、人寿保险

2. 下列因素中，企业不可以控制的是（　　）。
A. 政策　　B. 促销　　C. 产品　　D. 分销

3. "捷安特"自行车公司是"桑塔纳"轿车生产厂的（　　）。
A. 意愿竞争者　　B. 普通竞争者　　C. 产品形式竞争者　　D. 品牌竞争者

4. 人的需求欲望是无限的，但是有限的（　　）限制了人们的大部分欲望。
A. 场所　　B. 商品交换关系　　C. 人口　　D. 购买力

5. 下列组织中，（　　）不是营销中介单位。
A. 中间商　　B. 竞争者　　C. 保险公司　　D. 供应商

二、复习思考题

1. 哪些因素驱动企业市场营销微观环境发生变化？
2. 试述科技环境变化的新趋势是什么？给企业带来的机会和威胁是什么？
3. 近年来居民消费支出出现了哪些变化？这些变化对市场营销的影响是什么？
4. 人口年龄比例的变化如何影响企业的营销决策？
5. 试述市场营销环境与企业经营的关系。

案例分析

第3章

市场营销调查与预测

【引导案例】

麦当劳公司的神秘顾客制度

麦当劳上海公司的一名普通员工向记者表示，他知道公司的神秘顾客制度，因此他在工作中特别小心，生怕一不留神被神秘顾客抓到把柄影响自己的绩效考评。此员工对非市场调查人员评价的客观性表示怀疑，称调查问卷中很多为个人主观判断、设计的问题没有量化标准。如果神秘顾客不负责任，则倒霉的是该分店或者某店员本人。他表示，在百度贴吧的麦当劳吧里留言的多为麦当劳中国公司的普通员工，不少人跟帖表达了对神秘顾客的不满。在该吧中，有网友发帖表示，神秘顾客说他没有说"谢谢，欢迎下次光临"。有网友跟帖说："其实，我们并不会为真实的神秘顾客成绩叫骂，可是这种不负责任的神秘访客真是叫人气愤……难道神秘顾客可以来监督我们，公司就不能找人再监督神秘顾客了吗？对神秘顾客来说，他们是不是就处在一种无监管的状态下呢？"另有人发帖称神秘顾客"标准不一，不了解标准、缺少培训、缺少公平"。一个网友留言教人如何分辨神秘顾客"以后看见手里拿表、手机等可疑的东西，或盯着你胸牌看的人就要小心了"。

【案例思考】

请就以上事件谈谈你自己的看法。

【学习目标】

通过学习使学生了解市场营销信息的基本概念及特点；理解市场营销信息系统的构成；掌握市场调查的基本原理与方法；了解市场预测的基本原理与方法。

企业营销已从注重内部管理的时代到了致力于应对外部环境变化的时代，其营销课题应该是一种战略性课题，要在环境和竞争结构的变化下，解决营销战略如何创新的问题。为此，企业的营销信息至关重要，要求企业建立起便于战略性课题实现的营销信息系统。

市场营销就是通过了解市场环境的变化来预测将来状况进而准确地应对顾客的需求变化。市场营销信息是指一定时间和条件下，与企业的市场营销有关的各种事物的存在方式、运动状态及其对接收者效用的综合反映。所有的市场营销活动都以信息为基础展开，经营者进行的决策也是基于各种信息，而且经营决策水平越高，外部信息和对将来的预测信息就越重要。其中，市场营销信息是企业的战略性经营信息系统的基础。

3.1　市场营销信息系统

3.1.1　市场营销信息的含义

1. 市场营销信息的概念

市场营销信息是一种特定信息，是企业所处的宏观环境和微观环境的各种要素的特征及发展变化的客观反映，是反映市场各种要素的实际状况、特性、相关关系的资料、数据、情报等的统称。其包括市场信息和营销信息两方面。

2. 市场营销信息的特征

市场营销信息作为广义信息的组成部分，除具有一般信息所具有的属性外，还具有自己的特征，主要包括以下几个方面。

1）时效性强

市场营销活动与市场紧密联系在一起，信息的有效性具有极强的时间要求。这是由于作为国民经济大系统的中心位置的市场，受到错综复杂的要素的影响和制约，处于高频率的不断变化中，信息一旦传递加工不及时，就很难有效地利用。对此，日本的商业情报专家认为：一个准确程度达到百分之百的情报，其价值还不如一个准确程度只有50%，但赢得了时间的情报。特别是在竞争激烈之际，企业采取对策如果慢了一步，就会遭到覆灭的命运。可见，加强信息的收集能力，提高信息的加工效率，尽可能缩短从收集到投入使用的时间，对最大限度地发挥营销信息的时效性是十分重要的。

2）更新性强

市场营销信息随市场的变化与发展处于不断的运动中，这一运动客观上存在着新陈代谢。因此，市场活动的周期性并不意味着简单的重复，而必定是在新环境下的新过程。虽然新过程与原有的过程有着时间上的延续性，但绝不表明可以全部沿用原有的信息，企业营销部必须不断地、及时地收集、分析各种新信息，以不断掌握新情况并研究问题，取得营销主动权。

3）双向性

在商品流通中，商品的实体运动表现为从生产者向消费者的单向流动，而市场营销信息的流动则不然，它带有双向性：一面是信息的传递；另一面是信息的反馈，因此，收集市场信息就显得格外重要。

4）针对性

企业在市场营销过程中要具有针对性，要把握好最佳消费群体的消费动态。

【相关案例】

天气预报里也能"觅"出经济效益

从"天气预报"中能听出效益，这不是奇闻，而是哈尔滨金城百货公司发生的真实事件。2017 年初，哈尔滨金城百货公司派团到俄罗斯与一家公司洽谈业务。在洽谈期间，他们从当地气象台的预报中得知，俄罗斯某地区近期有历史上罕见的寒流，他们灵机一动，马上组织了一大批羽绒服出口该地区，很快被当地居民抢购一空。

2017 年 6 月，哈尔滨国际经济贸易洽谈会即将召开。会议召开前一天，哈尔滨金城百货公司销售人员从天气预报中获知开会当天有雨，而参加洽谈会的中外来宾有 3 000 余人，开幕剪彩仪式要到外边广场进行，他们马上赶在雨前组织人员运去各种雨具，很快在现场销售一空，事后，他们风趣地说：我们这是从天气预报中听出来的效益。

3.1.2 市场营销信息的作用

市场营销信息是企业营销的重要资源，是企业取得成功的必要因素。市场营销信息对于企业的营销活动具有如下作用。

1. 市场营销信息是企业经济决策的前提和基础

企业营销过程中，无论是对企业的营销目标、发展方向等战略问题的决策，还是对企业的产品、定价、销售渠道、促销措施等战术问题的决策，都必须在准确地获得市场营销信息的基础上，才可能得到正确的结果。

2. 市场营销信息是制订企业营销计划的依据

企业在市场营销中，必须根据市场需求的变化，在营销决策的基础上，制订具体的营销计划，以确定实现营销目标的具体措施和途径。不了解市场信息，就无法制订出符合实际需要的计划。

3. 市场营销信息是实现营销控制的必要条件

营销控制，是指按既定的营销目标，对企业的营销活动进行监督、检查，以保证营销目标实现的管理活动。由于市场环境的不断变化，企业在营销活动中必须随时注意市场的变化，进行信息反馈，以此为依据来修订营销计划，对企业的营销活动进行有效控制，使企业的营销活动能按预期目标进行。

4. 市场营销信息是进行内、外协调的依据

企业营销活动中，要不断地收集市场营销信息，根据市场和自身状况的变化，来协调内部条件、外部条件和企业营销目标之间的关系，使企业营销系统与外部环境之间、与内部各要素之间始终保持协调一致。

但是，营销者们常常抱怨道：有用的信息太少了，而不适用的信息太多。常见的问题是有用的信息收到的太晚，或不准确。营销者需要更多更好的信息。公司有能力为经理们提供大量的信息，但又没有充分利用它们。许多公司正在研究其经理们的信息需求，以设计能满足这些需求的信息系统。

3.1.3　市场营销信息系统

1. 市场营销信息系统的基本概念

市场营销信息系统是一个由人员、机器设备和计算机程序组成的相互作用的复合系统，它连续有序地收集、挑选、分析、评估和分配恰当的、及时的和准确的市场营销信息，为企业营销管理人员制订、改进、执行和控制营销计划提供依据。

市场营销信息系统的基本概念反映出以下三点。

（1）构成：市场营销信息系统是由人员、知识及信息设备的软硬件共同组成的一个相互作用的、有机的集合体。

（2）处理程序：评估信息需求—处理所需信息—提供信息评估新的信息需求。

（3）目的：收集、分类、分析、评估和分配适当的、带有时间约束的和准确的信息，辅助决策者和营销人员实现营销决策，开展营销规划，执行营销活动，提高其理解和控制营销环境的能力。

2. 市场营销信息系统的构成

市场营销信息系统由内部报告系统、营销情报系统、营销调研系统和营销决策支持系统组成。

1）内部报告系统

内部报告系统亦称内部会计系统，它是企业营销管理者经常使用的最基本的信息系统。内部报告系统的主要功能是向营销管理人员及时提供有关订货数量、销售额、产品成本、存货水平、现金余额、应收账款、应付账款等各种反映企业经营状况的信息。通过对这些信息的分析，营销管理人员能够发现市场机会，找出管理中的问题，同时可以比较实际状况与预期水准之间的差异。其中订货—发货—开出收款账单这一循环是内部报告系统的核心，销售报告是营销管理人员最迫切需要的信息。

2）营销情报系统

营销情报系统是指市场营销管理人员用以获得日常有关企业外部营销环境发展趋势等有关信息的一整套程序和来源。它的任务是利用各种方法收集、侦察和提供企业营销环境最新发展的信息。营销情报系统与内部报告系统的主要区别在于后者为营销管理人员提供事件发生以后的结果数据，而前者为营销管理人员提供正在发生和变化中的数据。

3）营销调研系统

上述两个子系统的功能都是收集、传递和报告有关日常的和经常性的情报信息，但是企业有时候还需要经常对营销活动中出现的某些特定的问题进行研究。例如，企业希望测定某一产品广告的效果。市场营销调研系统的任务就是系统地、客观地识别、收集、分析和传递有关市场营销活动等各方面的信息，提出与企业所面临的特定的营销问题的研究报告，以帮助营销管理者制定有效的营销决策。营销调研系统不同于营销信息系统，它主要侧重于企业营销活动中某些特定问题的解决。

4）营销决策支持系统

营销决策支持系统也称营销管理科学系统，它通过对复杂现象的统计分析、建立数学模型，帮助营销管理人员分析复杂的市场营销问题，做出最佳的市场营销决策。营销决策支持系统由两个部分组成：一个是统计库，另一个是模型库。其中，统计库的功能是采用各种统计分析技术从大量数据中提取有意义的信息；模型库包含了由管理科学家建立的解决各种营销决策问题的数学模型，如新产品销售预测模型、广告预算模型、厂址选择模型、竞争策略模型、产品定价模型及最佳营销组合模型等。

3.2　市　场　调　查

3.2.1　市场调查的含义

市场调查（marketing research）就是指运用科学的方法，有目的地、有系统地搜集、记录、整理有关市场营销的信息和资料，分析市场情况，了解市场的现状及其发展趋势，为市场预测和营销决策提供客观的、正确的资料。其包括市场环境调查、市场状况调查、销售可能性调查，还可对消费者及消费需求、企业产品、产品价格、影响销售的社会和自然因素、销售渠道等开展调查。也可称之为"市场研究""营销研究""市场调研"等。

简单地说，市场调查是指对与营销决策相关的数据（商品交换过程中发生的信息）进行计划、收集和分析并把结果向管理者汇报的过程。

从市场调查的定义中可以看出，市场调查的任务是为预测未来市场的变化提供科学依据、为企业市场营销目标中的工作计划和营销决策提供市场依据、为解决企业市场营销活动中的各种产供需矛盾提供科学依据。

【相关案例】

"状元红"酒是河南上蔡酒厂生产的享誉 300 多年的历史名酒。这种酒红润晶莹、醇香可口。1980 年获得河南省优质产品证书后，"状元红"酒畅销北国。河南上蔡状元红酒业有限公司决定向上海市场推销"状元红"酒。首批"状元红"酒运至上海试销，鲜有人问津，试销失败。"状元红"酒为什么在上海市场会遭受冷遇？经过市场调查发现，"状元红"酒在北方名声远播，但在上海却很少有人知道。一些消费者误以为"状元红"酒是单纯的药酒，因此年轻人不来购买，中老年人也不图"状元"的名声，这样，"状元红"酒就很少有人购买了。而且，"状元红"的包装陈旧不符合上海市民的要求，产品也只在经销单位销售。

为了打开上海市场，河南上蔡状元红酒业有限公司联合其他特约经销单位对 5 家大酒店进行了调查。调查结果是：

（1）购买者年龄：老年人占 8%；中年人占 28%；青年人占 64%。

（2）购买目的：自用的占 37%；送礼的占 52%；外流的占 11%。

（3）购买档次：购买 2 元以下的占 32%；购买 2～5 元的占 40%；购买 5～8 元的占 26%；购买 8 元以上的占 2%。

河南上蔡状元红酒业有限公司通过市场调查，准确地了解了上海市场购买"状元红"酒的人群、目的和愿意接受的价位与包装，及时调整营销策略，使产品畅销于上海市场。

3.2.2　市场调查的特点

以服务于企业预测和决策的需要为目的，系统收集和分析信息的现代市场调查是一项专业性很强的工作，从本质上看是一种市场行为的科学研究工作。现代市场调查的基本特点有以下几个方面。

1. 目的性

市场调查是有关部门和企业针对市场的科研活动，它有明确的目的性。这一目的性不仅是设计市场调研方案的前提，也是衡量市场调查是否有价值的基础。现代市场调查以提供有关部门和企业进行市场预测和决策的信息为目的，这种明确的目的性表现在收集、整理和分析市场信息和各个阶段都具有严密计划的特征。

2. 系统性

现代市场调查过程是一项系统工程，它有规范的运作程序。市场调查人员应全面系统地收集有关市场信息的活动，要求做到对影响市场运行的各种经济、社会、政治、文化等因素进行理论与实践分析相结合、分门别类研究与综合分析相结合、定性分析与定量分析相结合、现状分析与趋势分析相结合的系统性综合研究。如果单纯就事论事，不考虑周围环境等相关因素的影响，就难以有效把握市场发展及变化的本质，得到准确的调研结果。

3. 真实性

现代市场调查的真实性具体表现为两方面的要求：第一，调查资料数据必须真实地来源于客观实际，而非主观臆造。任何有意提供虚假信息的行为，从性质上说都不属于市场调查行为。例如，有的国家在医疗卫生保健的调查中，有意把霍乱、禽流感等传染性疾病的发病率报得很低，生怕报高了会有损于本国的形象，吓跑了外国旅客。第二，调查结果应该具有时效性，即调查所得结论能够反映市场运行的现实状况，否则，不仅会增加费用开支，而且会使有关部门和企业的决策滞后，导致决策失败。市场调查的时效性应表现为及时捕捉和抓住市场上任何有用的信息资料，及时分析，及时反馈，为有关部门和企业的活动提供决策建议或依据。总之，现代市场调查的真实性要求从业人员提高职业道德和专业素质，充分利用现代科技手段和方法收集和分析市场信息，做到准确、高效地反映现代市场运行的状况。

【相关案例】

日本一家"家庭服务公司"一夜之间关门倒闭，宣告破产。这家公司主要经营"寄存食品"。即把各种食品集于一箱，"寄放"在顾客家里，顾客不必先付钱，却可随意取用。一个月后结算一次。这是一种方便顾客的推销方法，并且填补了日本经营方式中的空白。经营伊始，公司从上到下，人人觉得这个主意新鲜而富有创新，为老百姓着想，一定能成功。经理也兴奋不已，身先士卒，顽强维持自己的业务。一箱又一箱的"寄存食品"走进了数以百计的家庭，包括茶叶、速食面、味精、糖、醋、油……应有尽有，质量上乘。一个月后，用作投资的 300 万日元化成了箱箱食品，分居在各家各户。公司开始派员逐家检查存货，收回款项，补充食品，可结果却大出人们的预料。送去的食品箱都原封不动。公司顿时陷入困境。几个月后，公司囊空如洗，不得不黯然关门。这家公司为什么会遭此惨败呢？原因就在于他们没有做到准确地分析顾客的心理，投其所好，日本妇女婚后大多待在家里，处理家务，带养孩子，生活颇为单调。逛街购物虽辛苦，但在她们的眼里并非是一项负担，而是一种具有乐趣的活动，因为这样能使她们涉足外部世界，呼吸新鲜空气，猎取轶闻趣事。所以，她们并不欣赏"家庭服务公司"的这种做法。

3.2.3 市场营销调查的分类

根据调查的目的、性质和形式的不同，市场营销调查一般分为如下四种类型。

1. 探测性调查

探测性调查用于探寻企业所要研究的问题的一般性质。

2．描述性调查

描述性调查是通过详细的调查和分析，对市场营销活动的某个方面进行客观的描述，它要解决的问题是说明"是什么"。

3．因果关系调查

因果关系调查又称相关性调查，是指为探索市场营销变量之间的因果关系而进行的市场调查，它所回答的问题是"为什么"。其目的是找出关联现象或变量之间的因果关系。

4．预测性调查

市场营销所面临的最大的问题就是市场需求的预测问题，这是企业制定市场营销方案和市场营销决策的基础和前提。

3.2.4　市场调查的内容

市场调查解决的主要问题是：现有顾客由哪些人或组织构成？潜在顾客由哪些人或组织构成？这些顾客需要购买哪些产品或服务？为什么购买？何时何地以及如何购买？

1．市场调查的范围

（1）市场环境调查。包括政治环境、经济环境、文化环境、自然环境和科技环境的调查。

（2）市场需求调查。包括市场商品和劳务需求总量的调查、市场需求结构的调整、需求转移的调整。

（3）市场商品资源调查。国内市场社会商品供应总额、国内市场供应的构成、商品来源的调查。

（4）市场营销活动调查。现代市场营销活动是包括产品、定价、分销渠道和促销在内的营销活动，市场营销活动调查就是围绕企业营销活动进行的调查，包括产品调查、竞争对手状况调查、品牌或企业形象的调查、广告调查、价格调查、客户调查。

市场调查研究就是围绕着四大营销活动展开包括消费者在内的市场总体环境的调研。

2．宏观市场调研的内容

从现代市场基本要素构成分析上看，宏观市场调研是从整个经济社会的角度，对社会总需求与供给的现状及其平衡关系的调研。具体内容包括以下几个方面。

（1）社会购买总量及其影响因素调查。社会购买力是指在一定时期内，全社会在市场上用于购买商品或服务的货币支付能力。社会购买力包括三个部分，即居民购买力、社会集团购买力和生产资料购买力。其中，居民购买力尤其是居民用于购买生活消费品的货币支付能力（即居民消费购买力）是调查的重点。居民购买力的计算公式如下：

居民购买力=居民货币收入总额−居民非商品性支出 ± 居民储蓄存款增减额

　　　　　± 居民手存现金增减额

（2）社会购买力投向及其影响因素调查。主要内容是调查社会商品零售额情况，并分析其构成。这类调查还可以采用统计调查的方式，从买方角度分析购买力投向的变动。调查影响购买力投向变化因素的主要内容包括消费品购买力水平及变动速度、消费构成变化、商品价格变动、消费心理变化和社会集团购买力控制程度变动等。

（3）消费者人口状况调查。调查的主要内容有人口总量、人口地理分布状况、家庭总数、家庭平均人数、民族构成、年龄构成、性别构成、职业构成、教育程度等。这种调查有着长期的历史传统，在20世纪50年代中期形成的"市场细分"概念，是目前仍很流行的消费者调查参考框架之一。

以上三项可以看作对构成市场要素之一的消费系统总体状况及变动因素的调查。

（4）市场商品供给来源及影响因素调查。对于商品供给来源的调查内容包括国内工农业生产部门的总供给量、进口商品量、国家储备拨付量、物资回收量和期初结余量等。

（5）市场商品供应能力调查。商品供应能力调查是对工商企业的商品生产能力和商品流转能力的调查，主要内容包括企业现有商品生产能力和结构、企业经营设施、设备的状况、科技成果转化速度、企业资金总量、企业盈利和效益情况、企业技术水平和职工素质、交通运输能力、生产力布局等。

3. 微观（企业）市场调查的内容

微观市场调查则是从微观经济实体（企业）的角度出发对市场要素进行调查分析，它是现代市场调查的主体内容。由于市场变化的因素很多，企业市场调查的内容也十分广泛，一般来说，涉及企业市场营销活动的方方面面都应调查，但主要内容如下。

（1）市场需求的调查。从市场营销的理念来说，顾客的需求和欲望是企业营销活动的中心和出发点，因此，对市场需求的调研，应成为市场调查的主要内容之一。

市场需求情况的调查包括：现有顾客需求情况的调查（包括需求什么、需求多少、需求时间等）；现有顾客对本企业产品（包括服务）满意程度的调查；现有顾客对本企业产品信赖程度的调查；对影响需求的各种因素变化情况的调查；对顾客的购买动机和购买行为的调查；对潜在顾客需求情况的调查（包括需求什么、需求多少和需求时间等）。

（2）产品的调查。产品是企业赖以生存的物质基础。一个企业要想在竞争中求得生存和发展，就必须始终如一地生产出顾客需要的产品来。

产品调查的内容包括：产品设计的调查（包括功能设计、用途设计、使用方便和操作安全的设计、产品的品牌和商标设计以及产品的外观和包装设计等）；产品系列和产品组合的调查；产品生命周期的调查；对老产品改进的调查；对新产品开发的调查；对如何做好销售技术服务的调查等。

（3）价格的调查。价格对产品的销售和企业的获利情况有着重要的影响，积极开展产品价格的调查，对于企业制定正确的价格策略有着重要的作用。

价格调查的内容包括：市场供求情况及其变化趋势的调查；影响价格变化各种因素的调查；产品需求价格弹性的调查；替代产品价格的调查；新产品定价策略的调查；目标市场对本企业品牌价格水平的反应调查等。

（4）促销的调查。促销调查的主要内容是企业的各种促销手段、促销政策的可行性，其中一般企业较为重视的有广告和人员推销的调查。

促销调查的内容包括：广告的调查（广告媒体、广告效果、广告时间、广告预算等的调查）；人员推销的调查（销售力量大小、销售人员素质、销售人员分派是否合理、销售人员报酬、有效的人员促销策略的调查）；各种营业推广的调查；公共关系与企业形象的调查。

（5）销售渠道的调查。销售渠道的选择是否合理，产品的储存和运输安排是否恰当，对于提高销售效率、缩短交货期和降低销售费用有着重要的作用。因此，销售渠道的调查也是市场调查的一项重要内容。

销售渠道调查的内容包括：各类中间商（包括批发商、零售商、代理商、经销商）应如何选择的调查；仓库地址应如何选择的调查；各种运输工具应如何安排的调查；如何既满足交货期的需要，又降低销售费用的调查等。

（6）竞争的调查。竞争的存在，对于企业的市场营销有着重要的影响。因此，企业在制定各种市场营销策略之前，必须认真调查市场竞争的动向。

竞争的调查包括：竞争对手的数量（包括国内外）及其分布、市场营销能力；竞争产品的特性、市场占有率、覆盖率；竞争对手的优势与劣势；竞争对手的市场营销组合策略；竞争对手的实力、市场营销战略及其实际效果；竞争发展的趋势等。

以上各项内容，是从市场调查的一般情况来讲的，各个企业市场环境不同，所遇到的问题不同，因而要调查的问题也就不同，因此企业应根据自己的具体情况来确定调查内容。

3.2.5　市场调查的方法

市场调查的方法主要有观察法、实验法、访问法和问卷法。

1. 观察法

观察法是社会调查和市场调查研究的最基本的方法。它是由调查人员根据调查研究的对象，利用眼睛、耳朵等感官以直接观察的方式对其进行考察并搜集资料。例如，市场调查人员到被访问者的销售场所去观察商品的品牌及包装情况。

2. 实验法

实验法是由调查人员跟据调查的要求，用实验的方式，将调查的对象控制在特定的环境条件下，对其进行观察以获得相应的信息。控制对象可以是产品的价格、品质、包装等，在可控制的条件下观察市场现象，揭示在自然条件下不易发生的市场规律，这种方法主要用于市场销售实验和消费者使用实验。

3. 访问法

访问法可以分为结构式访问、无结构式访问和集体访问。

结构式访问是事先设计好的、有一定结构的访问问卷的访问。调查人员要按照事先设计好的调查表或访问提纲进行访问，要以相同的提问方式和记录方式进行访问。提问的语气和态度也要尽可能地保持一致。

无结构式访问是没有统一问卷，由调查人员与被访问者自由交谈的访问。它可以根据调查的内容，进行广泛的交流，如对商品的价格进行交谈，了解被调查者对价格的看法。

集体访问是通过集体座谈的方式听取被访问者的想法，收集信息资料。可以分为专家集体访问和消费者集体访问。

4. 问卷法

问卷法是通过设计调查问卷，让被调查者填写调查表的方式获得调查对象的信息。在调查中将调查的资料设计成问卷后，让调查对象将自己的意见或答案填入问卷中。在一般进行的实地调查中，以问答卷采用最广。

3.2.6 市场调查的步骤

市场调查由一系列收集和分析市场数据的步骤组成。某一步骤做出的决定可能影响其他后续步骤，某一步骤所做的任何修改往往意味着其他步骤也可能需要修改。市场调查的步骤一般按如下程序进行：①确定问题与假设；②确定所需资料；③确定收集资料的方式；④抽样设计；⑤数据收集；⑥数据分析；⑦调查报告。

1. 确定问题与假设

由于市场调查的主要目的是收集与分析资料以帮助企业更好地做出决策，以减少决策的失误，因此调查的第一步就要求决策人员和调查人员认真地确定和商定研究的目标。"对一个问题做出恰当定义等于解决了一半"，在任何一个问题上都存在着许许多多可以调查的事情，如果对该问题不做出清晰的定义，那收集信息的成本可能会超过调查的结果价值。例如，某公司发现其销售量已连续下降达 6 个月之久，管理者想知道真正原因究竟是什么？是经济衰退？广告支出减少？消费者偏爱转变？还是代理商推销不力？市场调查者应先分析有关资料，然后找出研究问题并进一步做出假设、提出研究目标。假如调查人员认为上述问题是消费者偏爱转变的话，再进一步分析、提出若干假设，如消费者认为该公司产品设计落伍，竞争产品品牌的广告设计较佳。

做出假设、给出研究目标的主要原因是限定调查的范围，并从将来调查所得出的资料来检验所做的假设是否成立，写出调查报告。

2. 确定所需资料

确定问题和假设之后，下一步就应决定要收集哪些资料，这自然应与调查的目标有关。例如，消费者对本公司产品及其品牌的态度如何？消费者对本公司品牌产品的价格的看法如何？本公司品牌的电视广告与竞争品牌的广告，在消费者心目中的评价如何？不同社会阶层对本公司品牌与竞争品牌的态度有无差别？

3. 确定收集资料的方式

第三步要求确定一个收集所需信息的最有效的方式，它需要确定的有数据来源、调查方法、调查工具、抽样计划及接触方法。

如果没有适用的现成资料（第二手资料），原始资料（第一手资料）的收集就成为必需步骤。采用何种方式收集资料，这与所需资料的性质有关。它包括实验法、观察法和询问法。前面例子谈到所需资料是关于消费者的态度，因此市场调查者可采用询问法收集资料。对消费者的调查，采用个人访问方式比较适宜，便于相互之间深入交流。

4. 抽样设计

在调查设计阶段就应决定抽样对象是谁，这就提出抽样设计问题。其一，究竟是概率抽样还是非概率抽样，这具体要视该调查所要求的准确程度而定。概率抽样的估计准确性较高，且可估计抽样误差，从统计效率来说，自然以概率抽样为好。不过从经济观点来看，非概率抽样设计简单，可节省时间与费用。其二，一个必须决定的问题是样本数目，而这又需考虑统计与经济效率问题。

5. 数据收集

数据收集必须通过调查员来完成，调查员的素质会影响到调查结果的正确性。调查员以大学的市场学、心理学或社会学的学生最为理想，因为他们已受过调查技术与理论的训练，可降低调查误差。

6. 数据分析

资料收集后，应检查所有答案，不完整的答案应考虑剔除，或者再询问该应答者，以求填补资料空缺。

资料分析应将分析结果编成统计表或统计图，方便读者了解分析结果，并可从统计资料中看出与第一步确定问题假设之间的关系。同时又应将结果以各类资料的百分比与平均数形式表示，使读者对分析结果形成清晰对比。不过各种资料的百分率与平均数之间的差异是否真正有统计意义，应使用适当的统计检验方法来鉴定。例如，两种收入家庭对某种家庭用品的月消费支出，从表面上看有差异，但是否真有差异可用平均数检定法来分析。资料还可运用相关分析、回归分析等一些统计方法来分析。

7. 调查报告

市场调查的最后一步是编写一份调查报告。一般而言，调查报告可分两类：专门性报告和通俗性报告。

专门性报告的读者是对整个调查设计、分析方法、研究结果以及各类统计表感兴趣者，他们对市场调查的技术已有所了解。而通俗性报告的读者主要兴趣在于听取市场调查专家的建议，如一些企业的最高决策者的建设。

【相关案例】

日本某公司的信息获取与利用

美国法律规定，本国商品的定义是"一件商品，美国制造的零件所含价值必须达到这件商品价值的50%以上"。日本一家公司通过查阅美国有关法律和规定获知了此条信息。这家公司根据这些信息，谋划出一条对策：进入美国公司的产品共有20种零件，在日本生产19种零件，从美国进口1种零件，这1种零件价值最高，其价值超过50%，在日本组装后再送到美国销售，就成了美国商品，就可直接与美国厂商竞争。

3.3 市场预测

3.3.1 市场营销资料的整理

市场营销资料整理是根据市场调研的目的和任务，对市场调查所得到的原始资料或次级资料进行科学地分类、分组、汇总和再加工的过程。

市场营销调查所收集到的信息资料是分散的、不系统的、无规律的，根据这样的资料难以对总体进行分析，更无法对总体做出判断和结论。收集到的第二手资料也不能完全符合市场调查的目的和分析的要求。因此必须对资料进行整理，包括了文字资料和数字资料。

1. 文字资料的整理程序

（1）文字资料的审核：就是对调查到的原始资料进行审查和核实。重点核实资料的可靠性和合格性。

（2）文字资料的分类：根据资料的性质、内容或特征，把相异的资料挑出来，把相同或相近的资料归为一类的过程。分类方法包括前分类法和后分类法，分类原则有穷举原则和相斥原则。

（3）文字资料的汇编：是指按调查目的和要求对分类后的资料进行汇总和编辑，使之成为能反映调查对象客观情况的、系统的、完整的资料。

2. 数字资料的整理程序

（1）数字资料的审核：是对市场调查得到的数字资料进行审查、核实和订正，包括完整性审核、准确性审核和及时性审核。

（2）数字资料的分组：是根据分析任务的需要，把调查总体的数量特征按照某个标志分为性质不同而又有联系的几个部分。其主要作用在于将市场现象总体按照调查分析的要求区分为性质相异的组成部分。

（3）数字资料的汇总：包括手工汇总和计算机汇总。

（4）数字资料整理结果的显示：统计图和统计表是最常用的形式。

3.3.2　市场营销分析

市场营销资料整理后，调研人员还必须将资料中潜在的各种关系运用各种分析方法揭示出来，以满足营销决策的需要。主要包括定量分析和定性分析。

1. 定量分析

定量分析就是利用统计和数学方法对所研究的问题进行数量对比分析，认识事物的本质、发展过程、发展趋势及变化规律。包括静态对比分析和动态对比分析。

（1）静态对比分析。它主要包括结构分析、比例关系分析、因素分析、平均分析、变异分析、相关分析等。

（2）动态对比分析。它是对市场现象进行时间量的分析，包括发展速度和平均发展速度分析、增长速度与平均增长速度分析、季节性分析、价格指数分析、趋势分析、时间序列分析等。

2. 定性分析

定性分析是指运用科学理论、实践经验及有关资料，对市场现象的性质、特点、运动过程、发展趋势等进行评价和判断。

定性分析一般是对事物变化的性质、特点及趋势不易用数量指标表示，即难以进行定量分析，又可以估计判断出其发展程度及发展趋势时，利用调研人员及专家的实践经验和资料进行判断分析。通常用基本、大体、较慢、较快、较好、较差等词来描述市场现象的变化。

定性分析常用的方法主要有德尔菲法、主观概率法、经验分析法、对比类推法、集合意见法等。

3.3.3　市场营销预测

市场营销预测（marketing forecast）是根据收集到的市场过去和现在的资料，应用科学的预测方法对市场未来的发展变化进行预计或估计，为科学制定营销决策提供依据。市场营销预测包括定性预测和定量预测。

1. 定性预测

定性预测是指依靠预测人员的经验和知识及综合分析能力，估计预测对象的发展前景的一种预测方法。主要有以下几类方法。

1）营销人员意见预测法

营销人员意见预测法是指长期从事市场营销活动的人员凭借他们对产销情况、市场环境的熟悉，对消费者需求心理和消费水平的了解，长期积累的销售经验，对未来的市场销售趋势进行估计和预测。一般适用于短期预测。这种预测方法比较接近现实，但是容易受营销人员近期销售绩效的影响，有时估计值比较保守或过于乐观。

2）决策人员意见预测法

决策人员意见预测法是诸如厂长、经理等高级主管人员根据产品销售、资金财务、市场环境、管理水平等资料，通过听取各类负责人的汇报和意见，在此基础上综合分析判断市场变动趋势的一种预测方法，常用于中长期预测。

3）用户意见预测法

用户意见预测法是预测者通过访问、电话、信函和投票等方式了解用户的需求情况和意见，掌握消费者的购买意向，预测消费者未来需求特点和变动趋势的一种预测方法，主要用于工业品和耐用消费品市场预测。例如，海尔电视刚刚投放市场时，海尔公司通过打电话的方式向消费者征询意见，以了解消费者对海尔电视的看法。这种方法效果很好，但是费用较高。

4）访问意见预测法

访问意见预测法根据预测目标的要求，预测者事先拟定访问提纲，通过当面访问或书面访问形式向被调查者征询意见，然后对各种意见进行归纳、整理、分析和判断，从而取得预测方案的预测方法。该方法适合对某商品的规格、款式、质量和价格等具体问题进行预测。

5）问卷调查意见预测法

问卷调查意见预测法是预测者依据预测任务的要求，拟定调查提纲或调查表，直接向消费者调查而取得预测结果的预测方法。

6）扩散指数预测法

扩散指数预测法是指根据一批领先经济指标的升降变化，计算出上升指标的扩散指数，以扩散指数为依据来判断市场未来的景气情况，进而预测企业的景气情况。

7）比例推算预测法

比例推算预测法是利用事物之间存在的比例关系，从一种事物的已知情况推断另一种事物的未来发展变化趋势。

8）依存关系预测法

依存关系预测法是根据互补产品之间的数量依存关系，对某种产品的需求量进行预测的方法。

9）专家意见法

专家意见法是根据市场预测目的和要求，向有关专家提供一定的背景资料，通过会议的形式对某一经济现象及其前景进行评价，并在专家分析判断的基础上，综合他们的意见，对市场发展趋势进行推断。

10）德尔菲法

德尔菲法由美国兰德公司首创和使用，是专家会议调查法的改进和发展。德尔菲是古希腊一座城市的名字，该城有座阿波罗神殿，阿波罗是太阳神，善于预卜未来，后人借用德尔菲比喻预见能力高超。德尔菲法是使用系统的程序，采取不署名和反复进行的方式，先组成专家组，将调查提纲及背景资料提交专家，轮番征询专家意见后再进行汇总预测结果，经过几轮的反复征询、归纳和修改，直到各专家的意见趋于一致，才宣告结束。其结论比较接近实际，适用于总额的预测。该方法的特点是匿名性、反馈性、多轮性、趋同性。

2．定量预测

定量预测是根据收集的数据资料，运用统计或数学方法对市场的未来进行估计。

1）平均数预测法

平均数预测法是以预测目标的时间序列的平均数作为预测目标趋势的预测依据，以此来计算趋势预测值。包括简单平均数法和加权平均数法。

简单平均数法：利用简单算数平均数在时间序列上形成的平均动态数列，以说明某种经济现象在时间上的发展趋势。适用于趋势比较稳定的商品需求和生产预测。公式如下所示：

$$\bar{X} = \frac{\sum X}{n}$$

其中，$\bar{X}$ 表示算数平均数；n 表示预测资料的项数；$\sum X$ 表示各期实际值的总和。

加权平均数法：通过对不同数据按其重要性乘以不同的权数，以这些乘数相加之和除以权数总和，即得加权平均数，以此来预测。基本公式如下：

$$\bar{X} = \frac{\sum xf}{\sum f}$$

其中，$\bar{X}$ 表示加权平均数；f 表示权数。

【例1】根据某公司销售额资料（表3-1），试预测其7月份销售额。

表 3-1　某公司销售额资料

月份	1	2	3	4	5	6
销售额	21	19.5	20	19.7	20.1	20.3

$$\bar{X} = \frac{\sum xf}{\sum f} = \frac{21 \times 1 + 19.5 \times 2 + 20 \times 3 + 19.7 \times 4 + 20.1 \times 5 + 20.3 \times 6}{1+2+3+4+5+6} = 20.05$$

运用加权平均数法进行预测的关键是权数的选择。如果历史资料变动较大，可用等比数列为权数；如果历史资料变动小，可用等差数列为权数。

2）移动平均数预测法

移动平均数预测法是通过移动平均数进行预测的方法。包括简单移动平均法和趋势移动平均法。趋势移动平均法以一次移动平均值作为时间序列，计算其移动平均值，即在简单移动平均上再作趋势移动平均。基本公式如下：

$$M_t = \frac{X_t + X_{t-1} + \cdots + X_{t-n+1}}{n}$$

其中，X_t 表示第 $t-1$ 期实际销售额的权重；X_{t-1} 表示第 $t-2$ 期实际销售额的权重；X_{t-n+1} 表示第 $t-n$ 期实际销售额的权重；n 表示预测的时期数。

3）一次指数平滑法

一次指数平滑法是通过对预测目标历史统计序列的逐层平滑计算，来消除随机因素造成的影响，找出预测目标的基本变化趋势，以此预测未来。基本公式如下：

$$S_t = \alpha \chi_t + (1-\alpha) S_{t-1}$$

其中，S_t 表示第 t 期一次平滑值，也是第 $t+1$ 期的预测值；α 表示平滑系数；χ_t 表示第 t 期观察值；S_{t-1} 表示第 $t-1$ 期平滑值。

初始值的确定：如果观察期 n 大于 15，以第一期观察值为初始值；如果观察期 n 小于 15，以前三期观察值的平均数为初始值。

平滑系数的选择：如果时间序列有不规则变化，而长期趋势呈稳定的水平趋势，应取 0.05~0.20。在实际应用中可以取几个值比较，选择预测误差最小的值。

4）直线趋势外推法

直线趋势外推法遵循事物发展的连续原则，分析预测目标时间序列资料呈现的长期趋势变动的规律性，用数学方法找出拟合趋势变动轨迹的数学模型，据此进行预测的方法。常用最小二乘法进行预测。预测模型为

$$\hat{y} = a + bt$$

其中，$\hat{y}$ 表示预测值；a、b 表示待定参数；t 表示时间变量。

基本原理：已知时间序列各数值与拟合趋势直线估计值的离差平方和为最小值，即

$$\sum (y - \hat{y})^2 = 最小值$$

利用极值定理，求得 a、b 参数方程为

$$a = \frac{\sum y - b \sum t}{n}$$

$$b = \frac{n \sum ty - \sum t \sum y}{n \sum t^2 - \left(\sum t\right)^2}$$

【例 2】根据某地区某商品销售量资料（表 3-2），预测该地区 2020 年商品销售量。

表 3-2　某地区某商品销售量资料

年份	2010	2011	2012	2013	2014	2015	2016	2017	2018	2019	2020	合计
销量	36	26	32	40	50	45	42	48	45	55	56	475
t	−5	−4	−3	−2	−1	0	1	2	3	4	5	0
t^2	25	16	9	4	1	0	1	4	9	16	25	110
ty	−180	−104	−96	−80	−50	0	42	96	135	220	280	263

给时间变量分配序号，使 $\sum t = 0$，并计算有关数据填入表中。

$$a = \frac{\sum y}{n} = \frac{475}{11} = 43.18$$

$$b = \frac{\sum ty}{\sum t^2} = \frac{263}{110} = 2.39$$

$$\hat{y} = a + bt = 43.18 + 2.39t$$

当 $t = 6$ 时，$\hat{y} = 43.18 + 2.39t = 43.18 + 2.39 \times 6 = 57.52$，即 2020 年商品销售量为 57.52 万吨。

5）曲线趋势外推法

曲线趋势外推法是市场经济活动受多种因素影响，其中市场经济变量因素的长期趋势有时呈现不同形式的曲线，因此，需要将曲线趋势变动线加以延伸以求得预测值。指数曲线模型为

$$y_t = a(1+r)^t \quad (令\ b = 1+r，则\ Y_T = ab^t)$$

其中，y_t 表示预测值；a 表示时间序列初期水平；b 表示时间序列平均发展速度；t 表示时间序列的时间周期顺序量。

应用条件：预测目标时间序列逐期增减率大体相同。

修正指数曲线模型为

$$y_t = a + bc^t \quad (0 < c < 1)$$

应用条件：观察值一次差的比率相等。

罗吉斯曲线模型为

$$y_t = \frac{1}{a + bc^t}$$

应用条件：时间序列开始时缓慢上升，随后以较大速度增加，最后增长逐渐停顿。

龚珀资曲线模型为

$$y_t = kd^{bt} \ (k > 0)$$

应用条件：观察值对数一次差的比率相等。

二次曲线模型为

$$y_t = a + bt + ctr^2$$

应用条件：时间序列变动由高而低再升高；或由低而高再降低。

6）季节变动趋势预测法

季节变动趋势预测法是根据预测各个日历年度按月或季编制的时间序列资料，以统计方法测定出反映季节变动规律的季节指数，并利用其进行短期预测的一种方法。

7）一元线性回归预测法

虽然影响市场变化的因素是多方面的，但存在着一个最基本的、起决定作用的因素，而且自变量与因变量之间的数据分布呈直线性趋势，那么就可以利用一元线性回归方程 $\hat{y} = a + bx$ 进行预测。

基本原理：当自变量、因变量间简化呈线性关系时，可以用直线表示它们的线性关系。不同的直线代表线性关系的程度不同。而找出最有代表性的直线方法就是最小二乘法。其基本原理是最有代表性的直线应该是各观察点到该直线距离的平方和为最小。数学表达式为

$$\sum (y - \hat{y})^2 = 最小值$$

利用极值定理，求得 a、b 参数方程为

$$a = \frac{\sum y - b\sum x}{n}$$

$$b = \frac{n\sum xy - \sum x\sum y}{n\sum x^2 - (\sum x)^2}$$

把 a、b 值代入 $\hat{y} = a + bx$ 就得到所求的回归直线。给定 x 值即可求出 $\hat{y}$ 值作为预测值。基本步骤如下所示。

第一，确定因变量和自变量。

第二，收集有关资料，绘制散点图，判断变量之间的关系。

第三，进行相关分析，判断变量之间的密切程度。

相关系数公式为

$$r = \frac{n\sum xy - \sum x\sum y}{\sqrt{\left[n\sum X^2 - (\sum x)^2 \right] \left[n\sum y^2 - (\sum y)^2 \right]}}$$

第四，建立预测模型 $\hat{y} = a + bx$。

第五，进行检验。有标准离差检验、拟合程度检验、F 检验、T 检验等。

第六，进行预测。

【例3】根据某城镇居民收入与消费支出情况（表3-3），当2020年该城镇居民人均可支

配收入为 7.2 千元时，试预测其消费支出。

表 3-3　某城镇居民收入与消费支出情况

年份	消费支出 y/千元	人均收入 x/千元	xy	x^2	y^2
2009	1.2	1.5	1.8	2.24	2.25
2010	1.4	1.7	2.38	1.96	2.89
2011	1.6	2.0	3.2	2.56	4
2012	2.1	2.5	5.25	4.41	6.25
2013	2.8	3.4	9.52	7.84	11.56
2014	3.5	4.2	14.7	12.25	17.64
2015	3.9	4.8	18.72	15.21	23.04
2016	4.1	5.1	20.91	16.81	26.01
2017	4.3	5.4	23.22	18.49	29.16
2018	4.6	5.8	26.68	21.16	33.64
2019	4.9	6.2	30.38	24.01	38.44
2020	5.3	6.8	36.04	28.09	46.24
合　计	39.7	49.4	192.8	241.12	155.03

　　因为预测目标是消费支出，所以将其定为因变量（y），而居民收入是影响消费的因素，所以将其定为自变量（x）。

　　根据给定的资料绘制散点图。（略）

　　进行相关分析，计算相关系数。

$$r = \frac{n\sum xy - \sum x \sum y}{\sqrt{\left[n\sum x^2 - \left(\sum x\right)^2\right]}\sqrt{\left[n\sum y^2 - \left(\sum x\right)^2\right]}}$$

$$= \frac{12 \times 192.8 - 49.4 \times 39.7}{\sqrt{(12 \times 241.12 - 49.4 \times 49.4)(12 \times 155.03 - 39.7 \times 39.7)}}$$

$$= \frac{352.42}{\sqrt{453.08 \times 284.27}}$$

$$\approx 0.98$$

　　相关系数愈接近于 1 时，两个变量之间的相关程度愈高，拟合的直线回归方程愈有代表性。

　　建立预测模型：将 $\hat{y} = a + bx$ 计算数据列入表中，求参数 a、b。

$$b = \frac{n\sum xy - \sum x \sum y}{n\sum x^2 - \left(\sum x\right)^2} = \frac{12 \times 192.8 - 49.4 \times 39.7}{12 \times 241.12 - 49.4 \times 49.4} = \frac{352.42}{453.08} = 0.78$$

$$a = \frac{\sum y - b\sum x}{n} = \frac{39.7 - 0.78 \times 49.4}{12} \approx 0.1$$

则 $\hat{y} = a + bx = 0.1 + 0.78x$。

　　进行模型检验（略）。

　　进行预测：当 $x = 7.2$ 时，$\hat{y} = 0.1 + 0.78 \times 7.2 \approx 5.72$（千元）。

【本章知识反馈】

一、单项选择题

1.（　　）是收集原始资料最主要的方法。

A. 询问法　　B. 观察法　　C. 市场实验　　D. 抽样调查

2. 回归分析技术是（　　）预测方法的主要工具。

A. 对数直线趋势　　B. 线性变化趋势　　C. 时间序列　　D. 因果分析

3. 当市场调研人员分析问题时，除了亲自收集的资料外，先前为了一定的目的的收集的资料也是一个重要的消息来源，这些资料被称为（　　）。

A. 单一来源　　B. 二手资料　　C. 最初数据　　D. 便利数据

4. 林业企业市场营销经理要了解顾客的态度是怎样看待他们的产品和服务的，了解顾客是如何看待他们的竞争对手的，了解哪些客观因素对他们有利等，他就需进行（　　）。

A. 市场营销规划　　B. 市场营销组合设计　　C. 市场营销调研　　D. 预测市场需求

5. 对不愿接受访问的对象最适宜采用的调查方式是（　　）。

A. 电话访问　　B. 邮寄问卷　　C. 人员访问　　D. 上门调查

6. 一手资料主要是来自（　　）。

A. 公司纪录　　B. 政府的统计资料　　C. 实地调研　　D.数据库

二、复习思考题

1. 简要说明市场营销信息系统及其构成。

2. 市场营销调研有什么作用？

3. 市场营销调研有哪些程序？

4. 市场营销调查的必要性。

5. 市场营销调研的类型及内容。

6. 市场预测的方法有哪些？

案例分析

第 4 章

组织市场与购买行为分析

【引导案例】

月 光 族

现在有这么一群年轻人：他们经常没钱，经常透支；挣得不少，花得更多。有钱时哪都敢去，什么都敢买；没钱时便一贫如洗，艰难度日。拿着丰厚的薪水却扛着贫穷的大旗，这些每月收入全都花光的消费群体被戏称为"月光族"。月光族们偏好开源，讨厌节流，他们认为花出去的才是钱。所以每个月辛苦挣来的"银子"，到了月末总是会花得精光，别指望在他们的银行户头上看见存款。老年人看不惯，叫他们"败家子"，但他们却认为这是一种生活方式，自己活得很充实、快乐！

出生于 20 世纪 70 年代后期至 80 年代的独生子女们，由于特定的历史机遇和经济环境，他们现在成了"月光族"的主力军。国外经济专家们也注意到了这一动向。欧洲经济专家认为，这些中国独生子女们已经成长为社会消费的主力军，他们更追求消费，而非积蓄，中国的经济增长模式有望从投资拉动型转变为消费拉动型；韩国经济专家们分析说，"月光族"引导着中国新的消费文化，2015 年后，"月光族"将成为中国消费市场的核心力量。因而，外国专家们不约而同地认为，应认真研究中国"月光族"消费形态的原因。

【案例思考】

1. 你是如何看待"月光族"这个巨大的消费者市场的？
2. 对"月光族"消费者市场的购买行为进行分析。
3. 谈谈案例给你的启示。

【学习目标】

学习完本章后，应了解营销学中市场的概念、构成要素和分类；理解消费者市场的购买特点，掌握影响消费者市场购买行为的因素，明确消费者购买决策的具体过程；了解产业市场的范围、特点及用户购买行为。

4.1　市场及其类型

4.1.1　对市场的理解

市场营销学中的市场是指某种商品所有现实购买者与潜在购买者需求的总和。美国市场营销协会 1960 年定义："市场是指一种货物或服务的潜在购买者的集合需求"。美国著名市场营销学家菲利普·科特勒指出："市场是指某种货物或服务的所有现实购买者和潜在购买者。"由此看来，市场营销学研究的市场与经济学不同，其焦点在买方，因为卖方构成行业，买方则构成市场。市场营销学重点研究买方的现实需求和潜在需求，即现实购买者和潜在购买者。所谓潜在购买者就是那些有潜在兴趣、潜在需求、有可能购买某种商品的任何个人或组织。现代市场营销学认为，企业不仅要关注和满足现实需求，而且还要去发现和挖掘潜在需求；既要看到现实的购买者是市场，又要认识到潜在的购买者也是市场，因为它可以通过企业的作用转化为现实的购买者。

4.1.2　市场的构成要素

菲利普·科特勒 1997 年在他的《市场营销管理》第 9 版中指出："一个市场是由那些具有特定的需求或欲望，而且愿意并能够通过交换来满足这种需求或欲望的全部潜在顾客所构成。"因此，一个市场的大小，取决于那些表示有某种需求或欲望，又拥有使他人感兴趣的资源，并愿意以这种资源来换取所需所欲之物的人数。由此可见，市场主要由三个要素构成：有某种需求和欲望的人、有满足其需求和欲望的支付能力、有满足其需求和欲望的意愿。用公式表示为：市场=人口+购买力+购买欲望。

市场的三个要素相互制约、缺一不可，只有三者结合起来才能构成现实的市场，才能决定市场的规模和容量。也就是说，只有人口多，购买力高，消费意识强，才能构成规模大、有潜力的市场。因此，根据这三个要素不难推测出，美国是当今世界上最大的国际市场。

4.1.3　营销学中市场的类型划分

市场营销学对市场类型的划分主要是根据消费主体的身份特点（谁在市场上购买）及其购买的目的来进行的，而不是根据其在市场上购买商品或服务的种类来划分市场的。遵循这一原则，营销学中的市场可以分为以下两大基本类型。

1. 消费者市场

消费者市场又称生活资料市场或最终消费者市场，是由所有为满足自身及其家庭成员的生活需要而购买商品和服务的个人和家庭所构成的市场。消费者市场是市场体系的基础，是起决定作用的市场，因此其也是现代市场营销学所要研究的主要对象。由于生活消费是产品和服务流通的终点，因而这一市场也可称为最终产品市场。

2. 组织市场

组织市场指工商企业为从事生产、销售等业务活动及政府部门和非营利组织为履行职责而购买产品和服务所构成的市场。简言之，组织市场是以某种组织为购买单位的购买者所构成的市场，包括生产者市场、中间商市场、非营利组织市场和政府市场。

消费者市场和组织市场由不同的购买者组成，各自有不同的购买目的，在需求及购买行为方面也有很大的差异，本章接下来将一一对其购买行为进行分析。

4.2　消费者市场及其购买行为

消费者市场是产品的最终市场，其他市场如生产者市场、中间商市场等，其最终服务对象也都是消费者市场。因此，一切企业，无论其是否直接为消费者服务，都要研究消费者市场。可以说，消费者市场是一切市场的基础，是最终起决定作用的市场。

4.2.1　消费者市场的特点

作为人数最多、覆盖面最广、需求量最大的市场类型，消费者市场具有如下特点。

1. 消费者人数众多，市场地域分布广阔

消费者人数众多，几乎包括全社会的每一个人，无论是谁，也无论他是否直接从事购买，其一定都是生活资料消费者。消费品对于消费者来说人人皆需、户户必备，消费者遍及城乡各地，从城市到乡村，从国内到国外，消费者市场无处不在，涉及男女老幼和千家万户，市场地域分布十分广阔。

2. 消费者市场具有较强的差异性和多样性

消费者人数众多，而且其需求的差异性较大。由于在年龄、性别、职业、收入、受教育程度、居住区域、民族、宗教等方面不同，消费者有各种各样的需要、欲望、兴趣、爱好和习惯，对不同的商品和同种商品不同的品牌、规格、质量、外观、式样、服务、价格等会产生多种多样的需求，因而消费品不仅品种繁多，而且同一产品在数量、包装、式样等要素上也变幻无穷。

3. 消费者的购买属于小批量、多次性购买

消费者购买的目的是满足生活需要，所以他们每次购买的数量少，但购买次数多。现代社会中，家庭规模日益缩小，住宅逐渐公寓化，储藏处所有限，从经济角度出发，

消费者的购买呈现出小型购买的特点，即每次购买商品的数量少。同时，消费品中大多数是一次性消耗和使用寿命较短的商品，致使消费者不得不经常重复购买。因此，企业对于消费品的包装、产品规格也必须适当缩小，以适应消费者的需要。同时，要在网点设置、经营方式、营业时间等方面也要适应这一特点，尽可能方便消费者购买。

4. 消费者购买属于非专业购买

消费者的购买具有较大程度的可诱导性，受企业产品及其广告宣传和其他促销方式的影响较大。大多数消费者购买商品都缺乏专门的商品知识，尤其在电子类产品、机械类产品层出不穷的现代市场，一般消费者很难判断各种产品的质量优劣或质价是否相当，因此很容易受厂家、商家广告宣传、促销方式、商品包装和服务态度的影响。

5. 消费者购买商品的随意性大

大多数商品都可找到替代品或可以互换使用的商品。因此，消费者市场中的商品有较强的替代性。消费者对商品的规格、品质的要求也不如生产者那么严格，因此也更容易接受卖方促销活动或社会潮流的影响而改变主意。有时购买了 A 种商品，就不会再购买 B 种商品，或者多买了 A 种商品就会少买 B 种商品，购买目标往往根据购买时的种种原因即兴做出改变。商品的可替代性强也使非生活必需品的需求价格弹性变大。

因此，现代企业要通过适当的营销活动主动地影响消费者的购买行为，必须注重采取广告及其他促销方式，或努力打造品牌、建立良好的商誉，帮助扩大产品的销路，巩固市场竞争的地位。但要坚决反对利用消费者缺乏商品知识这一特点欺骗、坑害消费者的行为。

4.2.2　消费品的分类

消费品是指供最终消费者用于家庭和个人消费的产品。消费者市场出售的产品品种繁多，各种消费品都有不同的性质和用途，市场营销的技术与策略也不一样，为此必须按一定标准对不同产品进行分类研究。消费品的分类，同样是按照消费者的购买行为来划分的。

1. 日用品

日用品也称便利品，是指那些广大消费者经常购买、即用即买、购买时不需做太多选择的产品。消费者对这些产品一般都较熟悉，并具有一定的商品知识，所以在购买时不大愿意或不需花更多的时间去比较它们的价格与品质，多数是就近有卖便就地购买，虽然日用品也有品牌差别，但由于产品的特点相似，消费者也愿意接受其他代用品，没有太强烈的偏好。

日用品的范围很广，如香烟、食盐、一般糖果点心、香肥皂、调料、书报杂志等。有些不是经常购买的产品，如挂历、中秋月饼等也属于日用品。由于这些日用品，消费者往往希望需要时能立即买到，所以为消费者提供购买该类产品的便利性很重要。出售这些商品的商店，多数设在住宅区，或在综合商店经营，或设货摊、货亭经营，而且为便于购买，百货商店、超级市场、货仓商场也都经营。

日用品还可以进一步划分为：

（1）常用品。常用品是消费者经常购买、惯常购买的日用品，如盐、油、酱、醋、茶等。品牌的偏好是决定消费者迅速选择的因素，如有些人会经常购买中华牙膏、青岛啤酒等。

（2）冲动购买品。冲动购买品是消费者事先未计划或未加努力去寻找，碰见时才临时打算购买的日用品，这些商品的销售点多而方便，因为消费者很少会专门费心去寻找这些产品，如超市会将糖果放在付款台旁边。

（3）紧迫需要品。紧迫需要品是当消费者紧急需要时所购买的日用品，如突遇大雨时的雨伞，生病时的各种对症药。

2. 选购品

选购品是指消费者在选购过程中，对产品的适用性、质量、价格和式样等基本方面要作有针对性比较的产品。也就是说，消费者在购买此类产品时，往往会跑多家商店去比较其品质、价格或式样，如服装、家具、家用电器等。选购品又可进一步分为同质选购品和异质选购品。

（1）同质选购品：质量相似、价格不同，消费者选购时注重其价格。

（2）异质选购品：质量不同、价格相同或不同，对于消费者来说，产品特色比价格更重要。一般说来，选购品的价格较高，购买间隔时间较长，消费者产生需求时，并不像对日用品那样希望立刻买到，而要进行比较。

因此，企业对于选购品的经营应适当集中，多做专业化经营，以使经营的产品品种和式样比较齐全，以满足不同消费者的偏好，给消费者提供更多的挑选机会。同时，也要使商业网点相对集中，便于消费者购买时进行挑选和比较。一个区域同类商店较多，消费者往往愿意前往。此外，也要拥有受过良好训练的推销人员，为顾客提供信息和咨询。

3. 特殊品

特殊品是指那些具有独特的品质、风格、造型、工艺等特性，或品牌为消费者特别偏爱，消费者习惯上愿意多花时间与精力去购买的商品。这类商品虽不是消费者普遍需要的，但也有相当多的消费者愿意为购买这些产品而努力。例如，古董、手工艺品、名贵字画、高级乐器、轿车、渔具及到著名餐馆就餐等。

这类产品大多价格昂贵，消费者在前去购买时对于所要购买的商品已有充分的了解，认为它们能为自己提供特别的利益，他们只愿意购买某一特定品牌的商品，并不轻易接受其他替代品，因此他们不在乎价格的昂贵或购买地点的方便与否。因此，对特殊品的营销，企业不必太过考虑销售地点是否方便，出售点也不在多，而是在于知名度高、服务水平高，要让潜在的消费者知道购买地点。

也有一些商品，其价格并不十分昂贵，但在某些消费者心目中却也享有特殊品的地位，对购买者具有特殊意义，这突出表现在青年人对一些时尚商品和名牌商品的追求上。换言之，特殊品的本质特点不在于其价格十分昂贵，而在于消费者是否认为该种商品对自己具有独特意义，从而不惜代价，不加选择，购之为快。

关于日用品、选购品和特殊品的区别，可以从购后承担的风险、购买过程中付出的努力两个方面加以比较，如图 4-1 所示。

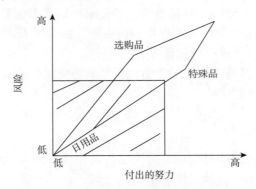

图 4-1　日用品、选购品和特殊品的关系

4. 非渴求品

它是指消费者目前尚不知道，或者知道而通常不打算购买的产品。例如，人寿保险、墓地和百科全书。由于这些产品非常特殊，所以要求通过广告及人员推销等方式，为产品的市场营销付出大量努力。

4.2.3　影响消费者购买的主要因素

消费者的行为受到诸多因素的影响，有来自消费者自身的，也有来自外部环境的。要透彻地把握消费者的行为，有效地开展市场营销活动，必须分析与消费者行为有关的因素。

1. 社会文化因素

1）文化

文化，指人类在社会发展过程中所创造的物质财富和精神财富的总和，是根植于一定的物质、社会、历史传统基础上形成的特定价值观念、信仰、思维方式、宗教、习俗的综合体。文化是影响人们欲望和行为的基本因素，文化对消费者的购买行为具有强烈的和广泛的影响。文化不同，人们的审美观、价值观以及生活方式都有很大差别，从而影响人们的消费行为。

就东西方人的审美观来讲，差别就很大。在我们看来是十分平常的手工制品，西方则认为是艺术品。在我国西安等地，一些农民出售的家用织布、蜡染布织出的各种手帕、椅垫等，引起了国外游客的极大兴趣，许多人作为艺术品购买收藏。还有标有老年人专用字样的商品在美国等西方国家并不受老年人欢迎，因为这种宣传违背了这些国家的人们忌讳衰老的价值观。而在中国，专为老年人生产的食品、用品、服装等却大受欢迎。

2）区域文化

区域文化具有易变性、渗透性、交汇性。因此，价值、观念、习俗和习惯对消费者行为的影响也具有易变性、渗透性和交汇性。

（1）民族文化群。例如，我国是多民族的国家，各民族经过长期发展形成了各自的语言、风俗、宗教信仰、节日，在崇尚爱好、图腾禁忌和生活习惯等方面，各有其独特之处，在饮食、服饰、居住、婚丧、节日、礼仪等物质和文化生活方面往往大相径庭，这都会对他们的欲望和购买行为产生深刻影响。

（2）宗教文化群。各种宗教无不具有独特的文化偏好禁忌，对教徒的生活方式和习俗加以规范，提倡或抑制某种行为，进而影响信仰不同宗教的人们的购买行为和消费方式。

（3）地理区域文化群。不同地域的居民，因居住地的自然地理条件不同，形成不同的生活方式、爱好和风俗习惯，使其消费行为带有明显的地方色彩。我国是个幅员辽阔的大国，南方和北方、城市和乡村、沿海和内地、山区和平原等不同的地区，由于地理环境、风俗习惯和经济发展水平的差异，人们具有不同的生活方式和爱好，这也会影响他们的购买行为。

3）社会阶层

几乎所有的人类社会中都存在某种形式的社会层次结构。社会阶层是社会中按照等级排列的、比较同质而且持久的群体。它是社会分层的一种基本表现形式。现代社会更为常见的社会分层结构是以社会阶层形式出现的。社会阶层具有六个特点：①社会阶层展示一定的社会地位，一个人的社会阶层是和其特定的社会地位相联系的。②社会阶层的多维性。社会阶层的多维性决定了其既有经济层面的因素，也有政治和社会层面的因素。③社会阶层的层级性。社会阶层从最低的地位到最高的地位，形成一个地位连续体。不管愿意与否，社会中的每一个成员，实际上都处于这一连续体的某一位置。④社会阶层对行为的限定性。社会交往较多地发生在同一社会阶层之内，而不是不同阶层之间。⑤社会阶层的同质性。社会阶层的同质性是指同一阶层的社会成员在价值观和行为模式上具有共同点和类似性。⑥社会阶层的动态性。社会阶层的动态性是指随着时间的推移，同一个体所处的社会阶层会发生变化。

同一社会阶层的人，因经济状况、价值取向、生活背景和受教育程度相近，其生活习惯、消费水准、消费内容、兴趣和行为也相近，甚至对某些商品、品牌、商店、闲暇活动、传播媒体等都有共同的偏好。所以，社会阶层对消费者行为的影响表现为：①影响消费的产品和服务；②影响选购行为；③影响对促销方式的反应；④影响同价格有关的行为。营销者不仅要注意不同社会阶层的不同购买行为，也要注意各个社会阶层购买行为的变化可能。

4）相关群体

相关群体这一概念由海曼首先提出，是指对个人的态度、意见偏好和行为有直接或间接影响的群体。相关群体有直接和间接之别。

（1）直接相关群体又称为成员群体，即某人所属的群体或与其具有直接关系的群体。直接群体又可分为紧密群体和归属群体两种：①紧密群体是指对消费者行为影响最经常、最直接、最重要的群体，包括家庭成员、亲朋好友、同学、同事、邻居等，其中父母的言传身教对子女的消费习惯和价值观念影响较大。②归属群体是指人们在社会上总会因为职业、信仰、兴趣爱好而分别归属于不同的群体。作为群体的成员，其行为往往与群体的特征相一致，当然，这种共同的行为往往并非硬性规定，而是一种相互影响、约定俗成的风尚。

（2）间接相关群体是指此人不是该群体的成员，但又受该群体影响。间接相关群体又可分为向往群体和厌恶群体两种：①向往群体是指某人推崇的一些人或希望加入的团体，如社会名流、影视明星、体育明星等就是其崇拜者的向往群体。典型的如一些青少年成为影星、歌星、球星身后的崇拜者和追随者。故也称为崇拜型群体或期望群体。②厌恶群体是指某人讨厌或反对的一群人。一个人总是不愿意与厌恶群体发生任何联系，不仅在各方面与其保持一定距离，而且经常反其道而行之。

相关群体通过功利观、价值观和信息上的影响对所属群体的购买行为产生影响，主要表现为：①为消费者提供可供选择的消费行为或生活方式的模式。例如，有的青年人喜欢模仿电影明星的穿戴和发式。②由于消费者有效仿相关群体的愿望，影响到所属群体对某些事物的看法和对某些产品的态度。即当某些相关群体为其提供具体的模式而被一些人所接受时，会激起人们强烈的效仿欲望，从而形成对商品的肯定态度。③相关群体能促使所属群体成员的行为趋于某种"一致化"，从而影响其对某些产品和品牌的选择。这是因为相关群体会形成一种团体压力，如消费者对购买某一商品犹豫不决时，群体内其他成员如果持肯定态度，就会促使消费者坚定自己的购买行为；如果持否定态度，就会使消费者改变自己的行为，以求同群体内其他成员相一致。

在相关群体对购买行为影响较强烈的情况下，企业应设法影响相关群体中的意见领导者，也叫"意见领袖"。意见领导者既可以是首要群体[①]中的某方面有专长的人，也可以是次要群体[②]的领导人，还可以是期望群体中人们仿效的对象。意见领导者的建议和行为，往往被追随者接受和模仿，因此，他们一旦使用了某种产品，就会起到有效的宣传和推广作用。企业应首先针对他们做广告，或干脆请他们做广告，以对追随者起到示范和号召作用。

5）家庭

家庭是最重要的相关群体之一，家庭由居住在一起的、彼此有血缘、婚姻或抚养关

---

① 首要群体也叫作主要群体或者主导群体，是指在消费社会中有着极其密切关系的消费者所组成的群体。

② 在消费社会里，也叫做次级群体或者辅助群体，是指对成员的消费心理与行为影响作用相对较小的消费群体，通常是由有着某种共同的兴趣、追求的消费者组合而成。

系的人群组成。家庭与其他群体的不同，如表 4-1 所示。

表 4-1　家庭与其他群体的不同

类别	家庭	其他群体
形成	由婚姻和出生	由工作和任务
关系	较多的持久关系	较多的契约关系
取向	较多的人际间关系取向	较多的目标取向
寻求	较多的内在价值寻求	较多的理性取向的联系
合作/竞争选择	群体取向（合作）	自我取向（竞争）

　　家庭是社会组织的一个基本单位，也是消费者的首要相关群体之一，对消费者购买行为具有重要影响。从一个人幼年时家庭就开始给其以种种倾向性的影响，这种影响可能终其一生。一个人在一生中通常要经历两个家庭：第一个是父母的家庭，在父母的养育下逐渐长大成人，然后组成自己的家庭，即第二个家庭。当消费者做出购买决定时，必然要受到这两个家庭的影响，其中受原有家庭影响比较间接，受现有家庭影响比较直接。

　　家庭作为一个参照群体，强有力地影响着所属成员的消费态度、信仰和行为。家庭成员尤其是双亲，充当着家庭其他成员的采购代理。可见，家庭本身经常作为一个消费单位和购买决策单位。在不同家庭中，夫妻参与购买决策的程度不同可产生不同的购买决策类型，包括丈夫支配型、妻子支配型、自主型和共同支配型四种。事实上，在核心家庭中夫妻二人购买决策权的大小取决于多种因素，如各地的生活习惯、妇女就业状况、双方工资和受教育水平、家庭内部的劳动分工以及产品的种类等。

　　同时，孩子在家庭购买决策中的影响力也不容忽视，尤其在中国的独生子女家庭中，随着独生子女在家庭中受重视的程度不断提高，孩子在家庭购买决策中的影响力已不容忽视。对 6~11 岁儿童影响力的问卷调查表明：32%的儿童对购买游戏机产生了影响；22%的儿童对假期旅行目的地产生了影响；21%的儿童对购买计算机产生了影响；16%的儿童对购买音响产生了影响；12%的儿童对添置另一部电话、电视机和录像机产生了影响。

2. 个人因素

　　在社会文化诸因素都相同的情况下，不同消费者的行为仍然会有很大差异，这是消费者的年龄、家庭生命周期阶段、职业、经济状况、个性和生活方式等个人情况的不同造成的。

1）年龄和家庭生命周期

　　不同年龄的消费者的欲望、兴趣和爱好不同，他们购买或消费商品的种类和式样也有区别。例如，少年儿童是玩具、文具、书籍、乐器、运动器材、儿童食品、营养品和儿童服装等商品的主要消费者，他们的消费特点是具有好奇性和随意性；中青年人是手机、台式电脑、笔记本电脑、掌上电脑、数码相机等数字产品的主要消费者，他们喜欢时尚的商品，领导时代的潮流；老年人则是对保健食品、医疗、服务、娱乐等有特殊需求的消费者，他们大多消费谨慎，注重实效。同时，不同年龄的消费者的购买方式也各有特点，青少年缺乏经验，容易在各种信息影响下出现冲动性购买；老年人经验比较丰富，常根据习惯和经验购买，一般不太重视广告等商业性信息。

家庭生命周期是指按比较明显的需求特征将一个典型家庭从诞生到消亡划分为若干个时期。根据消费者的年龄、婚姻和子女等状况，可以把家庭生命周期分为以下七个阶段：①年轻单身期；②年轻夫妇无子女时期；③年轻夫妇有子女时期；④中年夫妇有子女时期；⑤中年夫妇子女独立时期；⑥老年夫妇时期；⑦单身老人。不同阶段的家庭具有不同的需求特点，营销者只有明确自己目标顾客所处的家庭生命周期阶段，才能更好地满足目标顾客的需要。当然在关注消费者自然年龄的不同阶段外，还要注意消费者心理年龄周期阶段的变化。

2）性别、职业和受教育程度

由于生理和心理上的差异，不同性别的消费者的欲望、消费构成和购买习惯也不同。多数男性顾客购买商品时比较果断和迅速，而女性顾客则往往需要仔细挑选。

不同职业的消费者由于生活、工作条件不同，消费构成和购买习惯也有区别。

受教育程度较高的消费者对书籍、报刊等文化用品的需求量较大，购买商品的理性程度较高，审美能力较强，购买决策过程较全面，更善于利用非商业性来源的信息。

3）经济状况

一个人的经济状况，取决于他的可支配收入、储蓄和资产、借贷能力及他对开支与储蓄的态度。由此决定的个人购买能力，在很大程度上制约着个人的购买行为。消费者一般都在可支配收入的范围内考虑以最合理的方式安排支出，以便更有效地满足自己的需要。

4）生活方式

生活方式是人们根据自己的价值观念等安排生活的模式，并通过其活动、兴趣和意见表现出来。生活方式勾画了人与环境相互作用后形成的更完整的人，往往比社会阶层、文化、个性等反映的人的特性更完整深邃得多。营销者需深入了解产品与各种生活方式消费者群体的关系，从而加强产品对消费者生活方式的影响。

5）个性和自我形象

个性是一个人的比较固定的特性，如自信或自卑、冒险或谨慎、倔强或顺从、独立或依赖、合群或孤傲、主动或被动、急躁或冷静、勇敢或怯懦等。个性是指人对环境做出的比较一致和持续的反应，它可以直接或间接地影响人的购买行为。例如，喜欢冒险的消费者容易受广告的影响，成为新产品的早期使用者；自信的或急躁的人购买决策过程较短；缺乏自信的人购买决策过程较长。

直接与消费者个性相联系的六种购买风格是：①习惯型购买行为，习惯型的购买行为是由信任动机产生的；②理智型购买行为，理智型购买行为是理智型消费者发生的购买行为；③经济型购买行为，特别重视价格，一心寻求经济合算的商品，并由此得到心理上的满足；④冲动型购买行为，冲动型消费者往往是由情绪引发的；⑤想象型购买行为，这样的消费者往往有一定的艺术细胞，善于联想，如耐克和乔丹，乔丹穿着耐克鞋驰骋在 NBA 球场上，使崇拜乔丹的球迷感觉到，穿上了耐克就离乔丹近了一步；⑥不定型购买行为，不定型消费者常常是那些没有明确购买目的的消费者，他们往往是一些年轻的、新近开始独立购物的消费者，问的多，看的多，选的多，买的少。

自我形象是与个性相关的一个概念，即人们怎样看待自己。一般认为，人们总希望保持或增加自我形象，并把购买行为作为表现自我形象的重要方式，应与自己的身份相符。因此，消费者一般倾向选择符合或能改善其自我形象的商品或服务。

3. 心理因素

消费者购买行为要受动机、感觉、学习以及信念和态度等主要心理因素的影响。

1）动机

动机是一种驱使人采取行动的强烈需要，需要的满足有一个时序。可将消费者的购买动机归纳为两大类：①理智动机，即较多考虑产品的适用、经济、安全、可靠、购买方便、服务周到等因素的购买动机。②感情动机，主要是由社会因素和心理因素产生的购买意愿和冲动。不能简单地把感情动机理解为不理智动机，感情动机很难有一个客观的标准，但大体上是来自于不同心理。购买行为通常是由多种购买动机共同驱使促成的。

因此，营销者要善于发现未被满足的需要，或者安排适当的市场营销组合去刺激消费者的需要、转移消费者的需要，揣摩消费者的购买动机，采取适当的对策，引导消费者采取有利于本企业的购买行为。

2）感觉和知觉

感觉和知觉属于感性认识，是指消费者的感官直接接触刺激物或情境所获得的直观、形象的反映。刺激物或情境的信息包括某种商品的形状、大小、颜色、声响、气味等。其刺激了人的视、听、触、嗅、味等感官，能使消费者感觉到它的个别特性。随着感觉的深入，各种感觉到的信息在头脑中被联系起来进行初步的分析综合，使人形成对刺激物或情境的整体反映，就是知觉。人们之所以对同一刺激物会产生不同的感觉，不仅仅取决于刺激物同周围环境的关系以及个人所处的状况，人们之所以对同一刺激物产生不同的知觉，是因为人们要经历三种知觉过程，即选择性注意、选择性曲解和选择性记忆。

【相关链接】

一位咖啡店老板发现，不同颜色的玻璃杯能使人产生不同的感觉。于是他做了一个试验，请来 30 位试验者，请他们每人喝 4 杯浓度完全相同的咖啡，但 4 个装咖啡的杯子的颜色是不同的，有红色、黄色、青色和咖啡色。然后，咖啡店老板问试验者：“哪种杯子的咖啡浓度最好？”多数被调查者一致地回答，“青色杯子的咖啡太淡”“红色杯子的咖啡太浓”“黄色杯子咖啡的浓度正好”，还有一部分人说：“咖啡色杯子的咖啡太浓”。于是，咖啡店的老板便改用了红色的杯子。这样就减少了咖啡豆的消耗量，有效节省了成本。

3）学习

学习是指人们在社会实践中不断积累经验，求得知识和技能的过程。人类除了少数本能反应所产生的行为外，绝大多数行为都是受到后天经验的影响而形成的。

消费者的购买行为是一个学习过程。学习对消费者购买行为产生的影响表现在概括、保留、加强、辨别四个方面。一个人的学习是通过驱使力（某种需要）、刺激物（能满足需要的产品或服务）、诱因（刺激物的具体化）、反应（行动）和强化（通过具体刺激物满足需要的感受对反应的判断）这一系列过程的相互影响得以实现的。例如，一个吸烟者烟瘾发作，便产生一种驱使力（特殊的生理需要），想购买香烟（刺激物），他记起别人曾向他推荐的某一品牌香烟（提示物：品牌具体化），便去购买这一品牌香烟（反应），吸后感到口味纯正、质价相当，因而打算下次再购买这一品牌的香烟（强化）。如果感到味道不正或质价不符，认为买这一品牌的香烟不合算，今后不再购买（也是强化）。可见，企业要尽量使消费者购买后感到满意从而强化积极的反应。

4）信念和态度

消费者在购买和使用商品的过程中形成了信念和态度。这些信念和态度又反过来影响人们的购买行为。

信念是人们对某种事物所持的看法，如相信某种电冰箱省电，制冷快，售价合理。又如，某些消费者以精打细算、节约开支为信念。企业应关心消费者对其商品的信念，因为信念会形成产品和品牌形象，会影响消费者的购买选择。

态度是人们长期保持的关于某种事物或观念的是非观、好恶观。消费者一旦形成对某种产品或品牌的态度，以后就倾向于根据态度做出重复的购买决策，不必费心去比较、分析、判断。消费者对商品持积极肯定的态度会推动购买行为完成，持消极态度会阻碍消费者的购买行为。企业在推销产品时，要尽可能促使消费者对商品形成积极肯定的态度，避免其对商品产生反感情绪。

4.2.4 消费者的购买决策过程

1. 消费者购买行为的类型

消费者购买决策随其购买行为类型的变化而变化。根据参与者的介入程度和品牌间的差异程度，可将消费者购买行为分为四种类型，如图4-2所示。

参与程度

图 4-2　消费者购买行为类型图

（1）习惯性的购买行为。当消费者购买那些价值较低、消耗较快、经常购买、品牌差异小的产品时，由于消费者较了解这些产品的主要品牌及其特点，且具有一定的偏好，因而不需要经过收集信息、评价产品特点等复杂过程，其购买行为最为简单，消费者大多根据习惯或经验购买。这类产品的市场营销者可以用价格优惠、电视广告、独特包装、促销等方式鼓励消费者试用、购买和续购其产品。

（2）寻求多样化的购买行为。有些产品品牌差异明显，但消费者并不愿意花较多时间进行选择和评估，而是不断变化所购买产品的品牌。消费者这样做并不是因为对产品不满意，而是为了寻求多样化。针对这种购买行为类型，市场领导者品牌可以采用销售促进、占据有利货架位置、避免脱销以及频繁的提示性广告来鼓励习惯性的购买行为。

（3）化解不平衡的购买行为。化解不平衡的购买行为是指消费者对各种品牌看来没有什么差别的商品的购买也高度介入的购买行为。这时消费者会到处观察并比较哪里可以买到产品，但由于品牌差异不明显，购买会比较迅速，购买者此时主要关心的可能是价格是否合适和购买是否方便。例如，购买地毯是参与程度较高的决策，因为地毯比较昂贵而且又能表现自我，但购买者往往认为一定价格幅度内的各种品牌的地毯差异不大。

但是，消费者购买后可能会有心理不平衡的感觉，在使用过程中会了解更多情况，并寻求种种理由来减轻、化解这种不平衡的感觉，力图证明自己的购买决策是正确的。经过由不平衡到平衡的过程，消费者会有一系列的心理变化。针对这种购买行为类型，企业市场营销者应通过调整价格，选择适当的售货地点和精通业务的售货员，影响消费者的品牌选择，并且营销沟通的目标应该是尽力提供有助于购买者对自己所选品牌寻求心理平衡的信息和评价，使消费者在购买后能相信自己做出了正确的决策。

（4）复杂的购买行为。当消费者购买一件贵重的、不经常购买的、有风险而且意义重大的产品时，由于产品品牌差异较大，消费者对产品缺乏了解，因而需要一个参与购买程度较高的学习过程，来广泛了解产品性能和特点，从而对产品产生某种信念，然后逐步形成态度，接着对产品产生喜好，最后做出慎重的购买选择。因此，对于需要购买者参与程度较高的产品，市场营销者必须了解消费者进行信息收集并加以评价的行为；

市场营销者应采取有效措施帮助消费者了解产品的各种属性、各种属性的相对重要程度以及本企业品牌的比较重要属性的声望;市场营销者还必须注意运用多种信息沟通手段来突出本企业品牌的这些特征,介绍产品的优势及其能给购买者带来的利益,从而影响购买者的最终选择。

2. 消费者购买决策过程

在复杂购买行为中,消费者的购买决策过程由一系列相互关联的活动构成,分为确认需要、收集信息、目标筛选与评价方案、购买决策和购买后行为五个阶段,即具有典型意义的"五阶段模式",如图4-3所示。

图4-3 消费者购买决策过程

1)确认需要

购买过程始于购买者对某个问题或需要的确认,即购买者意识到自己实际状态与期望状态之间存在差异,从而意识到自己的需要。购买者的需要通常是由两种刺激引起,即内部刺激和外部刺激。但是,除少数需要是由人类本能产生的生理需要外,大量的消费需要都是来自外部社会的刺激,其中一部分是消费者自己可以意识到的,还有相当一部分是消费者自己未能意识到的。

因此,市场营销人员应注意识别引起消费者某种需要和兴趣的环境,并充分注意两方面的问题:一是注意了解与本企业产品存在实际或潜在关联的驱使力;二是注意消费者对某种产品的需求强度会随着时间的推移而变化,并会被一些诱因触发。此外企业还要善于确认和运用可能引起对某类产品兴趣的常见的诱因,促使消费者对企业产品产生强烈的需求,并尽快采取购买行动。

2)收集信息

消费者认识到需要后就会去寻找相应的信息,而消费者的信息来源主要有四种:①个人来源,即从家庭、朋友、邻居和其他熟人处得到。②商业来源,即通过广告、售货员介绍、商品展览与陈列、商品包装、商品说明书等获得。③公共来源,即来自于报刊、电视等大众宣传媒介的客观报道和消费者团体的评论。④经验来源,即通过触摸、试验和使用商品得到。在这四种信息来源中,消费者获得信息最多的是商务来源和公共来源的信息,而消费者认为最可信的却是个人来源和经验来源的信息。一般来说,消费者收集信息的积极性和需求的强烈程度成正比,收集信息的数量与购买决策的难易程度也成正比。经过信息收集,消费者逐步缩小了对将要购买的商品进行品牌选择的范围。作为企业应了解消费者的主要信息来源和各类信息对消费者购买决策的影响程度,在此基础上,设计和安排恰当的信息渠道和传播方式。

3）目标筛选与评价方案

（1）目标筛选。消费者不断取得信息的过程，也就是消费者购买行为的不确定性逐渐减少、而行为目标逐渐明朗化的过程。例如，某消费者欲购买彩色电视机，而现实市场上有长虹、海尔、索尼、松下、康佳、日立等几十种品牌，称为"全部品牌集合"。消费者通过信息收集，知道长虹、海尔、索尼、松下、日立五种品牌，称为"知道的品牌集合"。在影响消费者购买行为的诸因素综合作用下，消费者只考虑购买松下、索尼、日立、长虹四种品牌，称为"考虑的品牌集合"。消费者进一步获得新信息后，认为应在松下和长虹两种品牌中选择一种，称为"选择的品牌集合"。最后这个消费者反复考虑，全面比较后决定购买选择的品牌集合中某一品牌的电视机，目标筛选过程如图 4-4 所示。

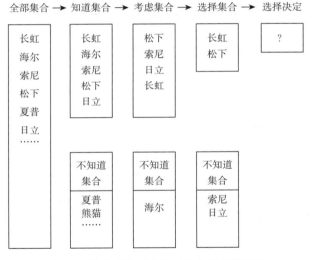

图 4-4　消费者购买决策时的目标筛选过程

（2）评价方案。消费者通过寻找信息，有了可供选择的产品集合后，就要对候选产品进行评价，主要是通过对产品特征、特征的重要权数、牌号信念、实用性能等方面来评价替代物，从而做出选择。

4）购买决策

消费者经过对可供选择品牌的评价判断后形成某种偏好，进而形成购买意图。但不一定能实现或立即实现其购买意向，这主要受他人态度、意外情况和预期风险等因素的影响：①他人态度，即购买者之外的人的影响。例如，某人经反复比较已决定买××品牌电冰箱，偶然从使用过该品牌电冰箱的人那里得知维修麻烦，他可能就会放弃这一购买意图。如果与消费者关系密切的人坚决反对购买，他就很可能改变购买意向。②意外情况，一些不可预料的情况，如由于消费者收支发生较大变动，急需在某方面用钱、产品价格波动幅度大、推销员或售货员的态度、得知准备购买的品牌令人失望等都可能影响消费者做出购买决定。因此，偏好和意图并不总能导致实际购买，尽管二者对购买行为有直接影响。③消费者修正、推迟或者回避做出某一购买决定，很大程度上是受到可觉察风险的影响。可觉察风险的大小随所支付费用的多少、属性不确定的程度以及消费者自信程度而变化。消费者为回避风险可能采取的办法有：回避决策；向朋友收集信息；选择著名品牌等。市场营销人员必须了解引起消费者风险感觉的因素，为其提供信息及支持来减轻消费者的可觉察风险。

5）购买后行为

消费者购买产品后，往往通过使用和他人的评判，对其购买选择进行检验，把他所察觉的产品实际性能与以前对产品的期望进行比较，从而产生不同程度的满意或不满意感，并影响其新的购买行为。所以，产品在被消费者购买后市场营销人员的工作并没有结束。

为此，我们可以借助于比较模型，对感知效能与期望值进行比较，如表 4-2 所示。

表 4-2　感知效能与期望值的比较

感知效能	期望值水平	
相对于期望值的感知效能	低于最小的希望效能	高于最小的希望效能
感知>期望	满意	满意
感知=期望	不满意	满意
感知<期望	很不满意	很不满意

由过程模型可知，要使顾客全面满意，必须使顾客的感知质量、感知价值和顾客期望三者契合，形成多重影响，如图 4-5 所示。

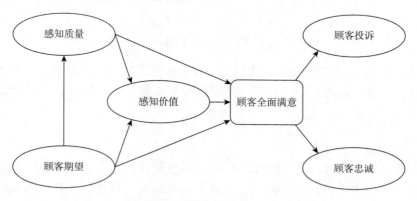

图 4-5　顾客满意于感知质量、价值和期望的契合

消费者对产品的满意或不满意会影响其今后的购买行为。

（1）购买后满意。对产品满意的顾客，会发生增加使用、重复购买、品牌忠诚、口碑宣传、吸引新用户和俘获竞争者的顾客等行为。即满意的消费者不仅会重复购买，而且会推荐别人购买，所以说，满意的顾客是最好的广告。就购买者而言，则会发生顾客的分层，即全部购买者→满意的购买者→重复的购买者→忠诚的顾客。

（2）购买后不满意。消费者的期望形成基于从卖主、朋友或其他信息来源所获得的信息。如果卖主夸大产品利益，使消费者产生不能证实的期望，则会导致消费者的不满意。期望与绩效之间的差距越大，消费者的不满意也就越强烈。不满意产生后，可能采取行动，也可能不采取行动。采取行动通常包括个人行动或诉之于公众的行动。个人行动可能是：停止购买该产品或联合抵制卖主；告诉朋友有关该产品或卖主的情况。诉之于公众的行动可能是：向卖主索赔；投诉；诉之于法律手段获取补偿。无论哪种情况发生，卖主都会因未能让消费者满意而有所损失。因此，市场营销人员应使产品的诉求真正体现产品的可能绩效，宣传要实事求是并适当留有余地；采取措施尽可能降低消费者购买后的不满意程度；提供良好的沟通渠道，欢迎消费者的反馈，经常征求顾客意见，为他们发泄不满提供适当的渠道，加强售后服务，并将其作为不断改善产品与绩效的方式，以便购买者感到满意。

4.3　组织市场及其购买行为

在流通领域中，不仅存在着消费资料的交换活动，而且存在着生产资料的交换活动；企业不仅把商品和劳务出售给广大个人消费者，而且把大量原材料、机器设备、办公用品及相应的服务提供给企业、社会团体、政府机关等组织用户。这些用户构成了整个市场的体系中一个庞大的子市场——组织市场。与消费者市场相比，组织市场的需求和购买行为自有其显著的不同之处。

4.3.1　组织市场及其分类

组织市场指工商企业为从事生产、销售等业务活动，以及政府部门和非营利组织为履行职责而购买产品和服务构成的市场。简言之，组织市场是以某种组织为购买单位的购买者所构成的市场，包括生产者市场、中间商市场、非营利组织市场（主要指政府市场）。

1. 生产者市场

生产者市场也叫产业市场或工业市场，是指一切购买产品并用其生产其他产品，以供销售或出租的个人或组织。它们购买产品和服务用于制造其他产品或向社会提供其他服务。主要由各种营利性的制造业、建筑业、运输业、房地产业、金融业、农业及食品服务业买主构成。

2. 中间商市场

中间商市场是指购买产品并将其转售或出租给他人，从而获取利益的所有个人或组织。中间商市场由各种批发和零售商组成，它们购买产品是为了将其再转卖出去。

3. 非营利组织市场

非营利组织市场（主要指政府市场）是指那些为执行政府的某些职能而采购或租用产品的各级政府单位。包括各级政府及所属机构、事业团体，如医院、学校及各种非营利性的协会、学会组织等，它们购买的商品品种同样繁多，从军用物资、文具用品到制服、公园长凳、保险等。

总体上看，组织市场是个非常庞大的市场。该市场上的消费者不仅购买与消费者市场相同的大量产品，如家具、文具、服装、汽车，而且购买许多消费者市场不需要的产品，如钢铁、大型计算机、发电机组、办公楼等。本节将重点讨论产业市场及其购买行为。

4.3.2　组织市场的特点

与消费者市场相比，组织市场有许多鲜明的特点，主要有以下几点。

1. 购买者数量较少，购买者规模较大

组织市场的购买者远比消费品市场购买者少。在消费者市场上，购买者是个人和家庭，购买者数量很大，但规模较小。组织购买的目的是满足其一定规模生产经营活动的需要，因而购买者的数量很少，但购买规模很大。由于有生产集中和规模经济，要达到一定的生产批量，一次的购买额必然很大。工业用户的购买属规模性或集团性购买。例如，一家大的轮胎公司，其生产的轮胎作为工业品时，销售对象只有少数几家汽车制造厂，当他把轮胎卖给消费者时，那就是千百万或上亿的汽车所有者。

2. 购买者在地域上比较集中

由于国家的产业政策、自然资源、地理环境、交通运输、社会分工与协作、销售市场的位置等因素对生产力空间布局的影响，容易导致其在生产分布上的集中，即便是那些规模分散的产业也比消费者市场在地域分布上更为集中。我国现代化大工业主要集中于东北、华北、东南沿海一带。正因为这样，企业把生产资料卖给企业购买者的费用就可以降低。

3. 产业市场的需求是派生需求

产业市场是"非最终用户"市场，派生需求又叫引申需求，他们之所以需要生产资料，最终目的是提供消费品，这个市场上的客户对产品和服务的需求是从消费者对最终产品和服务的需求中派生出来的，所以产业市场的需求是建立在消费者市场需求的基础上的。例如，生产者采购木材是由于消费者需要家具等消费品；生产者采购羊毛是由于消费者需要羊毛制品，毛衣、毛毯等。如果这些消费需求疲软的话，对羊毛的需求也会相应下降。

这一特点要求生产者既要了解自己的直接顾客即产业用户的需求水平、特点及竞争

情况，还要了解自己的客户所服务的市场的客户的需求、特点及竞争状况，以及自己的客户到最终消费者之间所有环节的市场情况。例如，一家化纤厂，不仅要了解纺织厂的购买需求，棉纺、毛纺、化纤之间的竞争，还应了解服装业的需求，以及消费者对不同纺织面料的需求倾向。只有消费者市场的需求增加了，产业市场的需求才会增加。

4. 产业市场的需求一般都缺乏弹性

产业市场对许多产品和服务的需求受价格变动的影响较小，也就是说，生产资料购买者对价格不敏感，一般不受市场价格波动的影响。生产者市场的需求在短期内尤其缺乏弹性。例如，虽然皮革价格上升，会导致皮鞋价格上浮，但不会减少对皮革的采购。这首先是因为生产者不能在短期内明显改变其生产工艺。又如，建筑业不能因水泥涨价而减少用量，也不能因钢材涨价而用塑料代替钢材。其次是因为生产者市场需求的派生性，只要最终消费品的需求量不变（或基本不变），引申的生产资料价格变动不会对其销量产生大的影响。再次是因为一种产品通常是由若干零件组成的，如果某种零件的价值很低，这种零件的成本在整个产品的成本中所占比重就会很小，即使其价格变动，对产品的价格也不会有太大影响，因此这些零件的需求也缺乏弹性。

5. 产业市场的需求波动性较大

这也是源于需求的派生性，因为消费品需求如增加某一百分比，为了生产这一追加的需求产量，就要求工厂和设备以更大的百分比增长。有时消费品需求仅上升10%，就可导致下一阶段工业需求 20%的增长。两者变动幅度之差幅，随派生需求层次的多少而变，即派生需求的层次越多，链条越长，其变幅也越大。这主要是因为工业品生产者的机器设备一般使用寿命都较长，在其产量不变的情况下，每年只需报废更换一小部分就可以了。

6. 组织市场的购买要求较为严格

这是因为，所购买的产品将被用于生产经营活动，不易替代，且单位产品价值较高，购买的数量较大，其质量好坏、适用性、经济性、供应等会对企业的生产经营过程、满足市场需求、应变能力、竞争能力及盈利能力等方面产生较大的影响。因此，产业市场购买者对所购产品在技术经济性等方面有着严格的要求。

4.3.3　组织市场的购买对象

1. 生产装备

包括重型机械、设备、厂房建筑、大中型的电子计算机等。生产设备大都价格昂贵、体积庞大、结构复杂、技术性能要求高。对用户来说，生产装备的购置是一项重大决策。对销售者来说，向用户提供直接、专门的推销和服务，甚至专门的设计和制造，较之定价重要得多。

2. 轻型（或附属）设备

它们的价格较低，对生产的重要性相对较差，通常有统一规格，属标准化产品，使用寿命也较短，价格竞争起一定作用。例如，电动和手工工具、叉车、微型电机等。

3. 零部件

零部件是已完工的产品，并将构成用户产品的一个组成部分，如小型电机、集成电路块等。在零部件市场上，重要的是按规定要求生产并及时交货。

4. 加工过的材料

包括经过加工而又并非零部件的材料，如钢板、玻璃、皮革等。对产品的品牌就没有太多要求，而主要要求规格相符，质量一致，交货及时。供应厂主要靠提供服务来竞争，价格折扣也起一定作用。

5. 原材料

是指那些处于生产过程起点的海产品、农产品、森林产品和矿产品，如原木、铁矿石、谷物、原油等。这类产品大多有规定的标准和等级，质量上没有什么差别，由于供货方较多，且同一供应商有多次供货能力，所以价格折扣和运费等在竞争中起的作用较大。

6. 消耗品

维护、修理用品和办公用品是维持企业日常经营所需要的，但又不参与构成制成品的实体。消耗品多是标准品，很容易替代，通常按年需要量签订合同，在销售上，价格优惠、数量折扣、按期交货均起作用，其分销特点是多渠道供应，有广泛的可获性。

7. 服务

服务的无形特点增加了服务销售与购买的复杂性。服务的规格和质量很难确定，特别是服务质量，满足服务需求最重要的是健全管理制度，包括培训、激励、监督和控制的制度。

4.3.4　组织市场购买决策类型

作为组织用户在市场中的购买活动是相当频繁的，在无数的购买活动中主要有以下三种购买决策类型，即直接重购、修正重购和新购。

1. 直接重购

这是一种在供应者、购买对象、购买方式都不变的情况下购买以前曾经购买过的产品的购买类型。需要重复购买的产品，买方通常选择熟悉并满意的供应方，持续购买，且对购买方式及其他订货条款都不作任何修正，甚至建立自动订货系统，竞争对手要想夺取这个市场很困难。这种购买类型所购买的多是低值易耗品，花费的人力较少，无须联合采购。面对这种采购类型，原有的供应者不必重复推销，而是要与老客户保持经常的联系，尽最大的努力保持产品和服务的质量，主动确保客户满意，并争取与客户达成运用自动订货系统的安排。

2. 修正重购

购买方虽打算重复购买同种产品，但想变更产品的规格、数量、价格及其他条款，或重新选择供应商。这对原供应者的威胁很大。对于这样的购买类型，原有的供应者要清醒认识面临的挑战、积极改进产品规格和服务质量、大力提高生产率、降低成本，以保持现有的客户；新的供应者要抓住机遇，积极开拓，争取更多的业务。

3. 新购

这是指生产者首次购买某种产品或服务。例如，购置新设备或新办公楼。由于是第一次购买，买方对新购产品心中无数，因而在购买决策前，要收集大量的信息，因而，制定决策所花时间也就越长。首次购买的成本越大，风险就越大，参加购买决策人员就越多。"新购"是营销人员的机会，他们要采取措施，影响决策的中心人物；要通过实事求是的广告宣传，使购买者了解本产品。为了达到这一目标，企业应将最优秀的推销人员组成一支庞大的营销队伍，以赢得采购者信任和使采购者采取行动。

4.3.5 影响组织市场购买决策的因素

同消费者购买行为一样，生产者用户的购买行为也同样会受到各种因素的影响。美国的韦伯斯特和温德将影响生产者购买行为的各种因素概括为四个主要因素：环境因素、组织因素、人际因素和个人因素，如图 4-6 所示。

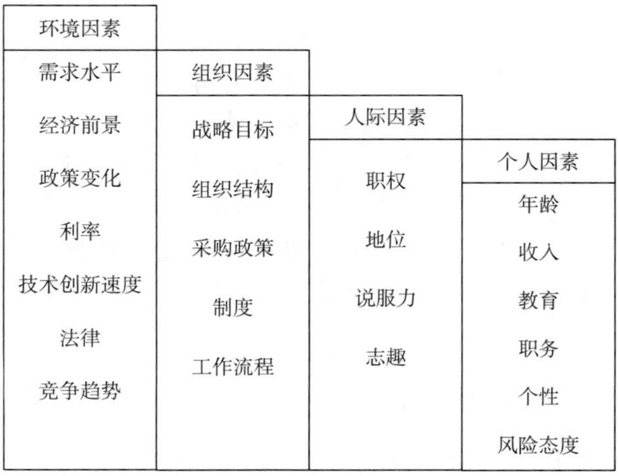

图 4-6　影响生产者市场购买决策的因素

1. 环境因素

这是企业所面临的外部条件。在影响生产者购买行为的诸多因素中，经济环境是主要的。生产资料购买者受当前经济状况和预期经济状况的严重影响，当经济不景气或前景不佳时，生产资料购买者就会缩减投资、减少采购，压缩原材料的库存和采购。此外，生产资料购买者也受科技、政治和竞争发展的影响。产业营销者必须注意上述环境因素，研究它们如何影响生产资料购买者，并努力把这些挑战转变为机遇。

2. 组织因素

这是企业自身的因素。例如，采购组织本身的具体目标、政策、组织机构及系统。这些都影响企业的采购决策及行为。生产资料营销者应了解并掌握购买者企业内部的采购部门在它的企业里处于什么地位：是一般的参谋部门，还是专业职能部门；它们的购买决策权是集中决定还是分散决定；在决定购买的过程中，哪些参与最后的决策；等等。只有对这些问题做到心中有数，才能使自己的营销有的放矢。

3. 人际因素

这是企业内部的人事关系的因素，是指采购中心中不同的地位、职权、性格经历以及不同任务的参与者之间的相互关系。生产资料购买的决定，是由公司各个部门和各个不同层次的人员组成的"采购中心"做出的。"采购中心"的成员由质量管理者、采购申请者、财务主管者、工程技术人员等组成。这些成员的地位不同、权力有异、说服力有区别，他们之间的关系亦有所不同，而且对生产资料的采购决定所起的作用也不同，因而在购买决定上呈现较纷繁复杂的人际关系。生产资料营销人员必须了解用户购买决策的主要人员、他们的决策方式和评价标准、决策中心成员间相互影响的程度等，以便采取有效的营销措施，获得用户的认可。

4. 个人因素

组织市场的购买行为虽为理性活动，但参加采购决策的仍然是具体的人，而每个人在做出决定和采取行动时，都不可避免地受其年龄、收入、所受教育、职位、个人特性及对风险态度的影响。个人因素的作用使得采购人员表现出不同的购买类型。也就是说，产业购买者进行采购时，除了理智的需要，即满足机构的需要外，还要满足他自己的需要，即个人感情上的需要，如心理的需要、回避风险的需要、身份和回报、友谊。因此，市场营销人员应了解组织市场采购员的个人情况，以便采取"因人而异"的营销措施。

4.3.6　组织市场购买决策过程

组织市场的购买者和消费市场的购买者一样，也有决策过程，供货企业的最高管理层和市场营销人员还要了解其顾客购买过程的各个阶段的情况，并采取适当措施，以适应顾客在各个阶段的需要，才能成为现实的卖主。组织购买者购买过程的阶段多少，也取决于组织购买者购买情况的复杂程度。在直接重购这种最简单的购买情况下，组织购买者的购买过程的阶段最少；在修正重购情况下，购买过程的阶段多一些；而在新购这种最复杂的情况下，购买过程的阶段最多。这里仅对典型的新购过程进行说明。

1. 提出需要

提出需求是生产者购买决策过程的起点。需求的提出，既可以是内部的刺激引起的，也可以是外部刺激引起的。内部的刺激：或因企业决定生产新产品，需要新的设备和原材料；或因存货水平开始下降，需要购进生产资料。外部刺激：商品广告、营销人员的上门推销等，使采购人员发现了质量更好价格更低的产品，促使他们提出采购需求。

2. 确定需要

确定所需要产品的特性及需要量，如产品的可靠性、耐用程度、价格和其他必备的属性。简单的采购，由采购人员直接决定，而复杂的采购，则须由企业内部的使用者和工程技术人员共同决定。其包括：①对设备的确认需求。为生产某新产品，提高某种老产品的质量、产量或降低消耗，经工艺研究需购置某种设备，并已被厂务会批准购置若干台。②对原材料、标准件的确认需求。根据企业计划产量和定额资料可以确定某种原材料、标准件的需要量，再查阅该物资的库存量，进而确定需购买的数量。

3. 拟定规格要求

由专业技术人员对所需产品的规格、型号、功能等技术指标作具体分析，并做出详细的说明，供采购人员作参考。在对产品进行分析时，一般采用价值分析法。所谓价值分析法，实际上是一种降低成本的分析方法，它是由美国通用电器公司采购经理迈尔斯在 1947 年发明的。这里的"价值"是指某一产品的"功能"与其"成本"之间的比例关系。企业通过对某一产品的价值分析，明确某产品可能产生的经济效益，从而为采购者选购产品作指南。

4. 查询可能的供应商

通过各种方式查找供应商，并对他们的生产、供货、人员配备及信誉等方面进行调查，从中选出理想的供应商作为备选。依据商业目录、计算机查询、电话查询，购买者可以列出合格的供应商的目录，如今，越来越多的公司转向通过国际互联网来寻找供应商。

5. 征求报价

向合格的备选供应商发函，请他们尽快寄来产品说明书、价目表等有关资料。不过，当项目复杂或价格很高时，购买者通常要求每个可能的供应商提供书面方案或正式文件。因此，供应商的营销人员应根据市场情况，写出实事求是而又别出心裁、具有能打动人心的产品说明，力求全面形象地表达所推销产品的优点和特性，力争在众多的竞争者中获得成交。

6. 选择供应商

购买中心的成员，开始审查销售计划，选择一个或几个供应商。在此阶段，购买中心通常做一个表格，里面列出令人满意的供应商的主要特征，对各供应商提供的报价材料一一评价，经过比较，做出选择。

7. 正式发出订单

选定供应商后，买方即正式发出订单，订单上写明所需产品的技术特性、质量要求、预定的交货时间、退货政策和保证等事项。现在许多企业日趋采用"一揽子合同"，即和某一供应商建立长期的供货关系，这个供应商允许只要购买者需要购买时，供应商就会按原定的价格条件及时供货。

8. 购后评价

产品购进使用后，采购部门将与使用部门保持联系，了解该产品使用情况，并考察比较各供应商的履约情况，以决定今后对各位供应商的态度。

【本章知识反馈】

一、单项选择题

1. 消费者市场是一切市场的基础，是产品和服务流通的（　　　）。
A. 起点　　　　　　B. 终点　　　　　　C. 中点　　　　　　D. 极点

2. 消费者市场的购买单位是个人和（　　　）。
A. 团体　　　　　　B. 单位　　　　　　C. 家庭　　　　　　D. 社会

3. 相关群体内最有影响力的人物称为（　　　）。
A. 群众领袖　　　　B. 精神领袖　　　　C. 意见领袖　　　　D. 道德领袖

4. 生产者市场用户第一次购买某种产品或服务称为（　　　）。
A. 重购　　　　　　B. 直接重购　　　　C. 修正购买　　　　D. 新购

5. 消费者因某种产品有特殊的性能，或由于其对某种牌号产品的特殊偏爱，愿意花时间和精力去购买的商品，通常将其称为（　　　）。
A. 便利品　　　　　B. 选购品　　　　　C. 特殊品　　　　　D. 日用品

6. 影响消费者购买行为的个人因素主要有（　　　　）。

A. 动机　　　B. 收入　　　C. 民族　　　D. 家庭

二、复习思考题

1. 什么是消费者市场？消费者市场具有哪些特点？

2. 购买者的父母对其购买中的行为有什么影响？你自己有哪些主要行为来自于父母的影响？

3. 人们受相关群体的影响方式有哪些？

案例分析

第 5 章

目标市场营销战略

在台湾地区，对年轻的学生族而言，尤其是男孩子，正处在精力旺盛的时期，体力消耗大，因而饭量也大。到底什么样的速食面才对他们的胃口，令他们感到畅意呢？在××桶面那里，消费者找到了答案。

当初在构思这项新产品时，企业将目标消费群锁定在 16~20 岁男性学生族，21~35 岁上班族为次要的目标消费者。这群年轻的消费者，在食用习惯上讲求快速便利，不论正餐或是消夜，速食面很自然成为生活中不可缺的必需品。然而时下一般速食面大多分量少，口味缺乏变化，难以满足一次需要量，他们要的是更大、更多、更新口味的速食面。

在此前提下，广告计划设定以上目标消费群是属于愿意尝试新口味的现代族群。于是，在包装上选定 1 000 毫升大杯装，其内容物足以提供一顿饱餐。

在命名策略方面，运用"桶面"的新概念取代传统的"大杯团"，分量感更足。而"阿Q"之名，并非仅诉求面条的香Q顺口、好念易记。更显示出产品所提出的新生活观——做一个乐观实际、自我肯定的现代阿Q，而非鲁迅笔下"精神胜利"式的传统阿Q。

【案例思考】

1. 统一集团是如何进行目标市场选择和市场定位的？
2. 统一集团进行速食面市场细分的依据有哪些？
3. 统一集团针对"阿Q"桶面市场营销的成功做法，对你有何启示？

【学习目标】

学习本章应理解市场细分、目标市场选择与市场定位三者之间的关系；掌握消费者市场细分的作用与细分依据；掌握目标市场选择策略；掌握市场定位策略。

著名的营销大师菲利普·科特勒先生在《营销管理》中指出："现代战略营销的中

心，可定义为市场营销就是市场细分、目标市场和市场定位。"现代企业战略营销的核心被描述为 STP 营销，由市场细分（segmenting）、目标市场选择（targeting）、市场定位（positioning）构成。对市场进行细分并制定目标市场营销战略对于企业而言至关重要。市场细分是企业战略营销的重要组成部分和平台，企业的一切营销战略，都必须从市场细分出发。没有市场细分，企业在经营时就如同"瞎子摸象""大海捞针"，根本无法锁定自己的目标市场，也就无法在市场竞争中找到自己的定位。

5.1　市　场　细　分

消费者的需求差异很大，再大的企业也不可能满足市场上的所有需求，任何企业都不可能毫无选择地对整个市场全面出击，必须有的放矢，即企业应该并且必须分辨出能有效地为之服务的最具吸引力的细分市场，扬长避短。可见，市场细分，是企业选择目标市场的基础和前提，正确地选择目标市场，明确企业特定的服务对象，是制定企业营销战略的首要内容和基本出发点。

5.1.1　市场细分概念

1. 市场细分的含义

市场细分概念是由美国市场营销学家温德尔·史密斯于 20 世纪 50 年代在《市场营销策略中的产品差异化与市场细分》中提出来的，奠定了目标市场营销的理论基础，从而使市场营销进入一个新的阶段，即目标市场营销。

市场细分就是指营销者通过市场调研，根据消费者的需求特点、购买心理、购买行为和购买习惯等方面的明显差异性，把某一产品的整体市场化分为若干个"子市场"或"分市场"的市场分类过程。在同一个子市场中其消费者消费需求是十分相似的，存在的消费欲望的差异也是比较小的。市场细分是企业战略营销的起点，市场细分不是对产品进行分类，而是对消费者进行分类。

【相关案例】

日本资生堂女性化妆品市场的细分

日本资生堂公司于 1982 年对日本女性用化妆品市场作了调查研究，按照女性消费者的年龄，把所有潜在的女性顾客分为四种类型（即把女性用化妆品市场细分为四个不同的子市场）：第一类为 15~17 岁的女性消费者，她们正当妙龄，讲究打扮，追求时髦，对化妆品的需求意识较强烈，但购买的往往是单一的化妆品；第二类为 18~24 岁的女性消费者，她们对化妆品非常关心，采取积极的消费行动，只要是中意的化妆品，价格再高也在所不惜。这一类女性消费者往往购买整套化妆品；第三类为 25~34 的女性，她们大多数人已经结婚，因此对化妆品的需求心理和购买行为都有所变化，化妆成为她们的日常生活习惯；第四类为 35 岁以上的女性消费者，她们可分为积极派和消极派，但都显示出对单一化妆品的需求。

2. 市场细分的基本原理

细分市场的前提是市场并非一个，市场需求并非同质。因此，在观察一个市场时，应该把它看作异质需求的结合体，而在这异质需求的结合体中又存在同质需求，这便是市场细分的出发点。

市场细分的基本原理就是这种需求的异质性和同质性。在被细分后的子市场之间，顾客需求、顾客特点和行为模式等明显不同。相反，在同一子市场内，顾客要求、顾客特点和行为模式等都是相同的。例如，鲜牛奶生产，我们可以依据人群不同，把它细分为婴儿鲜奶、学生鲜奶、成人鲜奶、病人鲜奶等子市场，我们也可依据购买力不同细分为特新鲜的（生产出厂一个小时内）鲜牛奶、保质期间内一天的鲜牛奶、保质期间内三天内的鲜牛奶、保质期间内一周的鲜牛奶，而不是生产一种产品来满足所有的消费人群。

【相关案例】

针对女性酒类市场异质性需求的市场细分

《2015 年中国白酒行业市场现状及发展趋势分析》中数据显示，近三年来，中国各大城市市场中有饮酒行为的女性人数正在以每年22%的速度增长，目前国内市场上的各种女士酒大约有40种。各种国产的、进口的、专门针对女性的酒类品种目前已达到几十种。例如，燕京啤酒集团推出了无醇啤酒，吉林长白山酒业也出了"艾妮靓女女士专用酒"，台湾烟酒公司研制成功了一种功能性饮料五芝啤酒，等等。

5.1.2 市场细分的作用

市场细分有利于企业寻找发现市场机会，选择目标市场，有利于企业策划营销方案，集中使用资源和条件，提高经济效益，有利于更好地满足消费需求。

1. 有利于企业分析市场状况，选择目标市场

企业只有在市场调研的基础上，将市场细分成各种子市场，才能发现哪类消费需求已经满足，哪类满足不够，哪类尚无适销对路的产品去满足，哪些市场竞争激烈，哪些市场的竞争者较少或尚待开发，同时结合自身资源状况从中选择适合自己的目标市场。通常，企业应选择购买潜力大、满足程度低的细分市场作为目标市场，从而找到对自己最有利的营销机会。

【相关案例】

美国钟表公司的细分市场调查与目标市场选择

20 世纪，美国钟表公司在第二次世界大战前通过市场营销研究和市场细分的调查，

把美国消费者对手表的需求细分为三类不同的顾客群：第一类顾客群，想购买价格尽可能低廉且能一般计时的手表，占美国手表市场的 23%；第二类顾客群，想购买计时相对准确、耐用、价格适中的手表，占美国手表市场的 46%；第三类顾客群，想购买名贵的名牌手表，要求计时精确，而且可以作为礼物，追求象征性或感情性的价值，占美国手表市场的 31%。同时得知，当时享有盛名的著名钟表公司几乎都只注重第三类顾客群，并将其作为目标市场，广告宣传和推销活动也很有针对性，主要集中在礼品购买季节，而且大都通过大的百货商店、珠宝店推销。而占美国手表市场 69% 的第一、第二类顾客群的需要并没有得到满足，这里存在最好的市场机会。

美国钟表公司经过上述细分后，于是迅速选定这两类顾客群作为其目标市场，并制定相应的市场营销组合，进入这两个细分市场，以满足这两类顾客群的需要。其制造了一种叫作"天美时"的物美价廉的手表，利用新的分销渠道，通过百货商店、超级市场、廉价商店、药房等各种类型的零售商店，大力推销"天美时"手表，结果这家公司很快就大大提高了市场占有率，成为当时世界上最大的钟表公司之一。这个事例表明，市场细分是企业发现良机、发展市场营销战略、提高市场占有率的有力手段。

2. 有利于企业研究潜在需求，寻找发展新产品的机会，开拓新市场

市场永远有未开发的空间。在市场细分的基础上，企业可增强市场调查的针对性，准确地预测各类消费者需求的变化情况，挖掘潜在需求，从而寻找到既能适合自身生产水平又能满足消费者需求的特定市场。只有抓住这样的市场机会，企业才能针对消费者的现实需要，以需定产，才能根据潜在需要发展新产品、开拓新市场，以满足消费者不断变化的新需要。例如，日本佳能通过细分市场，发现成熟且供大于求的照相机市场还有尚未满足的市场需求，即适合女性使用的照相机，于是开发出"snappy"（敏捷）而大获成功。

【相关案例】

第一台家用豆浆机的问世

国内生产专业化厨房小家电的山东九阳电器公司，注意到市场上小家电产品品类丰富，但国内外并没有制作豆浆的专用电器，而且大豆制品的营养价值正越来越多地受到人们的重视。于是，在 1994 年推出了第一台家庭用豆浆机，受到了消费者的广泛欢迎，企业也由此发展壮大，创造了每年近百万台的市场需求。

3. 有利于企业针对目标市场制定营销策略，把有限的资源集中用到目标市场上去

有什么样的目标市场才会有什么样的营销策略，现代企业的规模再大，都不可能占有人力、财力、物力、信息等一切资源，不可能向市场提供所有的产品，满足市场所有

的购买或消费需求。同时，任何一个企业由于资源限制和其他约束，也不可能在市场营销全过程中占有绝对优势。在激烈的市场竞争中，为了求生存、谋发展，企业必须分析市场需求，准确把握市场发展脉络，在对市场进行细分化后，集中自己的人财物资源有效地服务于市场，力争取得市场竞争的最大优势，制定出最佳的营销策略，满足每一个消费者的不同需求。例如，北京燕京啤酒集团公司集中全部有效资源，制定切实有效的营销策略，将酒厂和物资供应都集中在北京、河北地区发展，以这些地区为目标市场，最好地为这些效益较高的地理市场服务，既节降低了成本、费用，又实现了较高的经济效益。

【相关案例】

联想产品的有效细分策略

联想的产品细分策略，正是基于产品的明确区分。联想打破了传统的"一揽子"促销方案，围绕"天骄""锋行""家悦"三个品牌面向不同用户群的需要，推出不同的"细分"促销方案。选择"天骄"的用户可优惠购买让数据随身移动的魔盘、可打印精彩数码照片的3110打印机、SOHO好伙伴的M700多功能机以及让人尽享数码音乐的MP3播放器；选择"锋行"的用户，可优惠购买"数据特区"双启动魔盘、性格鲜明的打印机以及"新歌任我选"MP3播放器；钟情于"家悦"的用户，则可优惠购买"电子小书包"魔盘、完成学习打印的打印机、名师导学的网校卡以及成就电脑高手的XP电脑教程。

综上，企业进行市场细分，有利于发现市场机会、确定目标市场、制定适宜的市场营销策略，从而增强企业竞争力，提高效益。

【相关链接】

市场细分的步骤，如图5-1所示。

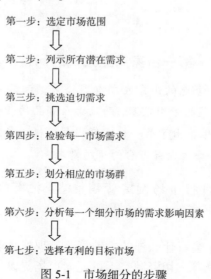

第一步：选定市场范围

第二步：列示所有潜在需求

第三步：挑选迫切需求

第四步：检验每一市场需求

第五步：划分相应的市场群

第六步：分析每一个细分市场的需求影响因素

第七步：选择有利的目标市场

图5-1 市场细分的步骤

5.1.3　市场细分的标准

不同的消费者通常有不同的欲望和需求，正是因为差异性的存在，所以我们要对市场进行细分。不同类型的市场其细分化划分标准不一样，常见有产业市场、消费者市场等。细分消费者市场的标准主要有地理因素、人口因素、心理因素和行为因素。细分产业市场的标准：有些与消费者市场类似，如地理因素、心理因素、行为因素；还可使用新的标准，常用的有最终用户、用户规模、用户的地理位置、用户的购买情况等。本章着重介绍消费者市场的细分标准，见表 5-1。

表 5-1　消费者市场细分的一般标准

细分标准	主要因素
人口因素	性别　年龄　收入　民族　教育　职业　社会阶层　家庭生命周期
地理因素	国家　地区　气候城市　乡村　交通条件　城市规模
心理因素	生活方式　价值取向性格　个性购买动机
行为因素	品牌忠诚度　购买频率　使用频率对分销信赖度　追求利益

【相关案例】

从电视频道看市场细分

20 世纪 80 年代，电视渐渐成为中国老百姓生活的一部分。晚上 7 点，准时收看中央台新闻联播；一到周末，不管大人还是小孩，都围坐在电视机旁，津津有味地看着"加里森敢死队""排球女将"等进口电视连续剧；除夕之夜的央视"春节联欢晚会"成了家家户户必看的节目。

21 世纪，虽然电视在人们生活中仍是不可或缺的组成部分。但是，如今老百姓可以选择的电视频道以及电视节目都增多了。体育频道、新闻频道、影视频道、娱乐频道、文艺频道、教育频道、少儿频道、女性频道、生活频道……小小荧屏随着社会进步也越来越丰富多彩。这些变化说明：综合型电视频道已远远不能满足消费者个性化需要，根据不同细分变量，电视业从大众媒体时代跨入了"小众"媒体时代，媒体越来越细分化。

1. 人口因素

消费者需求与人口因素有极密切的关系。很久以来，人口变量一直是细分消费者市场的重要因素，这主要是因为人口比其他变量更容易测量，用人口变量细分市场简单易行。

所谓人口因素，是指企业将市场按照人口统计变量细分为多个消费者市场，这些变量主要包括消费者的年龄、性别、家庭规模、家庭生命周期、收入、职业、社会阶层、受教育水平、种族、民族、宗教、国籍等。这些因素会影响消费者的价值观念、生活情趣、审美观念和消费方式。

【相关案例】

且看"麦当劳"的人口细分市场

你知道麦当劳是如何进行市场细分的吗？①小孩与家庭：这是麦当劳所设定的第一个目标群体，是公司"欢乐餐"与特别促销活动的焦点。②青少年：他们不想听人训话，而是希望别人能以坦诚的方式和他们说话，并感觉到自己能被理解。所以，为他们预备了一些特别的广告片，广告片中演员所做的是这个年龄段真正喜欢做的活动。③青年：年龄在18~34岁的人。这些人正在开创他们的事业生涯，开始建立他们的家庭。麦当劳随时准备为他们服务，他们想得到的是有效率的餐饮服务。④少数民族：在西班牙裔有限电视网播映的西班牙语广告，各部广告都强调和西班牙裔或非美国文化有关的事务。⑤年长者：麦当劳对他们推销其餐饮的经济性，同时也鼓励年长者从事该餐厅的工作。

1）年龄

消费者对某些商品的欲望和需求往往会随着年龄的变化而变化，不同年龄对产品的需求显然是不同的，这就给了企业按照年龄细分市场的机会。例如，年轻人喜欢体现自我个性的衣着，中年人注重衣着的质地和得体，老年人注重衣着的舒适程度。在市场营销中，根据消费者年龄可分为儿童市场、青年市场、中年市场和老年市场。

【相关案例】

"重塑李宁"计划

20世纪90年代初，世界体操王子李宁创立了李宁体育用品公司，成为中国第一个由体育明星创立的品牌。1990年，"李宁牌"首次亮相，就被选为北京亚运会圣火传递服装，并迅速成长为中国体育用品的著名品牌。据李宁公司2001年的市场调查发现：一方面，与国际知名体育品牌耐克、阿迪达斯相比，李宁牌的忠诚用户60%在24岁以上，属于生活方式比较传统的人；另一方面，当今的体育用品日益成为变换频繁的时尚消费品，出生于20世纪80年代的年轻人，已成为体育用品的重要消费者。

因此，2001年李宁公司推出了"重塑李宁"计划，决定全力打造亲和、时尚、魅力的品牌形象，将核心消费人群定位为：15~35岁，喜爱运动，追求时尚的年轻群体，推出了"我运动，我存在""出色，源于本色""把精彩留给自己"等一系列的广告语。

2）性别

依据性别细分消费者市场，对美容美发、化妆品、服装饰品等某些商品的市场来说，具有很强的可操作性，在细分市场中发挥着重要的作用。因为性别不同可导致他们在购买行为、购买动机等方面有较大差异。女性是服装、化妆品、家庭用具、食品等市场的特别重要部分；男性则是香烟、饮料、体育运动用品的主要购买者。然而随着社会的不断发展，如今，即便是汽车、香烟等产品也在引入性别变量对市场进行细分。例如，中国吉利汽车公司针对国内市场情况推出的"美人豹"车型就是适合于时尚女性的产品。还有像 Polo 不仅在外形设计，而且在广告和传播等方面都完全女性化，似乎在告诉人们，Polo 就是女人用的汽车。这些汽车制造厂商热衷于为职业女性设计轿车，说明不同性别、不同文化层次水平的消费者，具有不同的生活情趣、消费方式、审美观和产品价值观。当然，在瞄准女性消费市场的同时，也要关注男性消费市场的需要。

3）收入

消费者的需求在一定程度上是由经济收入决定的，经济收入的高低不同，在很大程度上会影响人们对某一产品在质量、档次等方面的需求差异，进而影响消费者的购买行为，因此也成为企业细分市场的常用依据。企业就可依据消费者经济收入和其所处的社会阶层等因素对市场进行细分，选定特定收入水平的消费者作为自己的目标市场，设计吸引该阶层的产品和服务。

例如，处在社会低收入阶层的消费者群一般喜好的产品是价格低廉，其次才要求产品品牌，而经济收入较高的消费者群一般是先喜好产品的品牌和质量，其次才是产品的价格。又如，高收入的人一般到大百货公司、名牌专卖店、精品店购物；收入低的人通常在超市、普通商店或是打折店购物。一项针对 35~50 岁女士化妆品市场细分的调查发现，收入同化妆品的使用、购买数量、频率、品牌知名度等有很强的正向相关性。如今，利用收入变量来细分市场在汽车、服装、宾馆、饭店、休闲娱乐等产品市场上也是很常见的。

4）家庭生命周期

家庭结构不同，将直接影响家庭支出与消费模式，而家庭结构又随着家庭生命周期所处阶段的不同而有所差别，因此家庭生命周期也是细分市场的一种有效方法，见表 5-2。例如，新婚家庭对住房、家具、电器等产品需求较大；有孩子的家庭，在孩子长大成人前，相当一部分的支出都用在了孩子的生活和教育经费中。

表 5-2　家庭生命周期 7 个阶段与消费购买特点

家庭生命周期阶段	家庭生命周期阶段的特点	消费购买特点
第一阶段：单身阶段	年轻、单身	几乎没有经济负担，新消费观念的带头人，娱乐导向型购买
第二阶段：新婚阶段	年轻夫妇无子女	经济条件比较好，购买力强，对耐用品大件商品的购买欲望强烈
第三阶段：满巢阶段（1）	年轻夫妇，有 6 岁以下子女	家庭用品购买的高峰期，不满足现有的经济状况，注意储蓄，购买较多的儿童用品
第四阶段：满巢阶段（2）	中青年夫妇，有 6 岁以上未成年子女	经济状况较好，购买趋向理智型，受广告及其他市场营销刺激的影响相对减少，注重档次较高的商品及子女的教育投资
第五阶段：满巢阶段（3）	年长的夫妇与尚未独立的成年子女同住	经济状况仍然较好，妻子或子女都有工作，注重储蓄，购买冷静、理智
第六阶段：空巢阶段	年长夫妇，子女离家独立	前期收入较高，购买力达到高峰期，较多购买老年人用品，如医疗保健品、娱乐及服务性消费支出增加，后期退休收入减少
第七阶段：孤独阶段	单身老人独居	收入锐减，特别注重情感、关注等需要及安全保障

需要特别指出的是，只有在有限的条件下，企业才是用单个的人口变量进行市场细分，通常情况下使用的是多变量组合，即用两个以上的人口变量来进行市场的细分。例如，在金融产品设计时采用收入和年龄来进行细分；化妆品企业采用性别、年龄、收入组合变量来进行市场的细分。

2. 地理因素

地理细分，是指按照消费者所处的地理位置、自然环境等的不同，把市场分成不同的地理区域而对市场进行的细分。具体变量包括国家、地区、城市、农村、地形地貌、气候、人口密度、交通运输等。

【相关案例】

康佳集团出手农村市场

20 世纪末，康佳集团经过一系列科学的信息调查与分析，认为我国城市市场电视机已经进入成熟期，基本达到饱和，目前农村的彩电普及率不及 17%。所以，中国电器市场在农村具有很大的潜力。为此，康佳及时推出针对农村市场的"福临门系列彩电"。这一举措充分利用中国传统文化背景，将地域民族风俗和喜好与产品名称相结合。于是，"彩电买康佳，福气常到家"成为农村的消费时尚。"城市不放，农村不让"成为康佳新的经营方针。"哪里有家，哪里有康佳"成为康佳新的营销口好。由于康佳针对城市与农村两个不同的市场，有针对性地开展营销活动，1998 年，终于登上了全国零售销量中国第一的宝座。

地理细分这样划分的主要理论根据是：处在不同地理位置的消费者对企业的产品有不同的需求和偏好，他们对企业所采取的市场营销战略，对企业的产品、价格、分销渠道、广告宣传等市场营销组合各有不同的反应。例如，美国东部人爱喝味道清淡的咖啡。美国通用食品公司针对上述不同地区消费者偏好的差异而推出不同味道的咖啡。又如，根据气候状况，化妆品生产企业可以在气候干燥的地区推出具有保湿功能的产品，但是我们很难想象这样的产品会在沿海等气候湿润地区畅销。而我国北方冬季气候寒冷，消费者对棉衣、毛衣的需求较大，每年都会出现"保暖内衣""羽绒服"大战的场面，而这在气温较高的南方地区显然是无人问津的。地理位置不同，还会反映文化和社会价值观的差异，如经济发达地区，收入水平高，观念比较前卫，与欠发达地区的需求是不一样的，前者更重视文化、休闲，在选择礼物方面，南方重视品位，北方重视价值。

【相关案例】

地域文化与消费差异

香港某公司在亚洲食品商店推销其产品蚝油时采用这样的包装装潢画：一位亚洲妇女和一个男孩坐在一条渔船上，船里装满了大蚝，效果很好。可是这家公司将这种东方食品调料销往美国，仍使用原来的包装装潢，却没有取得成功，因为美国消费者不能理解这样的包装装潢设计的含义。后来，这家公司在旧金山一家经销商和装潢设计咨询公司的帮助下，改换了商品名称，并重新设计了包装装潢：一个放有一块美国牛肉和一个褐色蚝的盘子，这样才引起了美国消费者的兴趣。经过一年的努力，这家香港公司在美国推出的蚝油新包装装潢吸引了越来越多的消费者，超级市场也愿意经销蚝油了，产品终于在美国打开了销路。

3. 心理因素

心理细分，是指按照消费者的生活方式、个性特点、购买动机等心理变量来细分消费者市场。在同一人口统计群体中的人可能表现出差异极大的心理特性。尤其是在生活多样化、个性化、质比量更受到重视的时代，市场不只是要在性别、年龄、职业、收入等方面加以细分，更重要的是要通过生活方式与格调、价值观、兴趣爱好、个性等来进行心理上的区分。

1）生活方式

生活方式即根据人们的生活价值观形成的生活行为体系或生活模式和生活方法。不同生活方式的消费者对产品有着不同的需求和兴趣爱好，这说明生活方式是影响消费者需求与欲望的一个重要因素。在现代市场营销实践中，已有越来越多的企业运用消费者的生活方式来划分各种明显的细分市场，并且针对不同的细分市场制定不同的市场营销策略。

【相关案例】

生活方式与女性服装

美国某服装公司按照生活方式将女性分为三类：一类为"纯朴女性"，她们属于深居简出者，大都在家里度过闲暇时间；一类为"时髦女郎"，她们大都是热衷于社交活动的时髦人物；一类是"男性化女士"，她们是重事业的人，将大部分闲暇时间用在考虑工作上。这样，服装生产企业就可根据女性消费者所花时间及从事的活动为她们设计休闲的家居服、高档豪华的社交礼服、庄重合体的职业套装等不同款式与类别的服装。

2）个性

个性是指一个人区别于他人的，在不同环境中显现出来的相对稳定的，影响人的外显和内隐性行为模式的心理特征的总和。越来越多的企业按照消费者不同的个性来细分消费者市场，通过广告宣传，赋予其产品与某些消费者个性相似的"品牌个性"，树立品牌形象。例如，在20世纪50年代后期，福特与雪佛莱汽车都是按照不同消费者的个性差异进行促销的。福特汽车购买者被认为是独立的、感情容易冲动的、男子汉气质的、留心改变及具有自信的人，而雪佛莱汽车的拥有者则为保守的、节俭的、关心声誉的、较少男子气质的及力求避免极端的人。

【相关案例】

"全球扫描"——细分成人消费者市场一例

BSB 广告公司曾经对北美、日本、欧洲的 18 个国家和地区的成年人进行了一项名为"全球扫描"的调查研究，希望通过该项调查找出一些在价值和购买方式等方面能用于解释或预测全球消费者行为的典型变量。

研究的结果将消费者划分为五个群体，分别为奋斗者、成功者、生活者、守旧者和知足者。奋斗者是那些紧张忙碌的 30 岁上下的年轻人，他们追求物质享受，但是时间比较紧张，手头也并不十分宽裕；成功者包括那些上层社会已获得一定成就的人们，他们相当富有，一般年纪较长。他们在购物时比较注重产品的质量，而且关心该种产品能否展示出他们的社会地位；生活者主要指家庭主妇们，她们需要经常处理家庭日常收支问题，并承担来自家庭的其他压力。生活问题对这类人来说是压倒一切的；守旧者是指一群植根于过去，不愿改变传统的生活方式和文化习俗，对新生事物接受缓慢甚至持反对意见的人；知足者是指这样一些老年人，他们满足于现有的生活状况，设法维持原有的价值观，但是他们也对新鲜事物抱有开明的态度。

该"全球扫描"调查得出的结论，对跨国公司识别多个国家中拥有相同心理特征的人群具有特别的意义。

3）购买动机

购买动机是指推动消费者购买的内心动力，喜欢、厌恶、爱好等心理因素在消费者购买时会增加或削弱购买动机，在购买动机上就会形成消费者的求实心理、求新心理、求美心理、求名牌心理、求成就感心理、求安全心理、求时髦心理等，从而产生不同的消费需求和消费偏好。例如，雷达手表突出的是品质和技术，在潜水、航空等方面都营造了良好的形象和口碑，从而吸引了追求产品品质的顾客。而作为统一公司产品的劳力士手表，则充分利用了人们的爱慕心理，在产品生产中极尽奢华之能事，打造出高贵的品质，从而吸引了"贵族"消费者的青睐。

此外，处于同一阶层群体中的人也会表现出极大的心理模式上的差异。企业可选定特定的社会阶层作为自己的目标市场，设计吸引该阶层的产品和服务，如在化妆品、香烟、保险和酒类销售实践中，以个性变量作为市场细分变量就取得过比较好的效果。

4. 行为因素

行为细分是指企业按照消费者对产品的了解程度、态度、使用情况或反应等来细分消费者市场。其行为变量包括时机、利益、使用者地位、使用率、忠诚状况、消费者待购阶段和消费者对品牌的态度。

1）消费者进入市场的程度

许多商品的市场可以按照使用者进入市场的情况来细分，如非使用者、曾经使用者、潜在使用者、初次使用者和经常使用者等。资金雄厚、市场占有率高的大公司，一般都对潜在使用者的消费者群体发生兴趣，它们着重吸引潜在使用者，以扩大市场阵地；小企业资金薄弱，往往看重吸引经常使用者。当然，企业对潜在使用者和经常使用者要酌情运用不同市场营销组合及其相关措施。

2）消费者对某种产品的使用率

某些商品的市场也可以按产品被使用的程度，细分成少量使用者、中度使用者和大量使用者群体。例如，某烟草公司将其顾客分为少量使用者、中量使用者、大量使用者，就是按照他们抽烟行为的程度来进行细分的。大量使用者的人数通常只占总市场人数的一小部分，但是他们在总消费中所占的比重却很大。市场营销者通常偏好吸引对其产品或服务的大量使用者群体，而不是少量用户。以啤酒为例，调查资料显示，41%的人喝啤酒。但大量饮用者消耗了啤酒总量的 87%，是少量使用者消耗量的 7 倍以上。显然，大多数啤酒公司都会把目标定在大量啤酒消费者身上，并有针对性地开展各种广告宣传。

3）消费者对品牌（商品）的偏好、忠诚程度

企业也可以按照消费者对品牌（或商品）的忠诚度来细分消费者市场。所谓品牌忠诚，是指由于价格、质量等诸多因素的吸引力，使消费者对某一品牌的产品情有独钟，形成偏爱并长期购买这一品牌产品的行为。人们既可以对某些实体产品，如可口可乐饮料、中华牙膏、海尔冰箱忠诚，也可以对某些服务，如北方航空公司、假日酒店忠诚。

根据购买者对品牌的偏好状况和忠诚程度，可将消费者划分为以下四个群体。

（1）单一品牌忠诚者：也称忠心坚定者。这类消费者始终只购买统一品牌的产品。"力士"广告词中，各路明星都要说的那句"我只用力士"，其目的就是要消费者忠心坚定。

（2）几种品牌忠诚者：也称忠心不坚定者。这类消费者可能同时忠于两三种品牌，如"中华""蓝天""黑妹"牙膏都是其中意的牙膏品牌。

（3）无品牌偏好者：也称三心二意者。这类消费者购买多种品牌的产品，并不忠于任何一个品牌，如牙刷、毛巾等，质量和价格相差不多，所以消费者往往见到什么就买什么。

调查表明，牙膏市场和啤酒市场就是具有相当多的品牌忠诚者的市场。对于前两类品牌忠诚者占较大或很大比重的市场，其他企业很难进入，对无品牌偏好者，企业宜在促销方面多下功夫，尽力吸引他们以扩大销售，见图 5-2。因此，提高品牌的忠诚度，对于一个企业的生存和发展、扩大市场占有率极其重要。

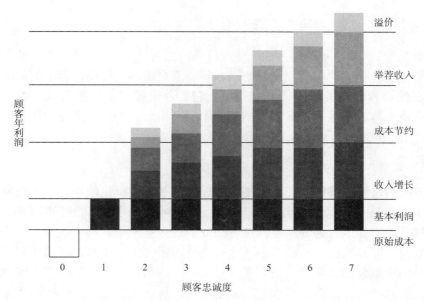

顾客年利润

溢价

举荐收入

成本节约

收入增长

基本利润

原始成本

0 1 2 3 4 5 6 7

顾客忠诚度

图 5-2   忠诚顾客给企业带来的利益

【相关案例】

绝无仅有的"美国西北航空公司"

飞机乘客中，有的人是为了经商，有的人是为了旅游，有的人是为了探险。每年旅游旺季，欧美各公司都纷纷加开热线，并以优惠的价格和服务吸引大批游客，这就是以游客作为细分市场。美国西北航空公司营销部经理戴维德说："给自己的企业选择一个最有发展前途的、与众不同的细分市场，然后坚持不懈地开拓这个细分市场，捕捉每一个有力的市场机会迅速占领市场。否则，机会稍纵即逝，你就可能处处受制于人。"美国西北航空公司通过卓越的管理方式，自 1973 年以来，每年都能获得盈利。

4）消费时机

企业根据消费者产生需要、购买或使用产品的时机，来细分消费者市场。例如，在我国，消费者平日里相对春节、元宵节、中秋节等节假日，对礼品、旅游等产品和服务的消费行为就存在着较大的差异，因此不少公司利用这些节日大做广告，借以促进产品销售。又如，学生日常与开学之际对学习用品的购买行为也有较大差异，这都要求企业要制定出相应的规划、设计出不同的营销方案。

5）利益

企业按照不同的消费者购买商品时所追求的不同利益来细分消费者市场。消费者购买商品追求的利益不同导致了他们购买的产品和品牌的不同。以购买牙膏为例，有些消费者购买高露洁牙膏，主要是为了防治龋齿；有些消费者购买芳草牙膏，主要是为了防治口腔溃疡、牙周炎。正因为这样，企业应根据自己的条件，权衡利弊，选择其中一个追求某种利益的消费者群为目标市场，设计和生产出适合这一目标市场需求的产品，以满足这一利益消费者群的需要。现代市场营销的实践证明，利益细分是一种行之有效的细分方法。

细分市场虽然有上述几种基本形式，但并不意味着企业应当一一单独地加以应用，在实际的营销活动中，用作细分市场的依据往往是上述各类因素中一连串具体利益的组合。

5.1.4　市场细分的有效标志

需要指出的是，并非所有的细分市场都是有效的，都能对企业产生实际意义。也就是说，最终形成的细分市场必须具备一定的条件，可通过以下几个衡量的标准来评价它的有效性。

1. 可衡量性

可衡量性是指细分出来的市场范围，应当比较清晰，市场容量的大小可以大致判断。为此，需要恰当地选择市场细分变量，这些变量应当是可以识别和衡量的。一些带客观性的变数，如年龄、性别、收入、教育、民族等都是易于确定和测量的。相反，一些带主观性的变量，如消费者购买动机因素就是不易测量的，因此这样的细分方式也就不具有什么实际的意义。

2. 可进入性

可进入性是指细分后的市场，应是企业的市场营销活动能够到达的市场。主要表现在三个方面：一是企业具有进入这些细分市场的资源条件和竞争能力；二是企业能够把产品信息传递给该市场的众多消费者；三是产品能够经过一定的销售渠道抵达该市场。如果企业很难在该市场开展营销活动，这种细分就不具有实际意义。例如，某旅游公司市场细分出月球旅游市场，而旅游公司就其实力难以将产品项目展现在消费者面前，难以提出可行的市场营销活动。因此，看似存在的市场，也只能是镜中花、水中月，可望而不可即。

3. 可盈利性

可盈利性是指企业进行市场细分后所选定的细分市场必须大到足以使企业有利可图，足以实现企业的目标。因为消费者的数量是企业利润的来源之一，可盈利的细分市场，应是那些拥有足够的潜在购买者的市场，并且他们又有充足的货币支付能力，使企业能够补偿生产与销售成本，并能获得利润的市场。摩托罗拉公司曾启动"铱星全球通信系统"项目，而导致该项目最终失败的原因就是该细分市场不能为企业提供可持续发展的合理利润。

4. 可区分性

可区分性，是指通过市场细分得出的不同细分市场人群之间是存在明显区别的，并且对不同的营销组合具有不同的反应。如果市场营销组合反应相同，则说明细分无效。例如，箱包的生产厂商，对高级公文包和学生用书包的区分是可以识别的，这两种产品所针对的消费者群体的习惯、购买渠道、购买行为、价格等都是有着明显的差异的，它们各自的独特性也要求市场营销组合做出不同的反应。

5.2　目标市场的选择

5.2.1　目标市场的概念

1. 目标市场的含义

目标市场就是企业为满足现实或潜在的消费者需求而要开拓和进入的特定市场。它是在市场细分的基础上，企业根据各方面因素分析，在众多的细分市场中选择出的特定市场，是企业营销活动所要满足的市场，也是企业为实现预期目标要进入的市场。

市场是一个综合体，存在着多元化多层次的消费者群体和不同消费需求，每一个企业提供的产品是不可能满足所有消费者的需求的，即使强大的 IBM 公司也不可能最好地解决每位计算机顾客的需求。因此，必须对市场进行细分。当企业把市场细分为若干个子市场后，将选择其中一个或多个需求未得到满足的子市场作为自己要发展或占领的主要市场，并为之服务。

"未满足的需求"就是市场机会，是企业选择目标市场时首先要考虑的因素。因为需求是企业生产经营之母，只有企业选择的目标市场存在着尚未得到满足的需求，才有其进入的价值，才能在满足消费需求的同时实现企业自身的生存和发展。发现这些机会，抓住机会，充分利用，企业就会获得成功。"娃哈哈脉动"饮品、"金利来"领带、"温州纽扣"等的成功莫不如此。

【相关案例】

娃哈哈儿童营养液的一炮打响

杭州娃哈哈营养食品厂创建之初，正值几十种营养液蜂拥而起，市场竞争十分激烈。但其通过对营养液市场进行细分和深入调查，发现国内生产的营养液大都属于老少皆宜的全能型产品，没有一种属于儿童专用营养液，即儿童细分市场尚处于空白状态。而全国约有 3 亿儿童，且大部分是独生子女，是每个家庭的重点保护对象，因而该市场具有巨大的消费潜力。由于认定儿童营养液市场的需求远未得到满足，该厂果断做出决策：与其加入全能营养液市场的激烈竞争，不如全力开拓儿童专用营养液，即选择儿童专用营养液这一细分市场作为目标市场。由于目标市场定位准确，该厂推出的娃哈哈营养液在市场上一炮打响，企业也由一个区属校办企业迅速发展为全国闻名的大型企业集团，跻身于全国食品行业十强之列。

2. 市场细分与目标市场的关系

市场细分与目标市场是两个既有区别又有联系的概念。市场细分是发现市场上未满足的需求与按不同的购买欲望和需求划分消费者群的过程，而确定目标市场则是企业根据自身条件和特点选择某一个或几个细分市场作为营销对象的过程。作为市场营销战略中相互联系的两大核心内容，市场细分是选择目标市场的前提和条件，而目标市场的选择则是在市场细分的基础上进行的，是市场细分的目的和归宿。

【相关案例】

凯迪拉克和林肯豪华车——美国中老年人的最爱

美国豪华车的市场细分为 30~40 岁的青年顾客群、40~55 岁的中年顾客群和 55 岁以上的中老年顾客群三大细分市场，这三大阵营基本上组成豪华车市场的消费者，每个阵营的豪华车以马力和价位为主要区别。凯迪拉克和林肯将目标市场锁定在 50 岁以上的中老年消费者。这些消费者的收入比中年消费者低，相对喜静不喜动，对车的马力要求最低。因此，凯迪拉克和林肯车马力最低（140~155 马力），价位也低于针对中年消费者的豪华车。

5.2.2　目标市场的选择模式

企业通过市场细分和对细分市场的综合评价，决定进入哪个或哪几个细分市场。在选择涵盖市场的决策时，根据产品和市场两大指标划分，有五种目标市场选择模式可供选择。

1. 产品-市场集中化

产品-市场集中化，即企业的目标市场无论从市场（顾客）角度还是从产品角度，都是集中在一个细分市场上（图 5-3）。这种策略意味着企业只生产一种标准化产品，只供应某一顾客群。这种模式一般适用于中、小型企业或初次进入新市场的企业，往往可以获得良好的市场业绩，如某汽车制造企业只集中经营小汽车市场、某服装厂只生产儿童冬季服装，这就是产品-市场集中化模式。

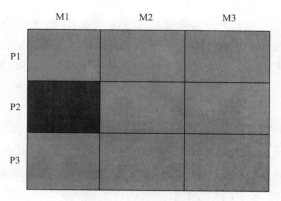

图 5-3　产品-市场集中化
P 表示产品；M 表示细分市场

2. 产品专业化

产品专业化，即企业专门生产一类产品，满足各种消费者的需要（图 5-4）。面对不同的顾客群，产品在档次、质量或款式等方面会有不同。这种模式适合于小型企业或有特色资源的企业。例如，一个制鞋企业，在皮鞋、布鞋、运动鞋、塑料鞋四种产品中，选择生产了为老年人、中年人、年轻人甚至是儿童市场所需的皮鞋。又如，显微镜生产商向大学、工商企业、科研院所、卫生保健医疗单位的实验室销售显微镜。其在向不同的顾客群体销售不同种类的显微镜，而不是生产实验室里可能需要的其他仪器。

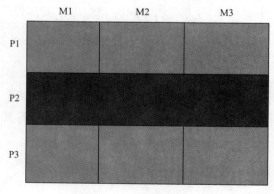

图 5-4　产品专业化
P 表示产品；M 表示细分市场

3. 市场专业化

市场专业化，即企业选择某一类市场（顾客群）为目标市场，并为这一市场提供性能有所区别的各种产品（图 5-5）。例如，公司为大学实验室提供一系列产品，包括显微镜、示波器、酒精灯、化学烧瓶等，公司专为这个顾客群服务，成为这个顾客群需要新产品的销售代理商。又如，针对老年市场，企业不仅生产老年服装，而且生产鞋、帽、袜子等老年人需要的衣着产品。这种模式适用于实力相当的企业。

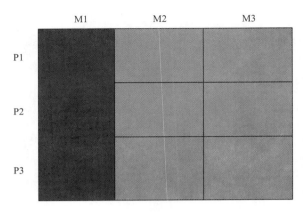

图 5-5　市场专业化
P 表示产品；M 表示细分市场

4. 选择性专业化

选择性专业化，即企业决定有选择地进入几个不同的细分市场，并为各个市场分别提供不同性能的产品（图 5-6）。其中每个细分市场都可提供有吸引力的市场机会，使彼此之间很少或根本没有任何联系。例如，企业选择青年胶鞋、中年皮鞋、老年布鞋来生产。这种模式一般适合于实力较强的企业。

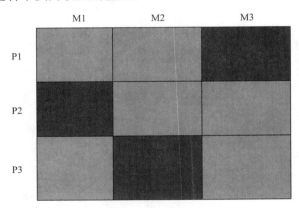

图 5-6　选择性专门化
P 表示产品；M 表示细分市场

5. 全面覆盖

全面覆盖，即企业全方位进入各个细分市场，为所有顾客群提供他们各自需要的有差异的产品（图 5-7），一般是大型的、资源雄厚的企业和大公司，或在市场竞争中处于绝对优势企业和公司，为在市场上占据领导地位甚或力图垄断全部市场时所采用的方法。例如，美国宝洁公司在家庭洗涤卫生用品市场就采取全面涵盖策略，推出了近 10 种品牌的洗衣粉。还有像美国 IBM 公司在全球的计算机市场、丰田汽车公司在全球的汽车市场、可口可乐在全球饮料市场，都采取的是全面覆盖模式。

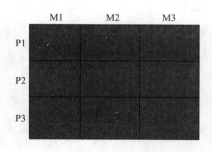

图 5-7　全面覆盖
P 表示产品；M 表示细分市场

【相关案例】

　　某医药公司的止痛药片市场，顾客要求具有三种类型：W1（速效）、W2（长效）、W3（缓效）；顾客群也有三类：G1（老年人）、G2（中年人）、G3（青年人）。于是，形成了九个细分市场，有五种可供选择的目标市场战略：

　　（1）目标集中化，即集中为某一个细分市场服务，如只生产中年人需求的长效止痛片。小企业多采取这种目标战略。

　　（2）产品专业化，即专营某一类产品，为各类顾客群服务。

　　（3）市场专业化，即专门经营适合某一类顾客要求的各种产品，如中年人需求的各种止痛片。

　　（4）选择性专业化，即同时有选择地进入几个细分市场，为几类不同的顾客群服务。

　　（5）全面覆盖，即同时经营各类产品，进入所有细分市场，为各类顾客群服务，一般资力雄厚的大企业采取这一战略。

5.2.3　目标市场营销策略

　　目标市场一旦确定，就需要根据目标市场的需求特点制定相应的市场营销策略。概括起来，目标市场营销策略大致可分为三个类型，如图 5-8 所示。

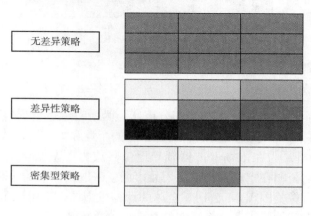

图 5-8　目标市场营销策略图示比较

1. 无差异性营销策略

无差异性营销策略，是指企业把一种产品的整个市场作为目标市场，认为所有的消费者对某一商品有着共同的需求，因而企业以单一的产品投向市场，面向整体消费者，如图 5-9 所示。例如，食盐市场就可以被视为差异性很小的同质市场，企业可针对该市场采用统一的营销方案。

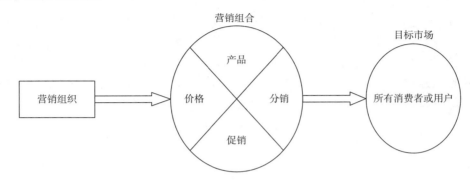

图 5-9 无差异性营销策略

这种策略的优点是产品的品种、规格、款式简单，容易保证质量，有利于标准化与大规模生产，有利于降低生产、运输、库存、研发、促销等成本费用。例如，通用汽车和可口可乐企业采用的就是这一策略。这种策略的缺点是不适应多变的市场形势和满足小的细分市场的需求，不易发挥竞争优势，如果同类企业也采用这种策略，必然要形成激烈竞争，所以企业一般不宜长期采用。

【相关案例】

无奈之举——可口可乐无差异性营销策略

美国可口可乐公司就是成功运用这一营销策略为整体市场推出单一产品而获得的成功。可口可乐公司从 1886 年问世以来，由于拥有世界性专利，在相当长的时间里采取无差异性营销策略，即只生产一种口味、一种配方、一种大小和形状的瓶装产品，广告词也只有一种"请饮可口可乐"，其满足了世界 156 个国家和地区的需要，被称为"世界性清凉饮料"，总资产达 74 亿美元，是无差异性营销策略的典型代表。然而在百事可乐、七喜等企业的强劲攻势下，1985 年 4 月，可口可乐公司不得不改变策略，一面向非可乐饮料市场进军，一面针对顾客不同需要推出多种类型的新可乐，但改变配方之举，在美国市场上掀起轩然大波，许多电话打到公司，对公司改变可乐配方表示不满和反对，于是公司不得不继续大批量生产传统配方的可乐。可见，采用无差异性市场策略，产品在内在质量和外在形体上必须有独特风格，才能得到多数消费者的认可，从而保持相对的稳定性。

2. 差异性营销策略

差异性市场策略，是把整个市场细分为若干子市场，针对不同的子市场，设计不同的产品，制定不同的营销策略，满足不同的消费需求，如图 5-10 所示。例如，现代男士衬衫，除藏蓝、浅蓝、银灰、白色、黑色、浅黄等颜色外，还有隐条、隐格、彩条、印花等，这就是针对各个细分市场的需求特点而发展的各种不同产品，以尽量符合各个不同的细分市场的需要。例如，有的服装企业按生活方式把妇女分成三种类型：朴素型、时髦型、男子气型。朴素型妇女购买服装讲求经济实惠，价格适中；时髦型妇女喜欢把自己打扮得华贵艳丽，引人注目；男子气型妇女喜欢打扮得超凡脱俗，卓尔不群。公司根据不同类妇女的不同偏好，针对每个子市场的特点，设计出不同风格的服装，并制定不同的市场营销组合策略，使产品对各类消费者更具有吸引力。

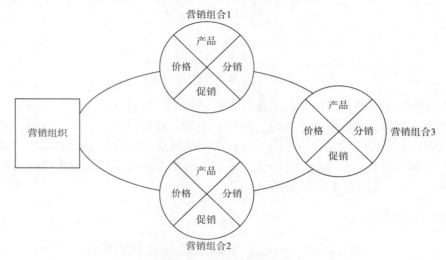

图 5-10　差异性营销策略

采用这种市场营销策略的优点是能满足不同消费者的不同要求，有利于扩大销售、占领市场、分散经营风险，提高企业声誉和竞争能力。例如，科龙集团推出的科龙、容声等多品牌的冰箱、空调等产品，宝洁公司推出的海飞丝、飘柔、潘婷、沙宣等不同功能的洗发水，都是这一策略的成功应用。

【相关案例】

假日酒店的差异化策略

美国的假日酒店集团，在半个世纪的成长过程中，创造了酒店业的神话，也成为世界上第一家市值达 10 亿美元规模的酒店集团。该集团在为旅游者提供"假日标准"的服务和设施的基础上，针对不同的目标市场，推出不同的服务项目或是强调不同的服务重点。

皇冠度假酒店，位于世界各大主要城市，为旅游者提供更为舒适的服务和设施。

假日快捷酒店，不设餐厅、酒吧和大型会议设施，但提供"假日标准"的舒适和价值。

庭院假日酒店，在提供"假日标准"的同时更体现酒店所在地的特色和风情。

阳光度假村，重视为旅行者提供较多的休闲、娱乐设施，强调舒适的享受和全面的酒店服务。

假日精选酒店，专为喜爱传统人文环境的商务客人而设计，以提供全面、快速的商务服务为特点。

假日套房酒店，专为长久居住的旅游者和追求宽敞工作及休闲空间的客人准备。

当然，实行差异性市场营销策略，由于产品差异化、促销方式差异化，企业的生产成本、管理费用、销售费用等会大幅度增加，对企业资金和资源的要求高，企业需具有较为雄厚的财力、物力和人力条件。目前，只有资金雄厚、技术水平高的大公司、大企业采用这种策略。

3. 集中性营销策略

集中性市场营销，是在市场细分的基础上，企业选择一个或少数几个细分市场作为目标市场，集中力量为该市场开发一种理想的产品，实行高度专业化的生产和销售，如图 5-11 所示。

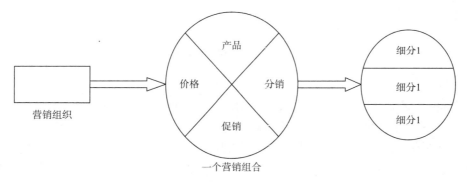

图 5-11　集中性营销策略

前两种策略，企业均以整体市场作为营销目标，试图满足所有消费者在某一方面的需要。而集中性营销策略则是集中力量进入一个或几个细分市场，实行专业化生产和销售。这一策略下，企业不是追求在一个大市场角逐，而是力求在一个或几个子市场中占有较大份额。指导思想是：与其四处出击收效甚微，不如突破一点取得成功。因此，这种市场营销策略主要适用于有特色资源或资源力量有限的中小企业。

【相关案例】

"尿布大王"的成功秘诀

日本尼西奇起初是一个生产雨衣、尿布、游泳帽、卫生带等多种橡胶制品的小厂，由于订货不足，面临破产。总经理多川博因为一个偶然的机会，从一份人口普查表中发现，日本每年约出生 250 万个婴儿，如果每个婴儿用两条尿布，一年需要 500 万条。于是，他们决定放弃尿布以外的产品，实行尿布专业化生产。一炮打响后，又不断研制新材料、开发新品种，不仅垄断了日本尿布市场，还远销世界 70 多个国家和地区，成为闻名于世的"尿布大王"。

采用集中性营销策略的优点是能集中企业的优势力量，充分发挥特长进行专业化经营，有利于降低成本，提高企业和产品的知名度，在较小的市场上占有相对较大的份额。这一策略的不足之处是产品品种单一、目标市场过于集中，因此要承担的风险性较大，一旦市场出现强有力的竞争对手或目标市场消费者需求和爱好发生变化，企业就可能因应变不及时而产生很大的、有时甚至是致命的打击。因此，有些中小企业为了分散风险，必须随机应变，有条件后尽可能选择一定数量的细分市场作为自己的目标市场。而对于采用这一策略的企业，就需要密切注意目标市场的动向，提高应变能力。

选择适合本企业的目标市场策略是一个复杂多变的工作。而三种目标市场营销策略各有利弊。企业内部条件和外部环境在不断发展变化，企业在选择目标市场时，要不断通过市场调查和预测，掌握和分析市场变化趋势与竞争对手的条件，同时必须考虑企业面临的各种因素和条件，扬长避短、发挥优势、把握时机，采取灵活的适应市场态势的策略，去争取较大的利益。

5.3　市　场　定　位

选定目标市场之后，企业必须为自己的产品或品牌在市场上树立某种特色，塑造特定的形象，并将此特色、形象传递给目标顾客，以期获得认同，这就是市场定位，通过市场定位向目标顾客说明：产品与竞争对手的产品有什么区别，本企业产品为什么更值得购买。

5.3.1　市场定位概念

市场定位这一概念是由美国的两位广告经理艾·里斯和杰·特劳于 1972 年提出的，近年来得到了广泛的重视和发展。所谓市场定位，就是根据所选择目标市场的竞争状况和消费者的需求情况，结合企业现有条件以及产品或服务在市场上所处的位置，塑造出本企业产品与众不同的形象，并通过特定营销模式让消费者接受，从而确定本企业的产品在目标市场上的位置。

企业通过市场定位，第一，可以确认现在所处的地位，即产品、品牌能在多大程度上对应市场需求；第二，可以比较评价竞争者与本企业的产品和品牌在市场上的地位；第三，可以抢先发现潜在的重要市场位置；第四，可以了解和掌握应该追加投放新产品的市场位置，以及现有产品重新定位或放弃的方向等；第五，可以设法在自己的产品、品牌上找出比竞争者更具竞争优势的特性或者创造与众不同的特色，从而使其产品、品牌在市场上占据有利地位，取得目标市场的竞争优势。

可见，市场定位的基本出发点是竞争，是一种帮助企业确认竞争地位、寻找竞争策略的方法。市场定位的实质是差异化，就是有计划地树立本公司产品具有的与竞争者产品不同的理想形象，以便目标市场了解和赏识本公司所宣称的与竞争对手不同的特点。例如，某手机生产企业，要打入目标市场，其目标市场的竞争者产品情况分别是：企业的产品以高质量高价格占领市场；企业的产品无特色占领市场；企业的产品以低质量低价格占领市场；企业的产品以低质量中价格占领市场。那么，此时该企业就应该根据其本身固有的特色和竞争者情况，选择最适宜的市场定位，从而在竞争中立于不败之地。

市场定位直接关系到产品在消费者心目中的形象和地位，是在消费者心目中为公司的品牌选择一个希望占据的位置。其核心内容就是设计和塑造产品的特色和个性。市场定位通过为自己的产品创立鲜明的特色或个性，从而塑造出独特的市场形象。产品的特色或个性，有的从产品实体上表现出来，如形状、成分、构造、性能等；有的从消费心理上反映出来，如豪华、朴素、时尚、典雅等；有的表现为价格水平；有的表现为质量水准；等等。例如，"麦当劳"——大众快餐店；"马克西姆"——高档豪华餐厅；"金钥匙"——最具特色的超值服务；"海尔"——优质产品，优质服务；日本轿车——小型、节油。

5.3.2　市场定位的作用

1. 有助于树立企业品牌和产品的形象

市场定位的主要作用在于借助确定产品或品牌的竞争优势，着重推出与竞争产品和品牌不同的产品以满足消费者利益，更有效地吸引该细分市场中的消费者，尤其是有利于他们迅速做出购买决策，重复购买本公司产品。

因为在当今信息爆炸的社会中，消费者大都被过量的产品和服务信息所困惑，他们不可能在做每项购买决策时都对产品作重新评价，为了简化购买决策，消费者往往会将产品加以归类，即将产品和公司在他们心目中"定个位置"，这种产品位置是消费者将某种产品与竞争产品相比较而得出的一组复杂的感觉、印象和感想。产品进行了有效的定位，就可使消费者产生深刻、独特的印象和好感，对该产品和品牌形成习惯性购买，从而使公司的市场不断巩固和发展。

2. 市场定位是市场营销组合的基础

营销组合是产品、价格、渠道和促销各种手段的协调运用，是市场定位战略实施的具体战术。定位为各种营销手段的运用指明了方向，即营销组合只向目标市场传达统一的产品诉求，这有利于强化产品特质，使目标顾客准确地辨认企业及其产品。例如，企业选择"高档""优质"这一定位，则必须推出高质量产品，制定较高价格，通过高档的中间商分销，采用高品位的促销方式。

5.3.3　市场定位策略

市场定位策略实际上是一种竞争战略，即根据产品的特点及消费者对产品的知觉，确定本企业产品与竞争者之间的竞争关系。

1. 迎头定位

这是一种与竞争者并存或对峙的策略，即与在市场上占据支配地位的、最强的竞争对手"对着干"的市场定位方式。当企业发现目标市场已完全被竞争者占领，市场需求潜力还非常大，企业应善于寻找竞争者的不足之处，与竞争者共占一席之地，占领市场。显然，这种定位方式风险较大，有时会是一种危险的战术，但不少企业认为这是一种更能激励自己奋发上进的可行的定位尝试，一旦成功就会取得巨大的市场优势，因此对某些实力较强的企业有较大的吸引力。例如，可口可乐与百事可乐之间持续不断的争斗，麦当劳与肯德基之间激烈的竞争都是迎头定位非常典型的例子。实行迎头定位的企业，一方面要知己知彼，尤其应清醒估计自己的实力，不一定试图压垮对方，只要能够平分秋色就已是巨大的成功；另一方面还要求客观上市场具有较大的容量。

【相关案例】

"步步高"与"爱多"的"功夫"对抗

VCD 产业在国内短短几年时间，曾造就了大批的明星企业。步步高就是当时的其中之一。在步步高进入这一市场时，VCD 业界极为红火的是"爱多"公司。该公司聘请香港功夫电影明星成龙演绎的广告在中央电视台播出后，成龙口中的"爱多，好功夫！"家喻户晓。但"爱多"也是一个新企业，底子并不太厚实。因此，步步高一出来，就紧盯"爱多"，并模仿了其广告创意，聘请出道于北京，成功于香港的另一功夫电影明星李连杰演绎了一段"步步高"功夫，台词是"步步高，真功夫！"，并和"爱多"的广告一起在中央电视台播出。一时间，中央电视台的广告中，"功夫"不断，热闹非凡。步步高则一炮走红，大获成功。

2. 避强定位

这是一种避开强有力的竞争对手的市场定位策略。这种市场定位方式的优点是，能避开与强大竞争对手的直接冲突，迅速地在市场上站稳脚跟，并能在消费者心目中迅速树立起自己的形象。由于风险相对较小，成功率较高，常常为很多企业所采用。

【相关案例】

国际家电巨人伊莱克斯的避强定位

伊莱克斯 1996 年进入中国电冰箱市场所采取的定位方式就是避强定位。当时中国电冰箱市场上，海尔、容声、美菱、新飞四大品牌的市场占有率已达 71.9%，海尔为电冰箱行业的龙头老大，市场占有率达 30% 以上，是伊莱克斯拓展中国电冰箱市场的主要竞争对手。伊莱克斯，一是在电冰箱的功能和特色诉求上避开了上述四大品牌。海尔诉求"抗菌"，容声和新飞诉求"节能""环保""除臭"，美菱诉求"保鲜"，而伊莱克斯是诉求"静音"；二是在企业及其产品的形象诉求上，不是自吹自擂，而是"谦恭"。伊莱克斯作为年销售额 147 亿美元、其冰箱销量欧洲排名第一的国际家电巨人，在 1998 年 2 月海口召开的全国经销大会上郑重提出向仅占其销售额 5% 的中国品牌海尔学习的口号。正因为伊莱克斯的市场定位恰当和所采取的市场营销措施得力，到 2000 年，仅 4 年时间，其市场占有率已上升到 12.9%，排名中国电冰箱行业第二。

【案例分析】

"伊利"从"低价优质"到名见经传

1997 年夏天，北京街头几乎所有的冷饮网点都被国外"和路雪"和"雀巢"覆盖，而在如此激烈的冰激凌市场竞争中，"伊利"却独秀一枝作为国有品牌取得了极佳的战绩。

早在 1993 年，内蒙古伊利实业有限公司就曾在北京进行过尝试性的销售，但终因产品知名度太低而没能打入北京市场。于是伊利制定了"以农村包围城市，以外地包围北京"的营销策略。几年间，伊利先后在几个大城市打开了销路。然后在 1996 年伊利正式进军北京市场。

伊利当时主要的竞争对手有"和路雪""雀巢"等产品。1993 年和路雪（中国）有限公司成立后，该公司产品的上市首先改变了中国消费者对于冰激凌产品原本清晰的分类。1996 年，"和路雪"在中国经过三年的征战，逐步在中国市场上站稳脚跟，在知名度和销售量上占据着绝对优势。

究其原因，是伊利正确地采用了避强定位的策略。大多数经销商说"和路雪""雀巢"的定位与普通人的收入水平有相当的距离，2 元以上的产品人们问的多买的少，而 6~8 元的产品更是很少有人问津。相比之下，两年前还名不见经传的"伊利"却以"低价优质"这一市场定位赢得了众多消费者的青睐。工薪消费者选择冰激凌除了需要好吃的口感外，价格是更主要的决定因素。伊利之所以能迅速地在北京打开销路，正是得益于"低廉的价格，较高的品质"这一避强定位策略。

3. 市场空当定位

企业通过寻找市场上无人重视或未被竞争对手控制的位置，使自己推出的产品能适应这一潜在目标市场的需要的策略，也称为填空补缺式定位策略。企业寻找新的尚未被占领但有潜在市场需求的位置，填补市场空缺，生产市场上没有的、具备某种特色的产品。例如，"金利来"进入中国市场就填补了男士高档服饰的空缺。采用这种定位策略时，企业应明确空当定位所需的产品在技术上、经济上是否可行，有无足够的市场容量。

4. 重新定位

重新定位，是指企业变动产品特色，改变目标顾客对其原有的印象，使目标顾客对其产品新形象有一个重新的认识的过程。通常情况下，企业会对销路少、市场反应差的产品进行二次定位。企业产品在市场上的定位即使很恰当，但在出现下列情况时也需考虑重新定位：一是竞争者推出的产品市场定位于本企业产品的附近，侵占了本企业品牌的部分市场，使本企业品牌的市场占有率有所下降；二是消费者偏好发生变化，从喜爱本企业某品牌转移到喜爱竞争对手的某品牌。

企业在重新定位前，尚需考虑两个主要因素：一是企业将自己的品牌定位从一个子市场转移到另一个子市场时的全部费用；二是企业将自己的品牌定位在新位置上的收入有多少，而收入多少又取决于该子市场上的购买者和竞争者情况，取决于在该子市场上销售价格能定多高等。

【相关案例】

重新定位——派克钢笔重获新生

派克公司生产钢笔在全球享有盛誉。然而，时事并不总是袒护着强者，任何领先的东西都会遭受强有力的挑战，派克公司也不例外。没有多久，匈牙利人拜罗兄弟发明了圆珠笔，一举打破了派克公司一统市场的局面。由于圆珠笔造价低廉，使用方便，更实用，一问世就深受广大消费者的欢迎。这使派克公司深受打击，不仅身价一落千丈，销售额骤减，而且把派克公司逼到了生死边缘，濒临破产。

该公司欧洲高级主管马克利认为，派克公司在这场与资本市场的争夺战中犯了致命错误，没有一技之长，攻人之短，而是在拿自己之短与别人之长相争。于是，为了扭转公司的局面，开始筹集巨资，着手重新塑造派克钢笔的形象。派克公司生产的钢笔历来讲究做工，品质优良，这正是自己的长处，显然不能拿这种高品质的笔同低廉的圆珠笔在普通消费者市场上一比高低。因而，派克公司应着意突出其高雅、精美和耐用的特点，选择高档市场为其目标市场，从一般大众化的实用品市场上抽身出来，竭力弘扬其作为高社会地位的象征的特点，为此，派克公司采取两项措施。

第一，削减派克钢笔产量，同时将原来的销售价格提高30%。当时在钢笔、圆珠笔市场上竞争正趋激烈，很多厂家纷纷降价，多数人对派克的提价迷惑不解，认为这是自寻死路。然而这多数人所忽视的正是新的派克公司所珍视的，即目标市场的正确选择。既然以自己的优势确定了高档笔市场，那么自然其价格就不能维持大众化，产量也不是大众化的。事实证明，公司领导层的判断是正确的，提价后，销售量不仅没有因为整个市场的疲软而减少，反而增加了不少。

第二，增加广告预算，加强宣传以提高派克笔作为社会地位象征的知名度。因为，公司相信，花再香也不能藏在深山老林中，一定要大力度宣传，让大家都认识派克，了解派克。为此，公司煞费苦心，想到英王是英联的元首，其所有物品无不显示其地位的高贵，谁的产品能被女王使用，谁的商标和生产厂家便被视为高贵的化身。认识到这一点后，派克不遗余力，利用各种手段，提供多种便利，终于让伊丽莎白二世接受派克笔作为御用笔。

凭借这一系列措施，派克笔终于在高档、名贵笔市场上站稳了脚跟，扩大了其高贵的知名度，并获得了非凡的成功。至此，新的作为炫耀、装饰华贵的标志的派克获得了新生。

很明显，重新定位旨在帮助企业摆脱困境，重新获得增长与活力，它对于企业适应市场环境、调整市场营销战略是必不可少的。不过有的重新定位并非因为已经陷入困境，相反却是产品意外地扩大了销售范围引起的，如专为青少年设计的某种款式的服装在中老年消费者中也流行开来，该产品就会因此而重新定位。

5. 比附定位

比附定位就是攀附名牌、比拟名牌来给自己的产品定位，以借名牌之光而使自己的品牌生辉的一种市场定位策略。

1）甘居第二

甘居第二就是明确承认同类产品中另有最负盛名的品牌，自己只不过是第二而已，但不断加强和提高自己现在的定位。例如，美国阿维斯出租汽车公司将自己定位为汽车租赁行业的第二位，强调说："我们是第二，但我们要迎头赶上。"而消费者知道这是确实可信的。这种策略会使人们对阿维斯公司产生一种谦虚诚恳的印象，相信公司所说是真实可靠的，这样自然而然地使消费者能记住这个通常不易为人重视和熟记的序位。按照某公司总裁的说法，甘居第二有五大好处：目标不大，树敌不多，相对减少矛盾和阻力；前面有参照物，学有方向，赶有目标；能看见第一的风险动向，在第一出现重大失误时可以免费学习，迅速调整；可以减少市场前期诱发的巨大投入，在市场一旦启动之后可顺势而上，获得成功；在羽翼丰满、实力雄厚时，可以比较容易地获得第一。他认为当老二是中小企业获得成功的有效方法。

2）"攀龙附凤"

首先是承认同类产品中已有卓有成就的名牌，本品牌自愧不如，但在某地区或某一地方还可与这些最受消费者欢迎和信赖的品牌并驾齐驱。例如，在酒业，茅台酒出名后，我国内蒙古一带生产的宁城老窖，以"宁城老窖——塞外茅台"的广告诉求来定位。采取类似策略的还有"东北茅台"（中国玉泉酒）、"大众茅台"（北京红星二锅头）、"小茅台"、"二茅台"、"赛茅台"等。攀龙附凤实际上是争当老二的做法。也就是说，在老大的位置被公推之后，"老二"往往便成为许多企业垂涎的位置。

3）奉行"高级俱乐部"策略

公司如果不能取得第一名，或攀附第二名，便退而采用此策略，借助群体的声望和模糊数学的手法，打出入会限制严格的俱乐部式的高级团体牌子，强调自己是这一高级群体的一员，从而提高自己的地位形象。例如，某企业宣称自己是××行业的三大公司之一，50 家大公司之一，10 家驰名商标之一，中国 500 强，世界 500 强，等等。

6. 质量/价格定位

这是指结合对照质量和价格来定位。总的原则是标明其产品是"优等品的质量，普通品的价格"。产品的这两种属性通常是消费者在作购买决策时最直观和最关注的要素，而且往往是相互结合起来综合考虑的，但这种综合考虑，不同的消费者会各有侧重。例如，某种选购品的目标市场是中等收入的理智型的购买者，则可将产品定位为"物有所值"，作为与"高质高价"或"物美价廉"相对立的定位。

7. 与竞争者划定界线的定位

这是指与某些知名而又属司空见惯的类型的产品做出明显的区分，给自己的产品定一个相反的位置的市场定位策略。这是一种韬光养晦，暂时避开强势对手，积蓄力量，伺机取胜对手的策略。

【相关案例】

"非可乐"型饮料——美国七喜的成功定位

美国的七喜汽水，之所以能成为美国第三大软性饮料，就是因为采用了与竞争者划定界线的定位策略。可口可乐和百事可乐是市场的领导品牌，占有率极高，在消费者心中的地位不可动摇，于是美国的七喜汽水，宣称自己是"非可乐"型饮料，是代替可口可乐和百事可乐的清凉解渴饮料，突出其与"两乐"的区别，成为可乐饮料之外的另一种选择，因而吸引了相当部分的"两乐"品牌转移者。这一定位，既避免了与两巨头的正面竞争，又成功地使其在龙虎斗的饮料市场中占据了老三的地位。

8. 属性定位

这是指根据特定的产品属性进行市场定位的一种策略，如根据产品的大小、存在年限、特性等对产品进行定位。例如，在手机市场上，摩托罗拉突出它的小、薄和轻，诺基亚突出它的无辐射；在汽车市场上，沃尔沃强调它的安全与耐用，宝马宣扬它的驾驶乐趣。这种定位，更多的是在突出品牌的形象优势。又如，广东客家酿酒总公司把自己生产的客家酿酒定位为"女人自己的酒"，突出这种属性对女性消费者来说就很具吸引力。因为一般名酒酒精度都较高，女士们多数没有口福享受，客家酿酒就宣称是"女人自己的酒"，从而塑造了一个相当于"是男士之酒"的强烈形象，不仅在女士们心目中留有深刻的印象，而且还成为不能饮用高度酒的男士指名选用的品牌。此外，强生用品定位为最适宜于婴儿使用的护肤品而备受婴儿妈妈的喜爱。

【相关案例】

太太口服液属性定位的转变

作为国内保健品市场的后来者，深圳太太药业集团，曾经取得过不俗的市场表现。其成功的关键在于市场的选择和定位的准确。

产品刚上市时，定位于治疗黄褐斑。所谓"三个女人一个黄"，产品是有一定市场潜力的，但是相对于女性保健需要，这一定位显然过窄，不利于企业的长远发展。

20 世纪 90 年代中期，产品定位转变为"除斑、养颜、活血、滋阴"。这一定位全面，但与众多的其他女性保健品没有多大区别，失去了产品特色。这样的过低定位，向消费者传递的产品信息过于混乱、肤浅。

1996 年以后，产品定位逐渐稳定于"令肌肤重现真正的天然美"。通过重点强调产品中含有 F.L.A（不含矿物油的全合成油膏），能够调理内分泌，来突显产品特色，并邀请著名女影星陈冲做广告，"发自内在的魅力……挡也挡不住！"成为广告经典之作。

9. 利益定位

这是指根据产品所能满足的需求或提供的利益、解决问题的程度来进行市场定位的一种策略。例如，红牛饮料把自己定位于增加体力、消除疲劳的功能饮料，召唤人们购买欲的口号是"汽车要加油，我要喝红牛"；而娃哈哈营养液则定位于儿童厌食，"喝了娃哈哈，吃饭就是香"。又如，中华牙膏定位为"超洁爽口"；洁银牙膏定位为"疗效牙膏"，宣称对牙周炎、牙龈出血等多种口腔疾患有显著疗效。这些定位都各能吸引一大批消费者，分别满足他们的特定要求。还有，在汽车市场上，德国的奔驰代表着豪华与庄重；日本的丰田侧重于经济与可靠；瑞典的沃尔沃讲究的是耐用与安全等，都是突出其利益定位。再如，1975 年美国米勒公司推出了一种低热量的 Lite 牌啤酒，将其定位为"喝了不会发胖的啤酒"，迎合了那些经常饮用啤酒而又担心发胖的消费者的需要，都属于利益定位策略。

【相关案例】

且看"宝洁"产品的利益定位

"海飞丝"：头屑去无踪，秀发更出众；

"飘柔"：头发飘逸柔顺，洗发护发二合一；

"潘婷"：含维生素原 B5，令头发健康、加倍亮泽；

"润妍"：让秀发更黑更漂亮，内在美丽尽释放；

"舒肤佳"香皂：洁肤而且杀菌；

"碧浪"洗衣粉：对蛋白质污渍有特别强的去污力；

"护舒宝"卫生巾：各有不同长度及厚度，以配合你的不同需要；

"玉兰油"：滋润青春肌肤，蕴含青春美。

10. 情感定位

这种策略着眼于对产品或对用户的偏好。在具体操作上，有两种方式。一是以企业身份表达，如海尔集团的"海尔，真诚到永远"，TCL 的"为顾客创造价值"，都属于这种方式。二是采用逆向思维和比喻，借顾客之口表达对产品（喻为"情侣"）的喜欢，如娃哈哈的"我的眼里只有你""我的心里只有你"，北京某化工厂的"别人就是喜欢大宝"，则属于此种方式。

【相关链接】

市场定位的步骤如图 5-12 所示。

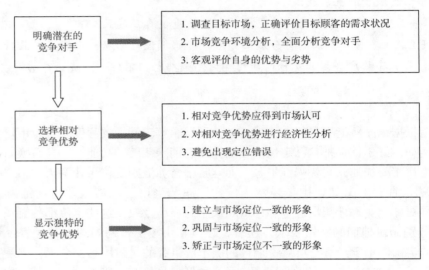

图 5-12　市场定位的步骤

【本章知识反馈】

一、单项选择题

1.（　　）差异的存在是市场细分的客观依据。

A. 产品　　B. 价格　　C. 需求偏好　　D. 细分

2. 把具有一种或多种共同的特征，并具有非常相似的产品需求的一组人群称为（　　）。

A. 社会市场营销　　B. 一个细分市场　　C. 市场份额　　D. 一个顾客基础

3. 某工程机械公司专门向建筑业用户供应推土机、打桩机、起重机、水泥搅拌机等建筑工程中所需要的机械设备，这是一种（　　）策略。

A. 市场集中化　　B. 市场专业化　　C. 全面市场覆盖　　D. 产品专业化

4.（　　）因素不是市场细分的依据。

A. 地理　　B. 行业　　C. 人口　　D. 心理　　E. 行为

5. 消费者的兴趣、爱好及其他特点很相近，即市场类似程度较高时，可采用（　　）策略。

A. 集中性市场营销　　B. 差异性市场营销　　C. 整合市场营销　　D. 无差异性市场营销

6. "七喜"汽水突出宣传自己不含咖啡因的特点，成为非可乐型饮料的主导者，它采取的是（　　）定位策略。

A. 市场渗透　　　B. 与竞争者划定界线的定位　　　C. 专业化营销　　　D. 迎头定位

7. 要求细分出来的市场范围比较明晰，能大致判断该市场的大小，这是指市场细分原则中的（　　）。

A. 可测量性　　B. 实效性　　C. 可进入性　　D. 上述三者都不是

二、复习思考题

1. 什么是市场细分？为什么要进行市场细分？

2. 消费者市场细分有哪些主要依据？

3. 什么是目标市场？如何选择目标市场？

4. 有哪些目标市场营销策略？各自具有什么优缺点？

5. 什么是市场定位？企业在设计定位策略时有哪几种策略可供选择？

三、实训题

1. 假如你是某零售企业的经理，你将如何为企业确定目标市场？

2. 深入市场进行调查或结合你以往对某一产品的了解，请说明它采用了哪种市场定位的策略，并加以评价。

案例分析

第 6 章

市场营销组合

【引导案例】

顶新集团——福气多多，满意多多

20 世纪 90 年代初进入中国市场的顶新集团，自在天津经济技术开发区投资建厂，生产"康师傅"品牌方便面以来，一直以高品质、高价格的形象而闻名，并占据了全国各大城市的方便面市场。在集团不断发展的情况下，为了进一步扩大市场占有率，增强市场竞争力，顶新集团决定开发生活水平较低的中小城市市场及农村市场，为此，经过一番市场调查研究，顶新集团采取了以下市场营销组合策略。

产品策略方面：在继续保持产品高质量的前提下，为了不影响"康师傅"这一高档品牌形象，集团决定所推出的低档方便面不再延用"康师傅"这一品牌，而是推出一种全新的品牌，并命名为"福满多"，同时在包装方面不再延用原系列包装，而采用新的包装系列，并且包装袋上也不出现"康师傅"字样的康师傅卡通形象。

价格策略方面：由于争取低档方便面市场，因此价格相对于同档次的竞争品牌要有竞争优势，每包价格一定低于 1 元，定在 0.7~0.9 元。

渠道策略方面：由于方便面是便利食品，是消费者经常购买的商品，所以保证货源是一个品牌成功的最基本要求。因此大量补货是最重要的，顶新集团仍利用以往的渠道网络，使方便面遍布各个商场、超市、食品店，保证货源充分，使消费者能方便地买到顶新的产品。

促销策略方面：在"福满多"上市之前，集团请广告公司精心制作了一则广告，并在集团内部请广大员工观看，提出意见，不断改进。经过多次修改后，这则体现了物美价廉、福气满堂的广告陆续在各大电视台播放，使"福气多多，满意多多"这句广告语深入人心，同时也提升了广大消费者对新品牌"福满多"的认识，扩大了销售。

【案例思考】

1. 福满多方便面是如何运用市场营销组合策略获得成功的？
2. 这个案例对你有何启示？

【学习目标】

学习本章，应了解并掌握市场营销组合的概念和内容；明确市场营销组合的特点；正确理解 4Ps 与 4Cs 理论的关系；了解企业在市场营销组合运用中应注意的问题，并结合实际，理解市场营销组合策略在企业实施营销战略中的重要意义。

企业的市场营销策略，实际上是在一定的市场营销环境中，为了实现企业的战略目标对一系列可供利用的市场策略的规划和组合。目前，在营销管理中，最常使用的营销策略主要有：目标市场营销策略，也称为市场细分与市场定位策略（即 STP 战略）；企业形象策略（即 CIS 战略）；市场发展策略；市场竞争策略；不同竞争地位的营销策略；市场营销组合策略（即 4Ps 策略）等。企业在确定市场定位和竞争战略后，为了给目标顾客提供优质、快速的产品和服务，就要考虑市场营销组合的制定了。本章将着重研究企业实施市场营销组合策略的思想与方法等相关内容。

6.1　市场营销组合概述

6.1.1　市场营销组合的概念

市场营销组合，是由美国哈佛大学鲍顿教授于 20 世纪 50 年代首先提出来的、现代市场营销学中一个重要概念。鲍顿首先提出了企业的综合营销方案，即企业针对目标市场需要对自己可控制的各种营销因素，如产品、质量、包装、服务、价格、销售渠道、广告等进行优化和综合运用，使之协调配合、扬长避短、发挥优势以更好地实现营销目标。1960 年，美国杰罗姆·麦卡锡在此研究的基础上，提出了市场营销组合，即著名的 4Ps 理论，在文字上将它们表述为：产品（product）、价格（price）、渠道（place）、促销（promotion），从产品、价格、渠道（地点）和促销等方面奠定了营销学的架构，从而使市场营销学有了根本性的发展，而后被人们广泛应用。

所谓市场营销组合，就是指企业针对选定的目标市场综合运用各种可能的市场营销策略和手段，组合成一个系统化的整体策略，以实现企业的经营目标，并取得最佳的经济效益。

市场营销受诸多因素的影响和控制，营销因素的有机组合是制定营销战略的前提条件。这些因素主要有两大类：一类是企业不可控制的因素，如政治、经济、法律、技术、社会文化等宏观经济社会环境因素；另一类是企业可以控制的因素，如图 6-1 所示。市场营销组合就是企业针对自己的目标市场，通过协调使用各种可控因素，从而形成的一种最佳的营销因素组合。也就是说，企业在不可控的宏观环境下，为了进占目标市场、满足顾客需求，将自身可以控制的各种市场营销手段即市场营销组合因素加以整合、协调。因此，产品、价格、渠道和促销是企业营销过程中可控制的因素，也是企业进行市场营销活动的主要手段。对它们的具体运用，便形成了企业的市场营销战略。

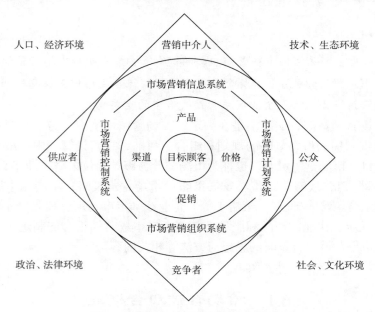

图 6-1　影响企业市场营销战略的因素

【相关案例】

日本索尼公司

日本索尼公司是世界上著名的家用电器制造企业，同许多成功的日本企业一样，该公司十分重视市场营销战略，能够依据市场营销战略的规划，围绕目标市场特点，制定正确的市场营销组合。该公司在 20 世纪 50 年代中期率先开发出第一代晶体管收音机，并以就业率高、乐于尝试新事物的美国为主要目标市场。该公司总裁盛田昭夫当时的市场营销策略如下。

产品策略：便携、实用、优质、新颖、坚持自己的商标。

价格策略：单价 29.95 美元，以 5 000 台为批量价格起点，10 000 台为价格折扣起点，此后购买量越多价格反而越高。

分销渠道策略：直接寻找美国企业为经销商，而不是通过在美国设有分支机构的日本贸易公司。

促销策略：通过熟悉美国市场和法律的代理商，重点宣传产品的新技术信息和巨大效用。

6.1.2　市场营销组合的内容

市场营销组合是现代营销理论中的一个重要概念。企业开展营销活动就要运营市场营销组合。市场营销组合因素及内容的构成，主要是根据美国市场营销学家麦卡锡提出的 4P 分类方法来确定的。企业可控制的各种营销手段可归纳为四个方面：产品（product）策略、价格（price）策略、渠道（place）策略、促销（promotion）策略，即 4Ps 策略。这四个要素构成了营销活动研究的四个重要方面，即四大支柱，如表 6-1 所示。这部分内容相当丰富，体现了现代市场营销观念指导下的整体营销思想，是市场营销学基本原理的具体应用。

表 6-1　四个基本策略及其内部变量

产品策略	价格策略	渠道策略	促销策略
特性	定价策略	渠道模式	广告
质量	定价方法	区域发布	广告媒体
外观	产品组合价格	中间商类型	公告内容
附件	折扣	物流策略	人员推销
品牌名称	折让	存储	公共关系
包装	支付期限	运输	销售促进
产品线	信用条件	服务标准	

【相关案例】

日本电视机是如何最早成功进入中国市场的？

1979 年，我国实行改革开放政策，开始放宽对家用电器的进口。当时，欧洲国家电视机厂商和日本电视机厂商都想进入中国市场。但是，欧洲国家电视机厂商过去以高收入的消费者对销售对象，不重视一般工薪阶层。因此，认为中国的电视机市场潜力不大，不想急于进入中国市场。与此相反，日本电视机厂商注意研究了中国市场，认为中国人收入虽低，但是有储蓄的习惯，已经形成了一定的购买力，中国有着电视机的需求，于是制定了市场营销组合策略。

在产品方面：为了适应中国消费条件，将电压从 110 伏改为 220 伏；在电视机里配置稳压器；提供 12 英寸（1 英寸=2.54 厘米）的电视机以适应中国住房面积小的特点；强调售后服务，消除后顾之忧。

在价格方面：考虑当时中国尚无其他国家电视机的竞争，因此，把价格定得比较高。

在分销方面：由港澳国货公司和代理商、经销商推销，由日本厂商用集装箱直接发货运到广州，或通过港澳同胞携带进入中国内地。

在促销方面：在报刊、电视开展广告攻势，并介绍电视机知识。

由于日本厂商巧妙地应用营销组合策略，很快实现了打入并占领中国市场的目标。

1. 产品（product）策略

产品是最基本的营销组合要素，是指企业向目标市场提供的商品或服务的一个总的概念，包括产品的实体、形状、形态，产品的内在质量，外观、款式、规格、型号、性能，品牌、商标，包装以及各种售前、售中及售后服务，供退条件、保证等方面。其

中，产品整体概念、产品质量、品牌与包装是产品策略的基础，产品组合从横向，产品
生命周期从纵向，保证企业的产品策略适应不同目标群体和不同时期的消费需求，而新
产品的设计、开发和市场推广，在企业的产品策略中也具有重要地位。

2. 价格（price）策略

价格是最关键的营销组合要素，是指顾客购买商品或服务时所支付的价钱，包括商
品价目表所列的批零价格、各种折扣、折让、付款条件、支付期限、信用条件等。价格
是营销组合中最主要的手段之一。依据营销目标运用不同的定价方法，企业形成某种价
格策略。价格策略决定产品、服务的基准价格。根据产品、服务的性质和营销对象的特
点，企业可采取有差别的价格策略，并在营销过程中辅以某种作价技巧，使实际价格具
有更好的市场适应性。

3. 渠道（place）策略

渠道表示企业向目标市场提供商品时所经过的环节、活动以及向顾客提供商品的场
所。渠道使产品达到目标顾客的过程更加顺利和通畅。主要包括销售渠道模式和方式，
各种中间环节及供货的区域、方向，商品实体的转移路线和条件即存储与运输等。企业
在选择渠道时应该考虑产品属性、分销要求及市场状况等因素，形成一定的分销系统。
例如，福特公司保持其庞大的独立自主的经销商系统来销售公司许多不同型号的汽车。
福特公司仔细挑选经销商，并对他们提供强有力的支持。经销商持有福特汽车的库存，
向潜在购买者展示福特汽车，讨价还价，达成交易，以及提供售后服务。

4. 促销（promotion）策略

促销是指企业通过各种形式与媒介宣传企业与商品，以说服顾客购买产品的一系列
活动的总称，包括广告宣传、人员推销、公共关系活动、营业推广、直销等。不同的促
销方式具有不同的特点，企业必须根据产品和目标市场的特点进行组合。

关于市场营销组合四个基本策略的内容这里只做简单引入，详细内容将在接下来的
四章中进行全面深入的探讨。

6.1.3　市场营销组合的特点

市场营销组合体现了系统管理的思想，是企业可控因素多层次的、动态的、整体的
组合，具有可控性、动态性、复合性、整体性等特点。企业在制定和实施时，不仅要能
动地适应不可控环境因素的变化，还要注意 4P 之间的有机联系，灵活地形成最佳组合，
再加上丰富的营销活动的实践经验，才能实现其最大效用。

1. 可控性

构成市场营销组合中的因素都是可控的，即市场营销组合中的四个因素，产品、价
格、分销、促销都是企业可以调节、控制和运用的因素。企业可以根据目标市场的需

要，自主决定生产什么产品及产品的结构如何，制定什么价格，选择什么样的分销渠道和促销手段，使它们组成最佳组合。当然，可控因素随时受到各种不可控的外部因素的影响。所以，在实际运用时，企业要善于适应不可控因素的变化，灵活地调整内部可控因素，合理制定营销组合，更好地实现预期的目标。

2. 动态性

一定的市场营销组合是在一定的营销观念制约下，企业对目标市场实施的营销策略和手段的集合。市场营销组合不是固定不变的静态组合，而是一个变化无穷的动态组合。组成特定市场营销组合的手段和因素，受到内部条件和外界环境变化的影响，都会能动地做出相应的反应。每一个组合因素作为一个变量都是不断变化的；同时，它们又相互影响，每个因素都是另一因素的潜在替代者。例如，同样的产品、同样的促销和同样的销售渠道下，如果企业大幅度提高或降低了产品的价格，就必然会形成新的、效果不同的市场营销组合。可见，在四个因素中，每一个因素的变动，都会引起整个营销组合的变化，形成一个新的组合。

3. 复合性

市场营销组合是一种多因素多层次的复杂组合，其组合形式可以千变万化，多种多样。以产品为例，它由产品质量、外观、品牌、包装、服务等因素构成，每种因素又由若干更深一级的因素构成，如包装策略就有很多种。例如，促销是市场营销 4Ps 组合中的另一个因素，促销因素本身由人员推销、广告宣传、营业推广、公共关系等具体因素二次组合而成的。在这二次组合因素中，还可以再细分组合手段，如在广告这个因素中，就有报纸、杂志、广播、电视、网络等多种媒体。可见，市场营销组合是一个复杂的多层次的复合结构，如图6-2所示。它不仅要求四种手段的协调配合，而且每种手段的组成因素之间，每个组成因素的更细更深一级组成之间，都必须协调配合。

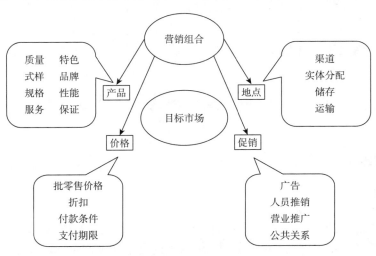

图 6-2　市场营销组合的复合性结构

4. 整体性

市场营销组合的整体效应，并不是每个构成因素独立发生作用的简单相加或拼凑，而是各种营销手段的有机配合和综合运用的结果。所以，企业在运用市场营销组合策略时，既要注意 4P 之间的有机联系，又要注意每个 P 本身的配套组合，使它们彼此配合、相互补充，形成一个有机整体，从而发挥出大于局部功能之和的最大的整体效应。

【相关案例】

营销组合策略使柯达如虎添翼

柯达公司较好地运用了营销因素的有机组合，更使其营销如虎添翼。

第一，在产品战略上：①他们尤其注重产品的性能，如新相机必须体小量轻，携带方便，容易操作，一学就会；②根据顾客心理选择牌号，如"都可得"是从众多的牌号中选出来的，简洁易懂，很容易抓住顾客希望照片都能保证质量的心理。③注意包装装潢，如采用与众不同的轻巧包装，配以明亮鲜艳的色彩，让人感觉新颖别致、小巧玲珑，吸引购买者的注意力。

第二，在定价策略上：因为产品是面向广大普通消费者，所以以大众可以接受的普通价格向全球推广，尽管是高新技术产品。

第三，在销售渠道上：应该说柯达公司推出"都可得"头一年的半数销售额来自海外，这份功劳自然离不开柯达公司的海外分支机构。公司的全球 40 个附属机构均参与了研制工作，在英国、加拿大、法国、德国、澳大利亚及巴西 6 个国家的工厂负责生产，其他 40 个国家的分支机构提供行销及技术服务。由于行销渠道已成规模，所以不费太大力气便将品牌在世界范围内打响。

第四，在促销策略上：通过全球各地的分支机构向世界展开行销攻势。由于在产品推出之前保密工作极好，所以推出之后无与匹敌，顾客仅此一家可以选择。

由此可见，市场营销组合策略构成了企业的策略工具库，4Ps 理论反映了企业对能够影响购买者的营销工具的正确认识，而这些都是以传递顾客利益为宗旨和目标进行的。

6.2　市场营销组合的发展与运用

6.2.1　4Ps 理论的发展

1. 4Cs 理论

营销理论发展至今，已有一种更新的观点诞生并受到业界的推崇，即 4Cs 理论。这种观点认为，4Ps 是与 4Cs 相对应的，如果说 4Ps 理论是站在卖方而不是买方的角度来看市场的，那么 4Cs 则是站在买方即顾客的角度看市场，4Cs 比 4Ps 更有竞争力。所谓 4Cs，即顾客（consumer）、成本（cost）、方便（convenience）、沟通（communication）。因此，现代市场营销组合应该是 4Ps+4Cs 的组合，如图 6-3 所示。

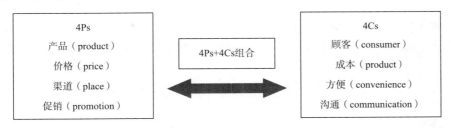

图 6-3　4Ps 与 4Cs 要素构成比较

4Ps 理论始创于 1960 年，由麦卡锡提出，而 4Cs 理论于 20 世纪 90 年代，由美国市场营销学教授劳特朋提出，试图用 4Cs 理论取代 4Ps 理论。自 4Cs 理论提出之后，许多学者认为应该抛弃 4Ps，由 4Cs 理论取而代之，国内也有些学者持这种观点。对此，我们认为，4Ps 理论仍然是市场营销的重要理论，是进入目标市场，满足目标市场需求的基本手段，不仅不能抛弃，而且应该加强，即用 4Cs 理论来加强 4Ps 理论，完善 4Ps 理论，解决 4Ps 以什么为导向的问题。

2. 4Ps 与 4Cs 的关系

现代市场营销组合既不是单纯的 4Ps，也不是单纯的 4Cs，而应该是 4Ps+4Cs 的组合。其关系如下。

1）产品与 4Cs

即 4Cs 必须贯穿于产品从创意到开发甚至到最后使用的整个过程。

（1）顾客，即企业不是生产自己能生产的产品，销售已经生产好的产品，而是应该从顾客出发，充分了解顾客的需求和欲望，开发他们真正所需要的并能完全满足其需求的产品。

（2）成本，即不是企业考虑生产其产品花费了多少成本，而是应该在产品开发之前了解顾客愿意为其付出的成本，并在开发生产过程中将其成本控制在一定范围内，用公式表示为：愿意支付价格－适当利润＝成本。

（3）方便，即企业从产品的设计开始就要考虑如何使顾客方便使用、方便搬运等，降低使用成本。傻瓜照相机就是一个典型的例子。传统照相机对照相技术要求相当高，否则就很难照出好像来，可是，傻瓜照相机就不同了，它不需掌握专门的照相技术，无论大人还是小孩，无论会照相还是不会照相，都可以用傻瓜照相机照相，并还能照出较好的像来。这样，既可降低顾客的购买成本，也可减少使用成本，从而扩大了照相机市场。

（4）沟通，即可以从两个方面来理解和把握：一是在产品开发前和开发过程中都必须通过沟通来了解顾客的需求和欲望，了解他们能付的和愿意付的成本，了解他们所认为的方便等；二是要使产品本身成为一种沟通的手段，可具体体现在品牌、质量、包装、特色等上面。

2）价格与 4Cs

即价格的决定不是以企业为中心，而是应该以顾客为中心。

（1）研究顾客心理及其对产品价格的反应或他们理解的产品的价值及与之相适应的价格。

（2）成本，不是指生产成本，而是指顾客为购买其产品能支付的成本和愿意支付的成本。

【相关案例】

来自福特"野马牌"轿车的顾客期望购买成本调查

福特汽车公司于 1962 年研制出一种"野马牌"轿车，为了了解消费者的想法，在新型车推出之前，福特公司选择了底特律地区 52 对夫妇，邀请他们到样品陈列室。其中每对夫妇都已拥有一辆标准型汽车，他们的收入是中等水平。公司负责人将他们分为若干小组，带进陈列室看汽车样品，并听取他们的感想。这些人当中，一部分是白领阶层，收入较高，对车的样式感兴趣；而另一部分蓝领夫妇则认为车过于豪华不敢问津。亚柯卡请他们估一下车价，几乎所有人都估计要 10 000 美元，并表示不购买这种车；因为家中已有，当亚柯卡宣布车价在 2500 美元以下时，大家惊呆了，之后又欢呼起来，纷纷道："我们要买这部车，我们把这车靠在我们自己车道上，所有邻居都会以为我们交了好运。"

（3）方便，可以从两个方面来考虑，一是对产品的价值和价格理解的方便性；二是便于付款。

（4）沟通，一是对上述问题的了解和掌握需要沟通；二是有时在价格上存在较大障碍，其实都是没有沟通或沟通不够所致，所以有必要在售前、售中加强与顾客的沟通，让顾客充分了解产品及其价值和价格，使其感到"一分钱一分货""价高优质""钱出得值"。

3）渠道与 4Cs

即渠道决策必须以 4Cs 为依据。

（1）顾客，即企业在选择或决定渠道策略时，首先需要考虑什么渠道最能接近目标市场，目标顾客最愿意且经常利用的渠道是什么。

（2）成本，即对目标顾客来说成本最低的渠道，它包括目标顾客为购买产品，接近其渠道所花费的金钱成本、精力成本、时间成本和体力成本。

（3）方便，即目标顾客最容易接近和最方便购买的渠道，它包括交通便利，停车方便，购物环境好，看、选、购都方便。

（4）沟通，即渠道不只是一个分销产品的机构或场所，还应该是相互沟通和情感交流以及获取相关信息和新知识的渠道。

4）促销与 4Cs

即在促销过程中或采取各种促销方式时都应该贯彻 4Cs 精神。

（1）顾客，即促销的诉求对象必须明确，一定是目标顾客，诉求内容和诉求方法也应以目标顾客为出发点。

（2）成本，即一方面要考虑企业为促销付出的成本，如何以较低的成本获取较大的促销效果。另一方面，也是更重要的方面，那就是要使目标顾客以最低的成本获得产品信息，包括产品功能、质量、使用方法、价格、售后服务等方面的信息，尤其是在信息泛滥的今天，顾客往往要为获取一条准确、可靠的信息付出很大的代价。

（3）方便，既要考虑如何便于目标顾客获得信息、了解信息，又要便于顾客对同类产品进行比较，尤其是选购品，顾客一般都要货比三家。

（4）沟通，即在促销过程中应尽量避免那种强加于人的促销活动，主张卖方和买方、制造商与消费者或用户进行对话式的沟通，做到既把企业及其产品信息传递给消费者或用户，又将消费者或用户的有关反应和意见等反馈给企业的双向沟通。

可见，企业仍然要通过 4Ps 来满足顾客的需求，但同时，也应站在 4Cs 的角度进行思考，如图 6-4 所示。只有将 4Ps 与 4Cs 市场营销手段有机整合，才能更好地实现市场营销组合的全面发展。

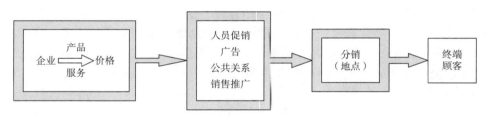

图 6-4　市场营销组合全过程

【相关案例】

广州本田公司的市场营销组合

广州本田汽车有限公司是由广州汽车集团和本田工业技研株式会社各出资 50%组建而成的合资公司，在中国汽车产业的发展过程中异军突起。2004 年，广州本田入选"中国最受尊敬的企业"，原因在于其产品、定价、服务、渠道策略的有机结合。广州本田以顾客需求为导向的做法，在整体上满足了消费者的需求，也使其得到了消费者和社会的认可。广州本田营销组合情况如表 6-2 所示。

表 6-2　广州本田营销组合情况

营销手段	特点与做法
产品策略	与华南理工大学合作成立汽车研究开发中心，注重研发；制定并实施比 ISO9000 要求更高的广州本田质量保证体系；建立能源管理系统，利用现代电脑光纤网络、数据采集、PLC 自控技术形成一套中央控制系统
价格策略	定价原则是"与国际接轨，超前的、稳定的"；新雅阁、飞度的价格被称为"价格标杆"，"价格标杆"的营销方式使广州本田汽车销量猛增

续表

营销手段	特点与做法
渠道策略	采用日本本田的销售方式，建立以售后服务为中心的整车销售、售后服务、零部件供应、信息反馈四位一体的特约销售服务网络，是国内首家采用四位一体制专营店销售网络的生产企业
促销策略	采用全面推进的营销沟通战略，进行品牌宣传推广；以电视广告为主，辅以公共关系推广，还借助明星效应宣传其品牌

6.2.2 市场营销组合运用中应注意的问题

目标市场一旦明确，就要考虑如何进入市场，并满足其市场需求的问题，有机地组合产品、价格、渠道、促销等组合因素，并不是将几种组合因素简单相加。企业在进行市场营销组合时必须考虑以下几点。

（1）通过调查国内外优秀企业了解它们一般进行的市场营销组合。

（2）突出与竞争公司有差异的独特之处，充分运用能发挥本公司优势的有利性。

（3）市场营销组合是企业可以控制的，企业可以通过控制各组合因素来控制整个市场营销组合。

（4）市场营销组合是一个系统工程，由多层分系统构成。

（5）市场营销组合因素必须相互协调，根据不同的产品，制定不同的价格，选择不同的渠道，采取不同的促销手段。

（6）市场营销组合具有时效性，它不是静态不变的，是随着企业产品成本、市场竞争状况、市场结构、消费需求、产品生命周期的变化而呈现出动态的演变。拿产品生命周期的四个阶段来说，当产品生命周期所处阶段发生变化时，其他组合因素也随之变化。例如，企业在产品导入期所做的广告为通知广告；成长期就转为劝说广告；成熟期就又会变为提醒广告。

（7）在四种主要的组合因素中到底哪种最重要，这会因行业、业态不同而异，但一般来说，其中受到高度重视的是产品，企业提供的产品是否是市场所需产品，是否能满足消费者需求，解决消费者所要解决的问题，提供消费者希望获取的利益，这才是产品的关键所在。只有让消费者满意，消费者才会认可你的产品，接受你的产品。可是，我国不少企业不是以市场为导向，还是停留在产品观念或推销观念上，从而造成了产品的大量积压。

一个企业的销售额下降，市场占有率下跌，并不只是推销人员不够努力，有必要在销售之前把销售可能的一些条件都考虑到产品中去。要解决销售问题，还是应该首先解决产品问题，做到产品计划先行。例如，日本的朝日啤酒公司，其市场占有率连年下跌，在 1985 年跌到了 9.6%，为扭转下跌不止的局面，1985 年进行了大规模的消费者嗜好、口味调查，并根据调查结果研究开发了新产品。这种新产品投放市场的当年，销售额猛增，市场占有率止跌回升，到 1989 年就上升到了 25%，排名行业第二。

（8）市场营销组合要将战略决策与战术决策有机地结合在一起。市场营销组合是市场营销战略的组成部分，其往往具有战略和战术的性质。因此，企业在具体执行市场营销组合策略时，还要有针对性地实施并调整其战术性的决策，使二者有机地结合起来。

【相关案例】

市场营销组合战略决策和战术决策的有机结合

一家规模不大的涂料制造商，在分析研究了室内装修市场的状况后，选定低收入的租住公寓的青年夫妇作为它的目标顾客，它的市场营销组合的战略决策和战术决策如表 6-3 所示。

表 6-3　营销组合战略决策与战术决策的关系

市场营销组合	战略决策	战术决策
产品策略	颜色和包装规格只限于目标顾客需要一类	随顾客偏好增减颜色和包装规格
价格策略	一次性低价，不附加折让的单一价格	不追随其他涂料制造企业降价
渠道策略	目标顾客居住和日常采购区域内的每一家零售店	发现该区内新开业商店立即争取订货
促销策略	宣传"价格低廉"和"质量满意"	设置特价商品专区

【本章知识反馈】

一、单项选择题

1. 不属于市场营销组合策略的是（　　　）

A. 产品策略　B. 价格策略　C. 渠道策略　D. 促销策略　E. 目标市场选择策略

2. 市场营销组合的形式可以千变万化，多种多样。这反映了营销组合的（　　　）特点。

A. 可控性　　　　B. 动态性　　　　C. 复合性　　　　D. 整体性

二、复习思考题

1. 什么是市场营销组合？包括哪四个基本策略？

2. 如何理解 4Ps 与 4Cs 的关系？

3. 企业在市场营销组合的运用中应特别注意哪些问题？

案例分析

第7章

产品策略

【引导案例】

奔驰汽车的"全面"产品观点

德国奔驰汽车在国内外的买主中一直享有良好的声誉，奔驰是世界许多国家元首和知名人士的重要交通工具。即使在经济危机的年代，奔驰车仍能在激烈的国际竞争中求得生存和发展，成为世界汽车工业中的佼佼者。在大量日本汽车冲击西欧市场的情况下，奔驰汽车不仅顶住了日本汽车的压力，还增加了对日本的出口。尽管一辆奔驰汽车的价钱可以买两辆车，但奔驰汽车却始终能在日本市场的冲击下保住一块地盘。

奔驰公司之所以能取得这样的成就，重要的一点在于它充分认识到公司提供给顾客的产品，不只是一个交通工具，还应包括汽车的质量、造型、维修服务等，即要以自己的产品整体来满足顾客的全面要求。

于是，公司千方百计地使产品质量首屈一指，并以此作为取胜的首要目标，为此建立了一支技术熟练的员工队伍及对产品和部件进行严格的质量检查的制度。产品的构想、设计、研制、试验、生产直至维修都突出质量标准。

奔驰公司还能大胆而科学地创新。车型不断变换，新的工艺技术不断应用到生产上。现在该公司的车辆从一般小轿车到大型载重汽车共160种，共计3 700个型号，"以创新求发展"已成为公司上下的一句流行口号。

奔驰汽车还有一个完整而方便的服务网。这个服务网包括两个系统：第一个系统是推销服务网，分布在各国各大中城市。在推销处，人们可以看到各种车辆的图样，了解到汽车的性能特点。在订购时，顾客还可以提出自己的要求，如车辆颜色、空调设备、音响设备乃至保险式车门钥匙等。第二个系统是维修站，奔驰公司非常重视这方面的服务工作。其在德国有1 244个维修站，5.6万名工作人员。在公路上平均不到25千米就可以找到一家奔驰车维修站。在国外171个国家和地区奔驰公司设有3 800个服务站。维修人员技术熟练、态度热情、车辆检修速度快。

奔驰车一般每行驶 7 500 千米需换机油一次，每行驶 1.5 万千米需检修一次。这些服务项目都能在当天办妥。在换机油时，如发现某个零件有损耗，维修站还会主动打电话询问车主是否更换。如果车子意外地在途中发生故障，开车人只要向就近的维修站打个电话，维修站就会派人来修理或把车拉回去修理。

质量、创新、服务等虽然并不是什么秘密，但在生产经营的产品与质量、创新、服务等有机结合上，各企业却有所差异。奔驰公司正是杰出地树立整体的观念，才使自己成了世界汽车工业中的一颗明星。

【案例思考】

1. 分析奔驰汽车"全面"产品观点取胜的秘诀。
2. 谈谈案例给你的启示。

【学习目标】

学习本章，应理解和掌握产品的整体概念；了解产品的组合策略和意义；掌握产品的生命周期及其不同阶段的营销策略；了解新产品的分类及开发程序；掌握产品的品牌、包装策略。并能结合某具体产品进行其生命周期及其不同阶段营销策略的分析。

企业的市场营销活动，以满足市场需要为中心，而市场需要的满足只有通过提供某种产品或服务才能实现。因此，产品策略是市场营销策略的首要策略，是其他相关策略的基础，其他策略都是围绕着产品策略展开的，产品策略在很大程度上决定着市场营销的成败。

7.1 产品与产品整体概念

7.1.1 产品的狭义概念

菲利普·科特勒称："产品是能够提供给市场、用于满足人们欲望和需要的任何事物，被销售的产品包括实物、服务、人、场所、组织和主义。"因而，从某种意义上讲，产品的本质是一种满足消费者需求的载体，或是一种能使消费者需求得以满足的手段。由于消费者需求满足方式的多样性，产品由实体和服务构成，即产品=实体+服务。或许，从营销学的角度来说，这一说法是不全面的，因为事实上，顾客购买某种产品，并不只是为了得到该产品的物质实体，而是要通过购买该产品来获得某方面利益的满足。因此，有必要对产品的概念做一个全面的解释。

7.1.2 产品整体概念

市场营销学认为，广义的产品是人们通过购买而获得的能够满足某种需求和欲望的物品的总和，它既包括具有物质形态的产品实体，又包括非物质形态的利益，这就是产品整体概念。产品整体概念包括三个层次，即核心产品、形式产品、附加产品，如图7-1所示。

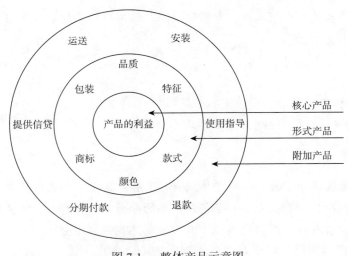

图 7-1　整体产品示意图

1. 核心产品

核心产品即向消费者提供产品的基本效用和性能，是消费者需求核心部分，是产品整体概念中最主要的内容。消费者购买产品，并不是为了获得产品本身，而是为了获得满足自身某种需要的效用和利益。例如，人们购买洗衣机是为了让它代人洗衣物，减轻家务劳动，而不是为了买一个装有各种零配件的箱子；人们购买化妆品是为了美容、护肤，而不是为了买一些化学物质。

顾客在市场上购买的并不是物品的实体，而是需求的满足与满意。顾客购买产品不是因为它是什么，而是因为它有什么作用。营销人员的任务就是发现隐藏在产品背后的真正需要，针对不同顾客，了解顾客所追求的核心利益所在。把顾客所需的实际利益提供给顾客。

2. 形式产品

形式产品是核心产品的载体，是核心产品借以实现的各种具体的产品形式，即向市场提供的产品实体的外观，而外观是指产品出现于市场时，可以为消费者识别的面貌，它一般由产品的质量、特色、品牌、商标、包装等有形因素构成。例如，手表有机械表、石英表；有圆形的、有方形的；有驰名商标的、有非驰名商标的；有普通包装的，有豪华包装的。形式产品是产品存在的形式，也是购买者选购时的根据。

虽然形式产品一般不涉及产品的实质，但当这种形式与产品的实质协调一致时，将给消费者带来各种心理上的满足，起到促销作用，企业极其重视产品形式的塑造。产品的基本效用必须通过某些具体的形式才能得以实现。市场营销者应首先着眼于顾客购买产品时所追求的利益，以求更完美地满足顾客需求，从这一点出发再去寻求利益得以实现的形式，进行产品设计。

3. 附加产品

附加产品也称延伸产品，是指消费者购买产品时随同产品所获得的全部附加服务与利益，它包括提供信贷、免费送货、安装调试、保养、包换、售后服务等在消费领域给予消费者的好处。附加产品是产品整体概念中的一部分，是因为消费者购买产品就是为了需要得到满足，即希望得到满足其需求的一切东西。美国学者西奥多·莱维特曾经指出："新的竞争不是发生在各个公司的工厂生产什么产品，而是发生在其产品能提供何种附加利益（如包装、服务、广告、顾客咨询、融资、送货、仓储及具有其他价值的形式）。"

以上三个层次结合起来，就是产品整体概念，它把有形的产品和无形的服务结合起来，体现了以顾客为中心的现代营销观念。企业只有从产品的整体概念出发来研究产品的策略，才能全面满足顾客需要，才能在市场竞争中立于不败之地。

7.2 产品组合策略

7.2.1 产品组合的概念

产品都有一个由成长到衰退的过程。因此，企业不能仅仅经营单一的产品，世界上很多企业经营的产品往往种类繁多，如美国光学公司生产的产品超过 3 万种，美国通用电气公司经营的产品多达 25 万种。当然，并不是经营的产品越多越好，企业应该生产和经营哪些产品才是有利的？这些产品之间应该有什么配合关系？要研究产品组合，就要首先了解其相关概念。

1. 产品组合及其相关概念

1）产品组合

产品组合是指企业生产或经营的全部产品的有机构成方式，或者说是企业生产经营的全部产品的结构，也就是指企业生产经营全部产品的大类、项目和组合。产品组合一般是由若干条产品线组成的，每条产品线又是由若干产品项目构成的。

2）产品线

产品线也称产品系列或产品大类，是指在功能上、结构上密切相关，能满足同类需求的一组产品。每条产品线内包含若干个产品项目。其特点为：功能相似、顾客相似、渠道相似、价格相似。以类似的方式发挥作用，或者通过相同的销售网点销售，或者满足消费者相同的需要。

3）产品项目

产品项目是指产品线中各种不同品种、规格、型号、质量和价格的特定产品。产品项目是构成产品线的基本元素。例如，某企业生产电视机、电冰箱、空调和洗衣机 4 个产品系列，即有 4 条产品线。其中，电视机系列中的 29 英寸彩色电视机就是一个产品项目。

2. 产品组合的要素

1）产品组合的宽度或广度

产品组合的宽度或广度是指一个企业生产经营的产品系列的多少，即拥有产品线数量的多少。产品线多，则产品组合广度宽。如图 7-2 所示，产品线的宽度为 5。

产品线宽度

	A	B	C	D	E
产品线长度	Aa	Ba	Ca	Da	Ea
	Ab	Bb	Cb	Db	Eb
	Ac	Bc	Cc		Ec
	Ad		Cd		Ed
	Ae		Ce		
	Af				

图 7-2　产品线宽度、长度示意图

2）产品组合长度

产品组合长度包括产品组合的总长度、每条产品线的长度和产品组合中产品线的平均长度；产品组合的总长度是一个企业的产品组合中所包含的产品项目的总数。如图 7-2 所示，产品线的总长度为 20；其中，A 的长度为 6，B 的长度为 3，C 的长度为 5，D 的长度为 2，E 的长度为 4；平均长度为 4。

3）产品组合的深度

产品组合的深度是指每个产品所包含花色、式样、规格的多少，即产品项目的多少。产品项目多，则产品组合深度长。

4）产品组合的关联性

产品组合的关联性是指企业各条产品线在最终使用、生产条件、分销渠道或其他方面的相关程度。例如，一个企业生产牙膏、肥皂、洗涤剂、除臭剂，则产品组合的关联性较大；若这个企业同时又生产服装和儿童玩具，那么，这种产品组合的关联性就很小。

7.2.2　产品组合分析

由于产品组合状况直接关系到企业销售额和利润水平，企业必须对现行产品组合未来销售额和利润水平的发展和影响做出系统的分析和评价，并对是否加强和剔除某些产品线或产品项目做出决策。

例如，A 家具公司的一条产品线是沙发。顾客对沙发最重视的是款式和功能。款式分为豪华、漂亮和一般三个档次；功能分为单功能、双功能、多功能。A 公司有两个竞争者，B 公司生产两种沙发：豪华和漂亮的单功能沙发；C 公司也生产两种沙发：一般的双功能沙发和一般的多功能沙发。A 公司根据市场竞争状况，权衡利弊，决定生产三种沙发：豪华双功能沙发、漂亮双功能沙发和漂亮多功能沙发，因为这三个市场位置没有竞争者，如图 7-3 所示。

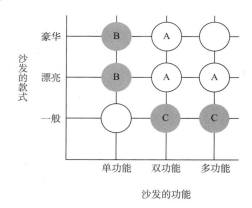

图 7-3　产品组合优化示意图

从图示可以看出，仍有两个市场空白点。各公司没有生产的原因，可能是目前生产这种沙发的费用太高，或者市场需求不足，经济上暂无可行性等。可见，进行产品项目生产位置的分析，对于企业了解整个产品线不同产品的竞争状况以及发展产品线的生产机会具有重要意义。

7.2.3　产品组合策略

所谓产品组合策略，是指企业根据市场需求，考虑企业经营目标和企业实力，对产品组合的广度、深度和关联性等做出最佳选择。企业在确定产品组合策略时，通常有以下几种选择。

1. 拓展产品组合的广度

拓展产品组合的广度是指在原产品组合中增加产品线，扩大经营范围。当企业预测现有产品线的销售额和利润率在未来一两年内可能下降时，应考虑在现有产品组合中增加新的产品线，或加强其中有发展潜力的产品线。拓展产品组合的广度，有利于扩展企业的经营范围，实行多角化经营，可以更好地发挥企业潜在的技术和资源优势，提高经济效益，并可以分散企业的投资风险。要尽量选择关联度强的产品组合。

【相关案例】

海尔集团产品组合的扩大

海尔集团前身是青岛电冰箱厂（镇办小厂）。1984 年，张瑞敏出任厂长时，企业负债 147 万元。随着企业的发展，开始生产洗衣机，以后又推出了彩电。到 1996 年时，在洗衣机行业成为跨度最大（包括亚洲波轮式、欧洲滚筒式、美洲搅拌式）、规格最全（即便是同一款洗衣机，也有多种不同容量、型号）、品种最多（双桶半自动、全自动、洗衣脱水烘干三合一）的企业。

2. 增加产品组合的深度

增加产品组合的深度是指在原有的产品线内增加新的产品项目，增加企业经营的品种。增加产品组合的深度，可以占领同类产品更多的细分市场，满足更广泛的市场需求，增强产品的竞争力。根据消费需求的变化，企业应该及时发展新的产品项目，增加产品项目可以通过发掘尚未被满足的那部分需求来确定。

3. 缩减产品组合

缩减产品组合是指在原产品组合中缩短产品线和减少产品项目，缩小经营范围。市场繁荣时期，较长较宽的产品组合为企业带来更多的盈利机会。但当市场不景气或原料、能源供应紧张时，缩减产品组合反而会使总利润上升。这是因为从产品组合中剔除了那些获利很少甚至亏损的产品线或产品项目，使企业可以集中力量发展那些获利多、竞争力强的产品线和产品项目。

【相关案例】

春兰集团产品组合的缩减策略

春兰集团前身为泰州冷气设备厂，1985 年以前，曾经营大大小小的产品 48 个，没有一个拳头产品，惨淡经营，负债累累，1985 年负债 500 万元，资不抵债 270 多万元。陶建幸上任后，经过 3 个月的调研，决定"甩掉副产，突出主产"，砍掉了 42 个成本高、批量小的产品，重点开发 7 000 大卡以上的柜式空调和 3 000 大卡以下的窗式空调。这就是所谓的"让开大道，占领两厢"。结果，不到一年，便迅速扭亏为赢。

4. 产品线延伸策略

产品线延伸是指部分或全部地改变企业原有产品线的市场定位。每一个企业生产经营的产品都有其特定的市场定位。例如，生产经营高级豪华的产品定位在高档市场，生产经营大众化的产品定位在低档市场，介于两者中间的产品定位在中档市场。产品线延伸策略可以分为三种策略。

1）向下延伸

把原来定位于高档市场的产品线向下延伸，在高档产品线中增加低档产品项目。这种策略通常适用于几种情况：①利用高档产品的声誉，吸引顾客慕名购买低档廉价产品；②高档产品销售速度下降，市场范围有限，企业资源设备利用不足；③企业最初进入高档产品市场的目的是建立品牌信誉，树立企业形象，然后再进入中、低档产品市场；④补充企业产品线上的空白，以填补市场空缺或防止新的竞争者进入。这种策略会给企业带来一定的风险，处理不慎很可能影响原有产品的品牌形象。

2）向上延伸

把原来定位于低档市场的产品向上延伸，在低档产品线中增加高档产品项目。这种策略通常适用于几种情况：①高档产品市场具有较高的销售增长率和毛利率；②企业的技术设备和营销能力已具备进入高档市场的条件；③为了追求高、中、低档完备的产品线；④以较先进的产品项目来提高原有产品线的地位。这种策略也要承担一定的风险，要改变产品在消费者心目中的地位是相当困难的。

【相关案例】

丰田公司的成功

日本丰田公司推出凌志车，被誉为向上延伸成功的典例。丰田公司一向生产"低档、省油、廉价"的汽车，著名品牌有花冠、皇冠和佳美等。为了争夺高档豪华车市场，丰田公司专门推出了一个全新品牌凌志。经过数年呕心沥血的研究，隆重上市，一举成功。与花冠等车不同，凌志车隐去了企业标志。这是丰田公司为消除丰田形象对高档车的营销障碍而做的刻意安排。

3）双向延伸

对于原定位于中档市场的产品，在掌握了市场优势以后，将产品项目逐渐向高档和低档两个方向延伸。这种策略在一定条件下有助于扩大市场占有率，加强企业的市场地位。但双向延伸策略在具体的实施中有相当的困难度，需要企业具有足够的实力。

7.3　产品市场生命周期与营销策略

在市场经营过程中，任何产品在市场上都有一个产生、发展到最后被淘汰的过程。一种新产品代替一种旧产品，对旧产品而言就意味着市场生命的终结。这样一个过程可以用产品生命周期来描述。

7.3.1　产品生命周期的含义

产品生命周期是指产品的市场寿命，即一种新产品从开始进入市场到被市场淘汰的全过程。这里所说的生命周期指的是产品的市场寿命，而不是产品的自然使用寿命。有些产品的使用寿命不长，但市场寿命很长，如鞭炮的使用寿命十分短促，但其市场寿命自火药发明迄今，已经延续十多个世纪；当然使用寿命长、市场寿命短的产品也有不少。由于产品的具体情况不同，市场寿命周期长短也不一致，长的跨越世纪，短的如昙花一现。

7.3.2　影响产品生命周期的因素

产品生命周期是社会生产力的发展水平、产品更新换代的速度、消费者的需求状况和企业竞争等多种因素作用的结果。具体包括产品的实用性和流行性，消费习惯与民族特点，产品价格的高低，新产品的竞争与政治经济形势，以及国民收入水平等，其中新产品的出现是影响产品生命周期的一个主要原因。当然，由于科学发展速度快，市场竞争激烈，产品生命周期具有普遍缩短的趋势。

7.3.3　产品生命周期的阶段划分

典型的产品生命周期一般可分为导入期、成长期、成熟期和衰退期四个阶段，如图 7-4 所示。

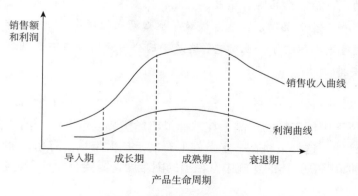

图 7-4　产品生命周期曲线

（1）导入期：是指在市场上推出新产品，产品销售呈现缓慢增长状况的阶段。在这个阶段，因为产品导入需支付巨额费用，利润几乎不存在。

（2）成长期：是指该产品在市场上迅速为消费者所接受，销售额迅速增长的阶段。在此阶段，产品被市场迅速接受，利润大幅上升。

（3）成熟期：是指大多数消费者已经接受该产品，市场销售额缓慢增长或下降的阶段。在此阶段，营销费用日益增加，利润稳定或下降。

（4）衰退期：是指销售额急剧下降，利润趋于零的阶段。

7.3.4 产品生命周期各阶段的特点及营销策略

在产品生命周期的不同阶段，产品的销售额、成本、利润、市场竞争态势以及消费者行为都具有不同的特点。企业应该根据这些不同的特点，制定相应的营销策略。

1．产品导入期

由于新产品刚刚投入市场，大多数消费者不熟悉、不了解该产品，不愿放弃或改变以往的消费习惯，往往持观望的态度。

1）主要特征

在这一阶段，由于技术方面的原因，产品不能大批量生产，因而成本高，销量少，销售额增长缓慢，企业不但得不到利润，反而可能亏损。

2）营销策略

根据这一阶段的主要特点，企业应设法使市场尽快接受该产品，缩短导入期，更快地进入成长期。当考虑价格和促销两个主要营销因素时，可选择如下策略。

（1）快速掠取战略。即以高价格和高促销推出新产品。实行高价格是为了在每一单位销售额中获取最大的利润，高促销费用是为了引起目标市场的注意，加快市场渗透。成功地实施这一策略，可以赚取较大的利润，尽快收回新产品开发的投资。实施这一策略的市场条件：市场上有较大的需求潜力；目标顾客具有求新心理，急于购买新产品，并愿意为此付出高价；企业面临潜在竞争者的威胁，需要及早树立名牌。

（2）缓慢掠取战略。即以高价格和低促销方式推出新产品，从而达到取得最大收益目的的策略。实施这一策略的市场条件：市场规模有限，消费对象相对稳定；产品已有一定的知名度；目标顾客对该产品需求迫切，愿支付高价；潜在的竞争并不紧迫，威胁不大。

（3）快速渗透战略。即以低价格和高促销费用推出新产品。目的在于先发制人，以最快的速度打开市场，该策略可以给企业带来最快的市场渗透率和最高的市场占有率。实施这一策略的市场条件：产品市场容量很大；潜在消费者对产品不了解，且对价格十分敏感；潜在竞争比较激烈；产品的单位制造成本可随生产规模和销售量的扩大而迅速下降。

（4）缓慢渗透战略。即企业以低价格和低促销费用推出新产品。低价是为了促使市场迅速地接受新产品，低促销费用则可以实现更多的净利。企业坚信该市场需求价格弹性较高，而促销弹性较小。实施这一策略的市场条件：市场容量较大；潜在顾客易于或已经了解该项新产品且对价格十分敏感；有相当的潜在竞争者准备加入竞争行列。

2. 产品成长期

1）主要特征

销售量迅速增长；消费者对该产品已经熟悉，广告费用可以相对减少，销售成本大幅度下降；产品的技术、性能逐渐完善，单位成本下降；利润迅速增长；由于大批量生产和可观的利润，吸引大批竞争者纷纷介入，竞争比较激烈。

2）营销策略

这一时期产品的策略重点应放在创立名牌、提高偏爱度上，促使顾客在出现竞争性产品时更喜爱本企业的产品，扩大产品的市场占有率。一是改进质量，赋予产品新特色，改变款式；二是增加新款式、新类型，满足更广泛的需求，吸引更多顾客购买；三是寻求、进入新的细分市场；四是改变广告内容，从介绍期的提高知名度，转为提高美誉度及说服购买，树立品牌形象；五是适当时候降低价格，吸引对价格敏感的顾客。

3. 产品成熟期

1）主要特征

产品的成熟期可以分为三个时期，各自特征如下。成长成熟期：这一时期各销售渠道基本呈饱和状态，增长率缓慢上升，还有少数后续的购买者继续进入市场。稳定成熟期：由于市场饱和，消费平稳，产品销售稳定，销售增长率一般只与购买者人数成比例，如无新购买者则增长率停滞或下降。衰退成熟期：销售水平显著下降，原有用户的兴趣已开始转向其他产品和替代品。全行业产品出现过剩，竞争加剧，一些缺乏竞争能力的企业将渐渐被取代，新加入的竞争者较少。竞争者之间各有自己特定的目标顾客，市场份额变动不大，突破比较困难。

2）营销策略

在成熟期，企业的主要营销目标是牢固地占领市场，保护市场占有率，防止与抵抗竞争对手的蚕食进攻，争取获得最大利益。可采用以下的具体策略。

（1）改进市场：①争取更多顾客使用。转化未使用者，使从未使用过的潜在顾客接受其品牌。例如，航空公司要增加其航空服务，可以通过比较广告说明空运比陆地运输有什么优点；进入新的细分市场，说服那些使用该产品、但未使用该品牌的潜在顾客。例如，一家企业将其婴儿洗发精或婴儿食品改换包装后，向成年人市场或老年人顾客推出；争夺对手顾客，设法吸引他们使用该产品。②增加现有顾客购买或使用。提高使用率、增加每次用量、增加新的或更广的用途。

（2）改进质量：完善产品使用性能，如耐用性、可靠性、方便性和口味等。如果质量确能提高，顾客也相信已经改进，并有足够的顾客要求高质量产品，这种战略就能奏效。例如，许多企业向市场推出"改进型"或"新一代"的电视机、洗发精等，并加之以"更佳""更强""更大"的说法予以促销。

（3）改进特性：在产品大小、重量、材料或附加物等方面增加新特性，以扩大产品的适用性，如收音机增加录音、放音功能，录放机缩小体积使人们便于随身携带。新特性可树立不断创新和市场领先形象，产生更多的宣传机会，赢得某些顾客的品牌忠诚，刺激推销人员和中间商的积极性，可以迅速采用、迅速放弃，投资相对要少，但是不易被竞争者模仿。

（4）改进款式：增加美感，提高竞争力，如汽车制造商定期推出新车型，服装业定期举办新款时装发布会。优点是能赋予品牌某种个性，提高顾客忠诚度。但是，难以预测顾客是否喜欢新款式，多少人及哪些人喜欢新款式，并且常常要放弃原款式，要承受一定的风险，甚至失去喜欢原款式的顾客。

（5）改进营销组合：通过改进一个或几个因素，维持或扩大销量。价格：能否降价，以价格优惠策略吸引新顾客；提高价格，以说明质量提高。一般来说，多用降价政策。分销：能否从经销商争取更多陈列空间、能否进入新的渠道、能否向更多网点渗透等。广告：是否增加广告、是否更换广告商、是否改变广告媒体、是否改变广告时间等。人员促销：是否增加推销人员，或提高推销人员素质；是否调整销售区域或分工；业绩奖励办法是否修订；等等。公关促销：如何给品牌的坚定忠诚者以鼓舞，稳定动摇者，吸引改变品牌偏好的顾客。销售推广：用哪些方式抵消竞争者的吸引力。

4. 产品衰退期

1）主要特征

产品销量不可逆转地下降。此时，产品进入衰退期。有的慢慢衰退，有的急剧减少。可能下降到零，也可能降到某种程度并长期保持这个水平。销量下降原因很多，如技术进步，替代品进入市场；顾客习惯、偏好变化；市场激烈竞争；等等。这些会导致行业生产能力过剩、价格急剧下跌并减少利润。销量下降和利润减少，迫使更多企业退出市场，留下的企业会减少产量，竞争压力相对减轻。

2）营销策略

（1）集中策略。即把资源集中使用在最有利的细分市场、最有效的销售渠道和最易销售的品种、款式上。概言之，缩短战线，以最有利的市场赢得尽可能多的利润。

（2）维持策略。即保持原有的细分市场和营销组合策略，把销售维持在一个低水平上。待到适当时机，便停止该产品的经营，退出市场。

（3）榨取策略。即大幅度降低销售费用，如广告费用削减为零、大幅度精简推销人员等，虽然销售量有可能迅速下降，但是可以增加眼前利润。

（4）放弃战略。如果企业决定停止经营衰退期的产品，应在立即停产还是逐步停产问题上慎重决策，并应处理好善后事宜，使企业有秩序地转向新产品经营。

7.4 新产品开发

随着市场需求的日益多样化、科学技术的日新月异和市场竞争的不断加剧，产品的生命周期变得越来越短，企业为求得生存和发展，不得不经常开发新产品，提供新的市场服务。

7.4.1 新产品的概念与分类

1. 新产品的概念

市场营销意义上的新产品含义很广，除包含因科学技术在某一领域的重大发现所产生的科技新产品外，还有在生产销售方面，只要在功能或形态上比老产品有明显改进，或者是采用新技术原理、新设计构思，从而显著提高产品性能或扩大使用功能的产品，甚至只是产品从原有市场进入新的市场，都可视为新产品。

现代市场营销观念下的新产品概念是指凡是在产品整体概念中的任何一个部分有所创新、改革和改变，能够给消费者带来新的利益和满足的产品，都是新产品。

2. 新产品的分类

只要是产品整体概念中的任何一部分的变革或创新，并且给消费者带来新的利益、新的满足都可被认为是一种新的产品。按照这一原则，新产品大致有以下几类。

1）全新产品

全新产品，即采用新原理、新结构、新技术、新材料制成的前所未有的新产品。其特点是：①可以取得发明专利权，受国家法律的保护；②有明显的新特征和新用途；③能改变原有的生产方式、生活方式，创造需求，引导消费。例如，第一次出现的电话、飞机、盘尼西林、电子计算机等产品，都是全新产品。全新产品的发明，是同科学技术的重大突破分不开的。它们的产生，一般需要经过很长时间，花费巨大的人力和物力，绝大多数企业都不易提供这样的新产品。全新产品从进入市场到为广大消费者所接受，一般需要较长的时间。

2）换代产品

换代产品是指在原有产品的基础上，部分采用新技术、新材料制成的性能有显著提高的新产品。例如，彩电从超平彩电、纯平彩电、背投式彩电、液晶显示屏到数字化彩电，已经经历了五代更新；背投式彩电经历了四代更新；洗衣机经历了从单缸、双缸、半自动到全自动洗衣机的更新，等等。换代产品的出现，也是伴随科学技术的进步而来的，但其发展的过程，较之全新的产品要短些，市场普及的速度相对快些，成功率也相对高些。

3）改进新产品

改进新产品是指对原有产品在性能、结构、包装或款式等方面做出改进的新产品。

具体形式有：①增加现有产品线的长度。在产品规格、品种和款式上的变化，形成产品的系列化，满足消费者的不同需求。②新的产品线。将原有产品与其他产品或原材料相组合，增添产品的新功能，或通过采用新设计、新结构、新的零部件使其增加新用途。③产品系列延伸的产品。进入新的目标市场，推出新的产品。④降低成本的产品。改变产品的设计和使用材料使其品质变化，成本降低，以便适应消费者的需求。⑤新品牌产品。改变了产品的名称、标志、包装等外观形象，如在普通牙膏中加入某种药物，在服装的尺寸比例方面做出某些调整以适应新的时尚，等等。这类产品与原有产品的差距不大，进入市场后亦比较容易为市场接受。但是，由于这种创新比较容易，企业之间的竞争也就更加激烈。

4）模仿制造的产品

模仿制造的产品是指企业对国内外市场上已经出现的产品进行引进或模仿，并对原产品的某些缺陷和不足加以改造，研制生产出的产品，如引进汽车生产线，制造、销售各种类型的汽车等。注意，模仿制造是开发新产品最快的方式，风险比较小。只要企业有生产能力，又有市场需求，即可借鉴市场上现成的样品和技术来开发本企业的新产品。从新颖性角度看，这种新产品仅对公司具有新颖性，对市场的新颖性较小。

7.4.2 新产品开发的意义及其必要性

1. 产品生命周期理论要求企业不断地开发出新产品

企业依靠产品来谋求生存和发展有两条途径：一是增加原有产品的产量；二是开发新产品。但是，企业若仅仅依靠原有产品的生产，其寿命也就会随着产品进入衰退期，最终退出市场，而随之结束。因此，要在原有产品进入成熟期时，推出新产品；当新产品又进入成熟期时，再推出第二代新产品；第二代新产品进入成熟期时，再推出第三代新产品；如此类推，企业在创新产品的前提下，逐渐发展壮大起来。

2. 市场竞争的加剧迫使企业不断地开发出新产品

企业的竞争优势取决于企业能够向市场提供满足需求的新产品。市场竞争的加剧迫使企业不断开发新产品。企业源源不断地推出领先产品，不仅可以提高市场份额，提高自己产品的价值，同时积聚超越于竞争者的优势，迫使竞争者产品过时进而淡出或退出市场。

3. 消费者需求的变化要求企业不断开发新产品

随着自身的成熟，消费者不但对品牌的要求越来越高，而且其需求也日益呈现出多样化、个性化。这就需要企业既要提高产品质量，又要开发更多富有个性的新产品。

4. 开发新产品也是奉行社会市场营销的要求

企业利用新型无公害的原材料，生产和开发环保的新产品，可以克服营销观念仅仅满足个别消费者需要而造成资源浪费、环境污染、生态破坏，以至广大消费者利益受到损害的弊端，做到在满足消费者的需求、取得合理利润的同时，保护环境，减少公害，维持一个健康和谐的社会生存环境，不断提高人类的生活质量。

7.4.3　企业开发新产品应遵循的原则

1. 根据市场需要，开发适销对路的产品

生产符合市场需要的产品，是新产品开发成功的关键。企业要根据社会经济形势发展和市场需求变化来进行新产品开发。

2. 根据本企业资源、技术等能力确定开发方向

企业应当根据本省的资源、设备条件、技术力量等确定新产品的开发方向。只有量力而行，才能收到扬长避短、事半功倍的效果。新产品的开发方向，最好是既符合市场需要，又能发挥本企业的优势。

3. 量力而行，选择切实可行的开发方式

对于新产品开发，企业可根据条件，采用引进技术、自行研制、引进技术与改进技术相结合等方式进行。

7.4.4　新产品开发的程序

开发新产品是一个从寻找新产品构思开始，一直到把某个构思转变为商业上取得成功的新产品为止的前后连续的过程。新产品开发程序如图 7-5 所示。

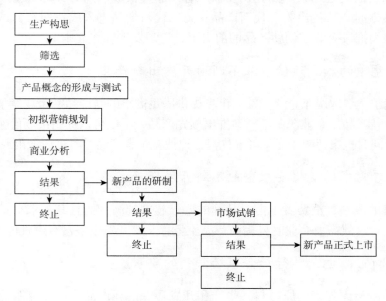

图 7-5　新产品开发程序

1. 新产品构思

新产品构思是为满足某一种新需求而提出的设想。其方法如下。

（1）产品属性排列法。将现有产品的属性一一排列出来，然后探讨改良某一种属性的方法。

（2）强行关系法。列举几种不同的产品，将它们强行联系起来，产生新的构思。

（3）多角分析法。将产品的重要属性抽象出来，然后具体分析每一种属性，产生创意。

（4）问题分析法。分析消费者使用产品中出现的问题，形成新的构思。

（5）头脑风暴法。由一群人（不超过 12 人）进行讨论，大家畅所欲言，彼此激励，相互启发，形成更多、更好的构思。

（6）征集意见法。通过问卷调查、召开座谈会等方式了解消费者需求，征求科技人员、发明人员等的意见，形成新的构思。

2. 筛选

筛选目的：摒弃获利较小或亏损的产品构思，保留少数几个有吸引力和切实可行的方案。

筛选标准：

（1）产品构思与企业目标是否一致，如一致则保留，如不一致则放弃。

（2）企业是否有经营新产品的技术、生产、销售和财务等方面的能力，如有则保留，如无则放弃。

（3）企业是否有开发新产品的时机，如有则保留，如无则放弃。

3. 新产品概念的形成与测试

新产品构思经过筛选后，需进一步发展形成更具体、明确的产品概念，这是开发新产品过程中最关键的阶段。产品概念是指已经成型的产品构思，即用文字、图像、模型等予以清晰阐述，具有确定特性的产品形象。一个产品构思可以转化为若干个产品概念。

例如，一家食品公司获得一个新产品构思，欲生产一种具有特殊口味的营养奶制品，该产品具有高营养价值、口感好、食用简单方便（只需开水冲饮）的特点。为把这个产品构思转化为鲜明的产品形象，公司从三个方面加以具体化：

（1）该产品的使用者是谁，即目标人群是婴儿、儿童、成年人还是老年人。

（2）使用者从产品中得到的主要利益是什么（营养、美味、提神或健身等）。

（3）该产品最适合在什么环境下饮用（早餐、中餐、晚餐、饭后或临睡前等）。

这样，就可以形成多个不同的产品概念，如下所示。

概念 1："营养早餐饮品"，供想快速得到营养早餐而不必自行烹制的成年人饮用。

概念 2："美味佐餐饮品"，供儿童作午餐点心饮用。

概念 3："健身滋补饮品"，供老年人夜间临睡前饮用。

企业每一个新产品概念都要进行市场定位，以便具体分析该产品与市场上哪些现有产品发生竞争，并据此制定产品或品牌定位策略。

企业要从众多新产品概念中选择出最具竞争力的最佳产品概念，这就需要了解顾客的意见，进行产品概念测试。

概念测试一般采用概念说明书的方式，说明新产品的功能、特性、规格、包装、售价等，印发给部分可能的顾客，有时说明书还可附有图片或模型。要求顾客就类似如下的一些问题提出意见。

（1）你认为本饮品与一般奶制品相比有哪些特殊优点？

（2）与同类竞争产品比较，你是否偏好本产品？

（3）你认为价格多少比较合理？

（4）产品投入市场后，你是否会购买？（肯定买，可能买，可能不买，肯定不买）

（5）你是否有改良本产品的建议？

概念测试所获得的信息将使企业进一步充实产品概念，使之更适合顾客需要。概念测试视需要也可分项进行以期获得更明确的信息。概念测试的结果一方面形成新产品的市场营销计划，包括产品的质量特性、特色款式、包装、商标、定价、销售渠道、促销措施等；另一方面可作为下一步新产品设计、研制的根据。

4. 初拟营销规划

（1）描述目标市场的结构、规模、消费者的购买行为等。

（2）概述产品预期价格、分销渠道和第一年的营销预算。

（3）拟定不同时期的市场营销组合。

5. 商业分析

商业分析实际上是经济效益分析。其任务是在初步拟定营销规划的基础上，对新产品概念从财务上进一步判断它是否符合企业目标。这包括两个具体步骤：预测销售额、推算成本与利润。

预测新产品销售额可参照市场上类似产品的销售发展历史，并考虑各种竞争因素，分析新产品的市场地位、市场占有率，以此来推测可能的销售额。在推算销售额时，应将几种风险系数都考虑进去，可采用新产品系数法。

预测销售额除了产品系数分析法，还应考虑不同产品的再购率，即新产品是一定时期内顾客只购买一次的耐用品，还是购买频率不高的产品，或是购买频率很高的产品。不同的购买率，会使产品销售在时间上呈不同的销售曲线。

在完成一定时期内新产品销售额预测后，就可推算出该时期的产品成本和利润收益。成本预算主要指通过市场营销部门和财务部门综合预测各个时期的营销费用及各项开支，如新产品研制开发费用、销售推广费用、市场调研费用等。根据成本预测和销售额预测，企业即可以预测出各年度的销售额和净利润。审核分析该项产品的财务收益，可以采用盈亏平衡分析法、投资回收率分析法、资金利润率分析法等。

6. 新产品的研制

这一步主要是将通过效益分析即商业分析后的新产品概念交送研究开发部门或技术工艺部门研制成为产品模型或样品，同时进行包装的研制和品牌的设计。这是新产品开发的一个重要步骤。只有通过产品研制，投入资金、设备和劳动力，才能使产品概念实体化，并发现产品概念的不足与问题，继续改进设计，也能证明这种产品概念在技术、商业上的可行性如何。如果因技术上不过关或成本过高等而被否定，这项产品的开发过程即会终止。

应当强调，新产品研制必须使模型或样品具有产品概念所规定的特征，应进行严格的测试与检查，包括专业人员进行的功能测试和消费者测试。功能测试主要在实验室进行，测试新产品是否安全可靠、性能质量是否达到规定的标准、制造工艺是否先进合理等。消费者测试是请消费者加以试用，征集他们对产品的意见。这两种测试的目的都在于对样品作进一步的改进。

7. 市场试销

经过测试合格的样品即正式产品，应投放到有代表性的小范围市场上进行试销，以检验新产品的市场效率，作为是否大批量生产的依据。当产品的成本很低，对新产品非常有信心，由比较简单的产品线扩展或模仿竞争者的产品时，企业可以不进行或进行很少量的试销。但是，投资很大的产品或者企业对产品或营销方案信心并非很足时，就必须进行为时较长的试销。

在试销过程中，企业要注意收集有关资料：①在有竞争的情况下，新产品试销情况及销售趋势如何，同时与原定目标相比较，调整决策；②哪一类顾客购买新产品，重购反应如何；③对产品质量、品牌、包装还有哪些不满意；④新产品的试用率和重购率为多少，这两项指标是试销成功与否的判断值，也是新产品正式上市的依据；⑤如果采用几种试销方案，选择比较适合的方案。

8. 新产品正式上市

对于经过试销获得成功的新产品，进行大批量生产和销售。这是新产品开发的最后一个程序。至此，新产品也就进入了商业化阶段。

7.5 产品的品牌策略

7.5.1 产品的品牌概念

我们每个人都生活在商品经济中，太阳神、可口可乐、青岛啤酒、格力空调、娃哈哈这些品牌无人不知。

1. 品牌的含义

品牌是商品的商业名称，通常由文字、标记、符号、图案和颜色等要素组合构成，用作一个销售者或销售者集团的标识，以便同竞争者的产品相区别。

2. 品牌是一个集合概念

1）品牌名称

品牌名称是指品牌中可以用文字语言和口头语言表达的部分，如"可口可乐""青岛啤酒""娃哈哈""李宁""安踏""金利来""长虹""奔驰"。

2）品牌标志

品牌标志是指品牌中可被识别、认识，但不能用语言表达的部分，如特殊符号、图案、色彩或文字造型。这些视觉图像使人难以忘怀，强烈地传达着品牌的信息。品牌标志不等同于品牌，它只是品牌的一种形象表达。如图 7-6 所示，"太阳神"三个字为品牌名称，其他部分为品牌标志。

图 7-6　太阳神品牌

3）商标

商标是一个专门的法律术语，品牌或品牌的一部分在政府有关部门依法注册登记后，获得专用权，受到法律保护，称为商标。经注册登记的商标有"R"标记或"注册商标"的字样。

3. 品牌与商标的区别

品牌是商业名称，商标是法律名称，二者是密切联系在一起的。品牌的全部或其中某一部分经注册成了商标，这一品牌便具有法律效力；一般而言，品牌与商标是总体与部分的关系，所有商标都是品牌，但品牌不一定都是商标，二者紧密相连，而且基本作用相同。

7.5.2 品牌的作用

品牌是形式产品的一个重要组成部分，具有其特殊的作用。

1. 品牌——消费者或用户记忆商品工具

品牌不仅要将商品销售给目标消费者或用户，还要使消费者或用户通过使用对商品产生好感，从而重复购买，不断宣传，形成品牌忠诚。消费者或用户通过对品牌产品的使用，形成满意度，就会围绕品牌形成消费经验，存储在记忆中，为将来的消费决策形成依据。一些企业更为自己的品牌树立了良好的形象，赋予了美好的情感，或代表了一定的文化，使品牌及品牌产品在消费者或用户心目中形成了美好的记忆，如麦当劳，人们对于这个品牌会感到一种美国文化、快餐文化，会联想到一种质量、标准和卫生，也能由麦当劳品牌激起儿童在麦当劳餐厅里尽情欢乐的回忆。

2. 品牌——识别商品的分辨器

品牌的建立是由于竞争的需要，是用来识别某个销售者的产品或服务的。品牌设计应具有独特性，有鲜明的个性特征，品牌的图案、文字等与竞争对手有区别，其代表着本企业的特点。同时，互不相同的品牌各自代表着不同形式、不同质量、不同服务的产品，可为消费者或用户购买、使用提供借鉴。通过品牌，人们可以认知产品，并依据品牌选择购买。例如，汽车有奔驰、沃尔沃、桑塔纳、英格尔等品牌。每种品牌汽车代表了不同的产品特性、不同的文化背景、不同的设计理念、不同的心理目标，消费者和用户可根据自身的需要，依据产品特性进行选择。

3. 品牌——质量和信誉的保证

企业设计品牌，创立品牌，培养品牌的目的是希望此品牌能变为名牌，于是在产品质量上下功夫，在售后服务上做努力。同时品牌代表企业，企业从长远发展的角度必须从产品质量上下功夫，特别是名牌产品、名牌企业，于是品牌就代表了一类产品的质量档次，代表了企业的信誉，如海尔作为家电品牌，人们提到"海尔"就会联想到海尔家电的高质量、海尔的优质售后服务及海尔人为用户着想的动人画面。又如，耐克作为运动鞋的世界知名品牌，其人性化的设计、高科技的原料、高质量的产品，为人们所共睹。耐克代表的是企业的信誉、产品的质量。

4. 品牌——企业的"摇钱树"

品牌以质量取胜，品牌常附有文化、情感内涵，所以品牌给产品增加了附加值。同时，品牌有一定的信任度、追随度，企业可以为品牌制定相对较高的价格，获得较高的利润。品牌中的知名品牌在这一方面表现最为突出，如海尔家电，其价格一般比同等产品高；耐克运动鞋，比同等的李宁运动鞋、安踏运动鞋高。由此可见，品牌特别是名牌可给企业带来较大的收益，品牌作为无形资产，已为人们认可。

7.5.3 品牌设计和命名的原则

给品牌起个好名字无疑会对品牌的成功起到很大作用，尤其在今天，面对众多的品牌竞争，好的品牌名能让消费者很快记住，甚至是过目不忘。品牌命名的成功与否，直接关系着企业的产品能否迅速在市场上立足，甚至是能否生存的问题。

1. 易读易记原则

品牌名只有易读易记才能高效地发挥它的识别功能和传播功能。因此这就要求企业在为品牌命名时做到：简洁、独特、新颖、响亮。

1）简洁

名字简单、简洁明快，字数不能太多，要易于传播。例如，当年 IBM 在品牌运作很长时间后消费者仍记不住它是谁，后来发现是名字的问题。它原来使用的名称是 International Business Machines（国际商业机器公司），这样的名称不但难记忆，而且不易读写，在传播上存在很大的障碍。后来把国际商用机器公司缩简为"IBM"三个字母，这样简洁、易记、好传播的名字，推动了高科技领域的"蓝色巨人"的领导者形象的形成和发展。

2）独特

品牌名要彰显出独特的个性，并与其他品牌名有明显的区分或表达独特的品牌内涵，如"红豆"衬衫的命名就具有中国文化特色，会令人触物生情，会想起王维的诗："红豆生南国，春来发几枝。愿君多采撷，此物最相思。"

3）新颖

品牌名要有新鲜感，要与时俱进，要有时尚感，创造新概念，如中国移动给自己推出的一款针对青年人的通信产品命名为"动感地带"，就比较新颖、时尚，所以也赢得了年轻人的欢迎。还有一些餐馆名也是比较有新鲜感和时代感的，如"麻辣诱惑"等。

4）响亮

品牌名称要朗朗上口，发音响亮，避免出现难发音或音韵不好的字，如娃哈哈、上好佳等。

2. 尊重文化与跨越地理限制

品牌的命名一定要考虑品牌在以后的发展过程中的适应性，这种适应性不仅要适应市场的变化、时间空间的变化，还要适应地域空间的变化。具体地说，是要适应消费者的文化价值观念和潜在的市场的文化观念。由于世界各国、各地区的消费者的历史文化、语言习惯、风俗习惯、民族禁忌、宗教信仰、价值观念等存在一定差异，他们对同一品牌的看法也会有所不同。可能一个品牌在这个国家是非常美好的意思，可是到了那个国家其含义可能会完全相反。例如，熊猫在很多国家非常受欢迎，是和平、友谊的象征，但在伊斯兰国家和信仰伊斯兰教的地区，则认为它是不好的象征；菊花在意大利是国花，但在法国是不吉利的象征，拉丁美洲有些国家认为菊花是妖花；蝙蝠在我国，因"蝠"与"福"同音，被认为有美好的联想，因此在我国有"蝙蝠"电扇，而在英语里，蝙蝠翻译成的英语 bat 却是吸血鬼的意思。

3. 无歧义原则

品牌的命名可以让消费者浮想联翩，但千万不能让消费者产生歧义，也不能让消费者通过谐音联想歧义。例如，金利来，当初取名为"金狮"，在中国香港的发音是"尽输"，并且这一地区的人比较讲究吉利，所以在很长一段时间内"金狮"无人问津。后来，金利来掌门人曾宪梓先生分析了原因之后，就将 Goldlion 分成两部分，前部分 Gold 译为"金"，后部分 lion 音译为"利来"，取名"金利来"，结果情况发生截然不同的变化，可以说，"金利来"能够发展到今天，取得如此辉煌的业绩，这与它美好的名称密不可分。

4. 暗示产品特点

在进行品牌命名时，可以从产品的特点、功能、形态等属性来命名，这样能让消费者从它的名字一眼就看出它是什么产品。例如，五粮液、雪碧、佳洁士、创可贴、美加净等。劲量用于电池，恰当地表达了产品持久强劲的特点；固特异用于轮胎，准确地展现了产品坚固耐用的属性。它们中的一些品牌，甚至已经成为同类产品的代名词，让后来者难以下手。商务通的命名，使得它几乎成为掌上电脑的代名词，消费者去购买掌上电脑时，很多人会直接指名购买商务通，甚至以为商务通即掌上电脑，掌上电脑即商务通。当然，这种品牌命名也有一定的不足之处，品牌名与产品的关联度比较高，容易使品牌成为这一产品的代名词，可能会给以后的品牌延伸和多元化带来麻烦，如金嗓子喉宝。

5. 可延伸原则

品牌命名时不仅要考虑到以上几点原则，还要考虑到品牌以后的延伸问题。如果品牌名称和产品关联度太大，就有利于品牌今后扩展到其他产品或其他领域。一般而言，一个无具体意义而又不带任何负面效应的品牌名，有助于今后的品牌延伸。例如，索尼不论是中文名还是英文名，都没有具体的内涵，仅从名称上不会联想到任何类型的产品，这样，品牌可以扩展到任何产品领域。但这类命名的品牌，在投放市场初期很难让消费者与产品产生直接联想，消费者对品牌认知的时间较长。

6. 可保护性原则

可保护性就是品牌名要能受到法律保护的原则。所以在进行品牌命名时一定要考虑两点：一是要考虑被命名的品牌是不是侵权其他品牌，查询是否已有相同或相近的品牌被注册；二是要注意该品牌名称是否在允许注册的范围内。例如，"南极人"品牌就是由于缺乏保护，而被数十个厂家共用，一个厂家所投放的广告费为大家作了公共费用，非常可惜。大量厂家对同一个品牌开始了掠夺性的开发使用，使得消费者不明就里、难分彼此，面对同一个品牌，却是完全不同的价格、完全不同的品质，最后消费者把账都算到了"南极人"这个品牌上，逐渐对其失去了信任。由此可见，一个品牌是否合法即能否受到保护是多么重要。

7. 亲和性原则

消费者为什么会喜欢某个品牌而不是其他的品牌，就是因为其有亲和力、有情感号召力，这其中品牌名的作用是功不可没的。因此，品牌的命名是否有亲和力是至关重要的，品牌的名称一定要兼顾到消费者的喜好，最好能让消费者从名字中就能体验到备受关注和利益，如舒肤佳就让人感受到对皮肤比较舒服，还有金六福酒，不但有亲和力，而且迎合了中国人对福文化的追求和渴望的心理，很容易打动消费者的心。

7.5.4　品牌策略

品牌策略是企业经营自身产品（含服务）之决策的重要组成部分，是指企业依据自身状况和市场情况，最合理、有效地运用品牌商标的策略。品牌策略通常有以下几种。

1. 有品牌和无品牌策略

采用品牌对大部分产品来说可以起积极作用，但是并不是所有产品都必须采用品牌，由于采用品牌要发生一定的费用，使用品牌对销售的促进作用可能会很小。

2. 制造品牌与销售品牌策略

由于消费者对所要购买的产品并不具备充分的知识，故消费者在购买产品时除了以产品的制造商的品牌作为选择依据外，还根据经销者的品牌，即在什么店购买。一般如果企业在一个新的产品市场上销售产品，或者市场上本企业的信誉不及经销者的信誉，则适宜采用经销者的品牌，等取得消费者信任后，可转而使用制造商的品牌，或者同时使用制造商的品牌和经销者的品牌。

3. 统一品牌和个别品牌策略

统一品牌策略是指企业将经营的所有系列产品使用同一品牌的策略。使用统一品牌策略，有利于建立"企业识别系统"。这种策略可以使推广新产品的成本降低，节省大量广告费用。如果企业声誉甚佳，新产品销售必将强劲，利用统一品牌是推出新产品最简便的方法。采用这种策略的企业必须对所有产品的质量严格控制，以维护品牌声誉。

个别品牌策略是指企业对各种不同产品，分别采用不同的品牌。这种策略的优点是，可以把个别产品的成败同企业的声誉分开，不至于因个别产品信誉不佳而影响其他产品，不会对企业整体形象造成不良后果。但实行这种策略，企业的广告费用开支很大。最好先做响企业品牌，以企业品牌带动个别品牌。

【相关案例】

统一品牌与个别品牌并用

美国通用汽车公司生产多种不同档次、不同类型的汽车，所有产品都采用 GM 的总商标，而对各类产品又分别使用凯迪拉克、别克、切诺基、雪佛兰等不同的产品名称。每个产品名称都代表一种具有某种特点的产品，如雪佛兰代表普及型的大众化轿车，凯迪拉克代表豪华型的高级轿车。

4. 扩展品牌策略

扩展品牌策略是指企业利用市场上已有一定声誉的品牌，推出改进型产品或新产品的策略。采用这种策略，既能节省推广费用，又能迅速打开产品销路。这种策略的实施有一个前提，即扩展的品牌在市场上已有较高的声誉，扩展的产品也必须是与之相适应的优良产品。否则，会影响产品的销售或降低已有品牌的声誉。

5. 多品牌策略

多品牌策略是指企业在同类产品中同时使用两种或两种以上品牌的策略。该策略可以给企业带来几方面的利益：可以增加品牌的陈列面积，增加零售商对产品的依赖性；可以吸引喜好新牌子的消费者；使组织内部直接产生竞争，有利于提高企业的工作效率和管理准备效率；可以满足不同的细分市场的需要，为提高总销售量创造条件。其存在的风险：使用的品牌量过多，导致每种产品的市场份额很小，企业资源分散，不能集中到少数几个获利水平较高的品牌。首创这种策略的是美国的宝洁公司，如该公司与我国广东合资生产的洗发液就有"海飞丝""飘柔""潘婷""沙宣"等品牌。虽然多个品牌会影响原有单一品牌的销售量，但多个品牌的销量之和又会超过单一品牌的市场销量，增强企业在这一市场领域的竞争力。

6. 品牌创新策略

品牌创新策略是指企业改进或合并原有品牌，设立新品牌的策略。品牌创新有两种方式：一是渐变，使新品牌与旧品牌造型接近，随着市场的发展而逐步改变品牌，以适应消费者的心理变化。这种方式花费很少，又可保持原有商誉。二是突变，舍弃原有品牌，采用最新设计的全新品牌。这种方式能引起消费者的兴趣，但需要大量广告费用支持新品牌的宣传。

7.6　产品的包装策略

7.6.1　产品包装的概念与作用

产品包装有两层含义：一是指产品的容器和外部包扎，即包装材料；二是指采用不同形式的容器或物品对产品进行包装的操作过程及包装方法。在实际工作中，二者往往难以分开，故统称为产品包装。产品的包装有以下五个作用。

1. 保护产品

产品在从出厂到用户的整个流通过程中，都必须进行运输和储存，即使到了用户手中，从开始使用到使用完毕，也还有存放的问题。产品在运输中会遇到震动、挤压、碰撞、冲击以及风吹、日晒、雨淋等损害；在贮存时也会受到温度、湿度、虫蛀、鼠咬、尘埃损害和污染等影响。合理的包装能保护产品在流通过程中不受自然环境和外力的影响，从而保护产品的使用价值，使产品实体不致损坏、散失、变质和变形。

2. 提高产品储运效率

包装对小件产品起着集中的作用。包装袋或包装纸上有有关产品的鲜明标记，便于装卸、搬运和堆码，利于简化产品的交接手续，从而使工作效率明显地提高。外包装的体积、长宽高尺寸、重量与运输工具的标重、容积相匹配，对提高运输工具利用率，节约动力和运费，都具有重要的意义。

3. 便于使用

适当的包装可以起到便于使用和指导消费的作用。包装上的使用说明、注意事项等，对消费者或用户使用、保养、保存产品具有重要的指导意义。

4. 促进产品销售

产品包装具有识别和促销的作用。产品包装后，可与同类竞争产品相区别。精美的包装，不易被仿制、假冒、伪造，有利于保持企业的信誉。在产品陈列时，包装是"无声的推销员"。良好的包装，往往能为广大消费者或用户所瞩目，从而激发其购买欲望，成为产品推销的一种主要工具和有力的竞争手段。包装还能起到广告宣传的作用。有时，同种产品的质量的改进，可以使一项旧产品给人带来一种新的印象。由此可见，包装能够有效地帮助产品上市行销，维持或扩大市场占有率。实现产品包装化，有利于提高产品质量，丰富产品品种，还可方便销售，有助于推广自动售货和自我服务售货。

5. 促进企业收入的增加

优良、精美的包装，不仅可以使好的产品与好的包装相得益彰，避免"一等产品，二等包装，三等价格"的现象，还能够抬高产品的身价，使消费者或用户愿意出较高的价格购买，从而使企业增加销售收入。此外，包装产品的存货控制，也比较简单易行。实现产品包装化，还可使产品损耗率降低，提高运输、储存、销售各环节的劳动效率。这些都可使企业增加利润。

7.6.2　产品包装的设计原则

包装不仅具有充当产品保护神的功能，还具有积极的促销作用，随着近年来市场竞争的激烈，更多的人在想尽办法使之发挥出后一种作用。

1. 包装应与商品的价值和质量水平相适应

高档商品必须设计最精美的包装装潢，低档商品切忌过分包装。过去，我国出口商品常被国外人士嘲笑为"一流商品，二流包装，三流价格"；现今，有些企业矫枉过正，出现"一流包装，二流价格，三流商品"的现象。包装的档次与产品的档次相适应，掩盖或夸大产品的质量、功能等都是失败的包装。我国出口的人参曾用麻袋、纸箱包装，外商怀疑是萝卜干，自然是从这种粗陋的包装档次上去理解的。相反，低档的产品用华美贵重的包装，也不会吸引消费者。目前我国市场上的小食品包装大多十分精美，醒目的色彩、华丽的图案和银光闪烁的铝箔袋加上动人的说明，对消费者，特别是儿童有着极大的诱惑力，但很多时候袋内的食品价值与售价相差甚远，使人有上当受骗的感觉，这样不仅增加了消费者的负担，还给消费者"金玉其外，败絮其中"的感觉，这种受欺骗的心理会影响到消费者对该商品的重购。

2. 包装设计必须考虑不同商品的不同特点

合理地选择包装材料，进行科学合理的造型结构设计。包装的材质变化也会引起人们的注意，山东出口的瓷器礼品，别出心裁地用玉米皮编成手提式套箱做包装，既充分利用了农村富余劳动力，又使本地大量的廉价材料变成具有民间特色、质地雅致的工艺品包装，比起一般的纸盒包装更具有艺术性。四川名产"缠丝兔"食品，原来以红色长方形纸盒做包装，现在用细细的竹篾片编成精致的圆柱形容器，独特美观，形成令人难忘的印象。

3. 要考虑使用、保管和携带的方便

对于某些液体、粉末、胶质类商品，应采取自动喷射等容易开启的结构，才便于使用。设计不同规格和分量的包装，便于消费者选购。在此基础上，包装还要考虑贮存、携带的方便。例如，某些商品包装的外形要便于折叠、悬挂或平置等，蒙牛奶箱加一个提手；罐头带开启的"钥匙"；火腿肠易撕开。

4. 包装要突出商品的特点或独特风格

对于以外形和色彩表现其特点或风格的商品，如服装、装饰品、食物等，其包装应考虑能向购买者直接显示商品本身，以便顾客选购，如全透明包装、开天窗包装或在包装上附有彩色照画片。"雪莲"牌羊绒衫的纸盒包装上部开一"天窗"，透过玻璃纸可以清楚地看到羊绒衫的颜色和质地，便于选择。广东阳江的"钻石"牌不锈钢菜刀，用具有能固定刀体的纸盒包装，使搬运、销售方便；盒面上用摄影特写显示交锋的镜头；底图是蔬菜与肉类，附以菜刀产地、历史、质量等的照片与说明，使其悠久的历史、上乘的质量得到真实的直观展现，受到国内外客户的欢迎。

5. 包装上的文句设计要能增加顾客的信任感并能引导消费

对于化工、食品、医药类产品，要在包装上注明产品的成分、性能、使用方法、数量、有效期限以及商品条形码等各种信息要素，且要真实，以增强顾客的信任感。同时，对于大众化消费品，文字说明要通俗易懂，避免专业化太强，为顾客正确使用商品提供指导。例如，食品类的包装应说明用料、食用方法；药物类商品应说明成分、功效、服用量、禁忌及是否有副作用等，总之要能直接回答购买者所关心的问题，以消除购买者可能存在的疑虑。

6. 包装上所采用的色彩、图案及包装的数量要符合消费者的心理要求，并且不与民族习惯、宗教信仰发生抵触

以色彩来说，各人有各人喜爱和讨厌的颜色，这当然是不能强求一致的，但也有共同点，如女性大部分都喜欢白色、红色、粉红色（它们被称为女性色），女性用品的包装使用这些颜色能引起女士们的喜爱。而男性喜欢庄重严肃的黑色（黑色又称男性色）男性专用品的包装使用黑色能得到男士的青睐。各个民族有不同的喜爱色，称为民族色，美国人喜欢黄色，使用黄色包装的商品比较畅销，如柯达彩色胶卷，世界最大的建筑机械厂家卡达皮拉公司的产品，库雷罗鲁的化妆品，玛克期·法库塔公司的防晒油，等等。但日本人不喜欢黄色，在日本采用黄色包装往往销量不佳。有人认为美国人喜欢黄色是出于对金发美人的喜爱，还因为在其南部诸州的炎热地区，太阳看上去是金黄色的，这里的奥秘我们不再深入探讨。这种民族喜爱的心理也是相对的、变化的，我们只是强调喜恶的感觉能左右购买行为。

7.6.3　产品的包装策略

企业在现代市场营销过程中，根据产品的不同情况，通常采用如下包装策略。

1. 类似包装策略

类似包装策略是指企业对自己所生产的各种不同的产品使用相同或相似的图案、色彩和形状，形成相同的特色，使消费者易于辨认和联想是同一企业的产品。这种策略的优点在于企业通过整体实力来扩大企业知名度，树立企业形象，有利于消费者对企业的认知；可以节省包装设计费用；有利于推销新产品。但是，类似包装策略只适用于同一质量水平的产品。如果产品质量悬殊，就会增加低档产品的包装成本，或使优质产品产生贬低的不良效果。所以，不同质量的产品在考虑使用类似包装策略时，要考虑在使用相似外观的基础上，以不同材质的材料制作包装用品。

2. 等级包装策略

等级包装策略是指企业将产品分成若干个等级，分别采用不同的包装。这种策略有利于把不同品质的产品明确区分开来，有利于满足不同消费者的需求和爱好。但是，为了企业形象的统一，在外观设计上最好采用统一的尺寸和图案。这种包装策略主要适用于品质悬殊的产品。

3. 配套包装策略

配套包装策略是根据消费者的特殊要求，将多种相关的不同类型和规格的商品组合在同一个包装容器内同时出售，如套装首饰的包装、情侣饰品的包装、玉器摆件和底座的包装等。这种策略为消费者的购买和使用提供了方便，同时也有利于提高企业的销售额和推出新产品。但是需注意，配套包装的产品在某一方面要有密切的关联性。

4. 复用包装策略

复用包装策略是指企业在设计和制作包装容器时，考虑到商品用完后剩下的包装容器可以给消费者作新的用途。这种策略是根据消费者求廉和追求纪念意义的心理角度所使用的一种策略，这种策略一方面可以通过给消费者额外利益，引起其购买兴趣而扩大产品销售，另一方面能发挥广告宣传作用，吸引用户重复购买。但是若包装成本过高，往往使消费者失去购买兴趣。

5. 附赠包装策略

附赠包装策略是指企业在包装内附有优惠券、小物品、小纪念品，以此吸引顾客重复购买的策略。这也是利用消费者追求实惠的心理策略。但是，这种包装策略一定要消费者感受到这是一份意外的收获，是购买本企业产品后的额外利益。

6. 更换包装策略

更换包装策略是指对原商品包装进行改进或更换，重新投入市场以吸引消费者；或者原商品声誉不是太好，销售量下降时，通过更换包装，重塑形象，保持市场占有率，采取该策略，可以重塑产品在消费者心中的形象，改变一些不良影响，但对于优质名牌产品，不宜采用这种策略。

【本章知识反馈】

一、单项选择题

1. 品牌中可以用语言称呼、表达的部分是（　　　）。

A. 品牌　　　B. 商标　　　C. 品牌标志　　　D. 品牌名称

2. 新产品的主要类型不包括（　　　）。

A. 全新产品　　　B. 大类产品　　　C. 换代产品　　　D. 改进产品

3. 在产品生命周期的阶段中，销售增长率最高的是（　　　）。

A. 导入期　　　B. 成长期　　　C. 成熟期　　　D. 衰退期

4. 企业开发新产品的第一个环节是（　　　）。

A. 测试　　　B. 筛选　　　C. 构思　　　D. 商品分析

5. 以儿童营养液成名的娃哈哈品牌，又利用该品牌推出了八宝粥、纯净水等，这种品牌决策是（　　　）。

A. 品牌延伸策略　　　B. 统一品牌策略　　　C. 多品牌策略　　　D. 分类品牌策略

6. 用料与设计精美的酒瓶，在酒消费之后可用作花瓶或凉水瓶，这种包装策略是（　　　）。

A. 配套包装策略　　　B. 附赠品包装策略　　　C. 分档包装策略　　　D. 复用包装策略

7. 改进产品和（　　　）是市场上大量出现的新产品的主要来源。

A. 全新产品　　　B. 换代产品　　　C. 仿制产品　　　D. 高档产品

8. 产品组合的宽度是指产品组合中所拥有（　　　）的数目。

A. 产品项目　　　B. 产品线　　　C. 产品种类　　　D. 产品品牌

二、复习思考题

1. 如何理解产品的整体概念？

2. 品牌与商标有何联系与区别？

3. 新产品包括哪几种类型？其构思有哪些主要来源？

4. 试述引入期产品定价与促销力度组合而形成的四种策略。

5. 成熟期产品在采用改进市场策略时，可采用哪些具体办法？

6. 产品包装有哪些基本策略？

案例分析

第 8 章

价 格 策 略

【引导案例】

格兰仕的价格策略

（1）价格领先策略。

核心策略为价格领先策略。其本质为：始终通过降价保持与竞争者的价格优势，同时保持认知价值。其直接后果为：市场份额扩大，短期利润下降。

核心策略能够得到执行，必须依靠后几种营销策略的具体实施。同时企业的营销优势在很大程度上取决于营销策略组合的优势，而不是单个策略的运用。

乍看上去，这些策略与微波炉时代的营销策略并无不同。下面分别对比格兰仕公司在新旧营销策略实施中的差异。

（2）成本优势策略。

为了使纯粹的正面进攻成功，格兰仕公司必须要有超过竞争者的实力优势。格兰仕公司必须使大量投资集中在降低生产成本的研究上，保证在成本上与竞争者拉开差距。

具体做法为：①降低制造成本；②利用经营范围来降低成本；③利用经验节约成本；④通过削减不当开支降低成本。

（3）质量与服务策略。

格兰仕公司应在产品成本与产品质量及服务之间仔细权衡：①需要仔细分析不同细分市场消费者的购买影响因素的比重，推出不同质量标准的产品。当然，仍需要最低质量保证，其应处于成本与质量的平衡点。②将不同档次的空调与服务拆开出售，但是需保证初次服务的品质。空调行业的初次服务对消费者而言异常重要。

（4）区域市场拓展策略。

区域市场拓展上，格兰仕公司利用已有的国际营销网将中低档的格兰仕空调输送到非发达国家，同时将国内的销售重心放在中小城市上，这样有利于规模的扩大。

最初投入建立生产线时，竞争对手可能会加大对创新降低成本技术的投入来获得更低的成本。因此一开始建立生产线时就要建立最低生产成本的新标准。成熟期失去市场份额则意味着绝对的销售量下降。由于已经投资建立了一定的生产能力，竞争者一般会坚守自己的市场份额，以避免淹没在"沉没成本"中，因此几大巨头的反应将会十分激烈。格兰仕公司要能迅速建立起超规模效益的制造中心以抵抗即将产生的价格战。

【案例思考】

1. 格兰仕公司价格领先策略的根本保证是什么？
2. 你认为格兰仕公司的营销策略包含了哪些内容？
3. 谈谈案例给你的启示。

【学习目标】

学习本章，应了解定价目标与定价程序；理解影响定价的因素；掌握定价的一般方法；掌握定价的基本战略；了解企业价格调整策略。并结合所了解的企业，根据企业的自身特点，给企业设计一个合理的价格策略。

8.1　定价目标与定价程序

8.1.1　定价目标

价格策略，是市场营销组合中一个十分关键的组成部分。价格通常是影响交易成败的重要因素，同时又是市场营销组合中最难以确定的因素。企业定价的目标是促进销售，获取利润。这要求企业既要考虑成本的补偿，又要考虑消费者对价格的接受能力，从而使定价策略具有买卖双方双向决策的特征。此外，价格还是市场营销组合中最灵活的因素，它可以对市场做出灵敏的反应。

1. 营销定价的概念

定价问题主要出现在企业第一次制定价格时：如企业开发出一种新产品，或购买到一种新产品；企业在新的分销渠道或者地理区域销售产品；企业为一项新的承包工程投标；等等。

企业定价是为了促进销售，获取利润，因而要求企业定价时，既要考虑成本的补偿，又要考虑消费者对价格的承受能力，从而使定价具有买卖双方决策的特征。

2. 定价目标的含义

定价目标是企业在对其生产或经营的产品制定价格时，有意识地要求达到的目的和标准。它是指导企业进行价格决策的主要因素。

定价目标取决于企业的总体目标。不同行业的企业，同一行业的不同企业，以及同一企业在不同的时期，不同的市场条件下，都可能有不同的定价目标。

3. 定价目标的种类

1）以获取利润为目标

获取利润是企业从事生产经营活动的最终目标，具体可通过产品定价来实现。获取利润目标一般分为以下三种：①以获取投资收益为定价目标；②以获取合理利润为定价目标；③以获取最大利润为定价目标。

2）以提高市场占有率为目标

提高市场占有率目标也称市场份额目标，即把保持和提高企业的市场占有率（或市场份额）作为一定时期的定价目标。市场占有率是一个企业经营状况和企业产品在市场上竞争能力的直接反映，关系到企业的兴衰存亡。较高的市场占有率，可以保证企业产品的销路，巩固企业的市场地位，从而使企业的利润稳步增长。

在许多情形下，市场占有率的高低，比投资收益率更能说明企业的营销状况。有时，由于市场的不断扩大，一个企业可能获得可观的利润，但相对于整个市场来看，所占比例可能很小，或本企业占有率正在下降。无论大、中、小企业，都希望用较长时间的低价策略来扩充目标市场，尽量提高企业的市场占有率。以提高市场占有率为目标定价，企业通常有如下两种方式。

（1）定价由低到高。定价由低到高，就是在保证产品质量和降低成本的前提下，企业入市产品的定价低于市场上主要竞争者的价格，以低价争取消费者，打开产品销路，挤占市场，从而提高企业产品的市场占有率。待占领市场后，企业再通过增加产品的某些功能，或提高产品的质量等措施来逐步提高产品的价格，旨在维持一定市场占有率的同时获取更多的利润。

（2）定价由高到低。定价由高到低，就是对于一些竞争尚未激烈的产品，入市时定价可高于竞争者的价格，利用消费者的求新心理，在短期内获取较高利润。待竞争激烈时，企业可适当调低价格，赢得主动，扩大销量，提高市场占有率。

3）以应付和防止竞争为目标

企业对竞争者的行为都十分敏感，尤其是价格的变动状况更甚。在市场竞争日趋激烈的形势下，企业在实际定价前，都要广泛收集资料，仔细研究竞争对手产品价格情况，通过自己的定价目标去对付竞争对手。根据企业的不同条件，一般有以下决策目标可供选择。

（1）稳定价格目标。以保持价格相对稳定，避免正面价格竞争为目标的定价。当企业准备在一个行业中长期经营时，或某行业经常发生市场供求变化与价格波动需要有一个稳定的价格来稳定市场时，该行业中的大企业或占主导地位的企业率先制定一个较长期的稳定价格，其他企业的价格与之保持一定的比例。这样，对大企业是稳妥的，中小企业也避免遭受由于大企业的随时随意提价而带来的打击。

（2）追随定价目标。企业有意识地通过给产品定价主动应付和避免市场竞争。企业价格的制定，主要以对市场价格有影响的竞争者的价格为依据，根据具体产品的情况稍高或稍低于竞争者。竞争者的价格不变，实行此目标的企业也维持原价，竞争者的价格或涨或落，此类企业也相应地调整价格。一般情况下，中小企业的产品价格略低于行业中占主导地位的企业的价格。

（3）挑战定价目标。如果企业具备强大的实力和特殊优越的条件，可以主动出击，挑战竞争对手，获取更大的市场份额。一般常用的策略目标有以下几种。

打击定价。实力较强的企业主动挑战竞争对手，扩大市场占有率，可以低于竞争者的价格出售产品。

特色定价。实力雄厚并拥有特殊技术、产品品质优良、能为消费者提供更多服务的企业，可以高于竞争者的价格出售产品。

阻截定价。为了防止其他竞争者加入同类产品的竞争行列，在一定条件下，往往采用低价入市的策略，迫使弱小企业无利可图而退出市场或阻止竞争对手进入市场。

8.1.2　定价程序

一般企业的定价程序可以分为六个步骤。

1. 确定定价目标

定价目标主要有八种：投资收益率目标、市场占有率目标、稳定价格目标、防止竞争目标、利润最大化目标、渠道关系目标、度过困难目标、塑造形象目标（也叫社会形象目标）。

2. 测定需求

企业商品的价格会影响需求，需求的变化影响企业的产品销售甚至企业营销目标的实现。因此，测定市场需求状况是制定价格的重要工作。在对需求的测定中，首要是了解市场需求对价格变动的反应，即需求的价格弹性。需求的价格弹性可用如下公式表示：

需求的价格弹性（E）＝需求量变化的百分比/价格变动的百分比

计算结果有三种情况：①当 $E>1$ 时，即价格变动率小于需求量变动率时，此产品富于需求弹性，或称为弹性大；②当 $E=1$ 时，即价格变动率同需求量变动率一致时，此产品具有一般需求弹性；③当 $E<1$ 时，即价格变动率大于需求量变动率时，此产品缺乏需求弹性，或称为具有非弹性需求。

影响需求弹性大小的主要因素有三个：商品替代品的数目和相近程度；商品在消费者收入中的重要性以及商品有多大用途。

【相关链接】

不同物品的需求弹性

不同物品的需求弹性存在着差异，特别是在消费品的需求弹性方面。造成不同物品需求弹性差异的主要因素有：

（1）产品对人们生活的重要性。通常情况下，米、盐等生活必需品的弹性小，奢侈品的需求弹性大。

（2）商品的替代性。一种商品的替代品数目越多，其需求弹性越大。因为价格上升时，消费者会转而购买其他替代品；价格下降时，消费者会购买这种商品来取代其他替代品。

（3）消费者对商品的需求程度。需求程度大，弹性小，如当医药价格上升时，尽管人们会比平常看病的次数少一些，但不会大幅度地改变他们看病的次数。与此相比，当汽车的价格上升时，汽车的需求量会大幅度减少。

（4）商品的耐用程度。一般而言，寿命长的耐用消费品需求弹性大。

（5）产品用途的广泛性。用途单一的商品需求弹性小，用途广泛的商品需求弹性大。在美国，电力的需求弹性是 1.2，这就与其用途广泛相关，而小麦的需求弹性仅为 0.08，就与其用途单一有关。

（6）产品价格的高低。价格昂贵的商品需求弹性较大。

由于商品的需求弹性会因时期、消费者收入水平和地区不同而不同，故我们在考虑商品的需求弹性到底有多大时，往往不能只考虑其中的一种因素，而要全面考虑多种因素的综合作用。在我国，彩电、音响、冰箱等商品刚出现时，需求弹性相当大，但随居民收入水平的提高和这些商品的普及，其需求弹性逐渐变小。

3. 估算成本

企业在制定商品价格时，要进行成本估算。企业商品价格的最高限度取决于市场需求及有关限制因素，而最低价格不能低于商品的经营成本费用，这是企业价格的下限。

企业的成本包括两种：一种是固定成本；另一种是变动成本，或称可变成本、直接成本。固定成本与变动成本之和为某产品的总成本。

4. 分析竞争状况

对竞争状况的分析，包括三个方面的内容。
（1）分析企业的竞争地位。
（2）协调企业的定价方向。
（3）估计竞争企业的反应。

5. 选择定价方法

企业可根据实际情况有针对性地进行定价方法的选择。
（1）成本为导向的定价方法。
（2）需求为导向的定价方法。
（3）竞争为导向的定价方法。

6. 选定最后价格

在最后确定价格时，必须遵循以下四项原则。
（1）商品价格的制定与企业预期的定价目标一致，这样有利于企业总的战略目标的实现。
（2）商品价格的制定符合国家政策法令的有关规定。
（3）商品价格的制定符合消费者整体及长远利益。
（4）商品价格的制定与企业市场营销组合中的非价格因素协调一致、互相配合，为达到企业营销目标服务。

8.2　影响定价的主要因素

8.2.1　影响定价的内部因素

企业在制定价格时，首先要考虑其基本依据——内部因素，即企业自身的经营条件。它具体包括企业的实力、企业的经营政策、产品成本水平和产品自身的特性四个方面。

1. 企业的实力

企业价格策略的运用必须以强大的实力作为后盾。当企业准备在市场上与对手展开直接价格竞争时，谁的资金雄厚、技术力量强、装备新，谁就能在较长的时期内保持低于对手的价格，从而在竞争中处于优势。反之，则会失败。所以实力不足的企业，决不能轻易卷入价格大战，以免投机不成，反而葬送了自己。

2. 企业的经营政策

企业的整体经营政策是产品定价的一个重要依据。因为它大致决定了企业的服务对象、目标市场、营销战略及定价目标。企业在制定经营政策的过程中要注意保持其面向市场的各项政策之间的协调性、一致性，以理顺企业内外各方面的关系，树立良好的企业形象。

3. 产品成本水平

产品在生产与流通过程中耗费的一定数量的物化劳动和活劳动之和构成产品成本，它是定价的最低界限。企业定价只有在补偿生产经营耗费的基础上留有一定利润，才能保证其生产经营活动顺利进行。换言之，企业定价必须首先保证总成本费用得到补偿，这就要求价格不能低于平均成本费用。但由于平均成本费用由平均固定成本费用和平均变动成本费用两部分组成，而固定成本费用不随产量变化而按比例变化，故企业的盈亏分界点就只能出现在价格补偿平均变动成本费用之后的累积余额等于全部固定成本费用之时。从长期来看，产品价格如果低于平均成本，企业将难以生存。就短期而言，产品价格必须高于平均变动成本，即获得边际利润。否则，亏损将随着生产经营产品数量的增加而增多。

4. 产品自身的特性

不同的产品能满足不同层次的市场需求，产品自身的特性将直接影响到企业价格策略的选择。它一般包括以下三点。

（1）产品满足的需求层次。产品满足消费者需求的不同，使消费者对各类产品注重的因素会有所不同，其需求价格弹性也往往存在较大差别。

（2）产品的质量。产品的质量是影响产品定价的重要内在因素，一般可分为三类：按质论价、物美价廉、质次价高。

（3）产品生命周期的不同阶段。在产品生命周期的不同阶段，成本和销量差异很大，这就要求企业针对产品所处的不同阶段，制定不同价格，如导入期价格、成长期价格、成熟期价格和衰退期价格。

8.2.2 影响定价的外部因素

企业在价格决策中，除了考虑内部因素，还需要充分考虑外部因素的制约，即市场因素、需求因素、心理因素和政府政策因素四个方面。

1. 市场因素

根据市场竞争程度的不同，我们可以把市场分为完全竞争、完全垄断、垄断竞争和寡头竞争四种类型。类型的不同决定着企业定价策略的不同。

1）完全竞争

完全竞争是指没有任何垄断因素的市场状况。其主要特征如下：同种产品有许多生产者，各个企业的产品没有差别，且产量在销售总量中所占比重很小，没有企业能够垄断市场和控制价格。在这种情况下，企业定价活动几乎发挥不了作用，只能接受市场竞争中形成的价格。而要获取较多的利润，也只能通过提高劳动生产率，节约成本费用，使本企业的成本低于同行业的平均成本。事实上，这种完全竞争的市场状态并不存在。

很多商品只是接近于完全竞争状态，如一些生产简单、供应来源便捷的日用小商品等。对于这类商品，任何企业都不可能通过改进营销方式来提高价格，提高价格只会造成销售困难。

2）完全垄断

完全垄断又称纯粹垄断或独占，是指一种产品完全由一家或少数几家企业所控制的市场状况。其主要特征如下：企业没有竞争对手，独家或少数几家企业联合控制市场价格。主要通过市场供给量来调节市场价格。完全垄断一般只能在特定的条件下才能形成，如拥有资源垄断、专卖、专利产品的企业，像通信、电力、自来水等，方可处于垄断地位。从理论上讲，垄断企业完全有定价的自由。但实际上，独占企业提高产品价格总量会引起消费者的抵制和政府的干预。同时对市场的完全垄断会使企业缺乏降低成本的外在压力，导致销售价格较高及生产效率低下，社会资源配置不佳。

3）垄断竞争

垄断竞争是指既有垄断又有竞争的市场状况。垄断竞争介于完全竞争和完全垄断之间，属于一种不完全竞争，是现代市场经济中普遍存在的典型竞争形式。其主要特征如下：同类产品在市场上有较多的生产者，市场竞争激烈，由于产品存在着差异性，少数拥有某些优势的企业可以创造一种独特的市场地位，影响并控制一定的市场价格。在垄断竞争的市场中，由于竞争者众多，企业较少受竞争者市场营销战略的影响。

4）寡头竞争

寡头竞争是竞争和垄断的混合物，也是一种不完全竞争。它是指某种产品的绝大部分由少数几家企业垄断的市场状况。其主要特征如下：少数企业共同占有大部分的市场份额，并控制和影响市场价格，个别企业难以单独改变价格。在寡头竞争条件下，商品主要实行操纵价格，即由寡头们通过协议或默契决定。这种价格一旦决定，会保持较长时期不变，一般不会出现某个寡头升降价，其他寡头随之升降价的现象，但各个寡头在广告宣传、促销方面竞争较激烈。在现实经济中，寡头竞争比完全垄断更为普遍，如西方国家的汽车业、飞机制造业、钢铁业等都是寡头竞争。

2. 需求因素

决定价格下限的是成本，决定价格上限的是产品的市场需求，需求是影响企业定价最主要的因素。经济学上把商品的需求量对该商品价格变动反应的敏感程度称为需求价格弹性。影响需求价格弹性的因素主要有以下三方面。

（1）商品与生活关系的密切程度。凡是与生活关系密切的商品，需求的价格弹性就小；反之，则弹性大。

（2）商品本身的独特性和知名度。越是独具特色和知名度越高的产品，需求的价格弹性越小；反之，弹性越大。

（3）替代品和竞争产品的种类及效果。替代品和竞争产品少并且效果也不好的产品，价格弹性小；反之，则弹性大。不同产品的需求价格弹性不同，因而企业在定价时对需求价格弹性大的商品可用降价来刺激需求；对需求价格弹性小的商品，当市场需求强劲时，则可适当提高价格以增加收益。

3. 心理因素

消费者的心理行为是企业制定价格时最不易考察的一个因素，同时又是企业定价时必须考虑的一个重要因素。通常消费者在选购商品时，总是根据某种商品能为自己提供效用的大小来判定该商品的价格，他们对商品一般都有客观的估价。若企业定价高于消费者的心理期望值，则很难被消费者接受；反之，则易引起消费者的误解及拒绝。随着消费心理的日趋复杂，心理因素对企业定价的影响越来越大。

【相关案例】

管 理 故 事

在比利时的一间画廊里，一位美国画商正和一位印度画家在讨价还价，争辩得很激烈。其实，印度画家的每幅画底价仅在 10~100 美元。但当印度画家看出美国画商购画心切时，对其所看中的 3 幅画单价非要 250 美元不可。美国画商对印度画家敲竹杠的宰客行为很不满意，吹胡子瞪眼地要求降价成交。印度画家也毫不示弱，竟将其中的一幅画用火柴点燃，烧掉了。美国画商亲眼看着自己喜爱的画被焚烧，很是惋惜，随即又问剩下的两幅画卖多少钱。印度画家仍然坚持每幅画要卖 250 元。从对方的表情中，印度画家看出美国画商还不愿意接受这个价格。这时，印度画家气愤地点燃了火柴，竟然又烧了另一幅画。至此，酷爱收藏字画的美国画商再也沉不住气了，态度和蔼多了，乞求说："请不要再烧最后这幅画了，我愿意出高价买下！"最后，竟以 800 美元的价格成交。

4. 政府政策因素

随着价值规律、供求规律和竞争规律的自发作用，市场经济在发展过程中会产生某些无法自我完善的弊端。为此，政府就需要通过运用经济、法律、行政的手段对市场进行宏观调控，有时甚至需要直接对市场价格进行宽严程度不同的管制。政府为发展市场经济制定的一系列政策、法规，既有监督性的，也有保护性的，还有限制性的。它们在经济活动中制约着市场价格的形成，是各类企业定价的重要依据。因此，企业在经营过程中应密切注意货币政策、贸易政策、法律和行政调控体系等对市场流通和价格的影响，尽可能地规避政策风险。

8.3　定价方法

定价方法，是指企业在特定的定价目标指导下，依据对影响产品价格形成因素的具体研究，运用价格决策理论对产品价格进行测算的具体方法。

8.3.1 成本导向定价法

所谓成本导向定价法，就是指企业以提供产品过程中发生的成本为定价基础的定价方法。按照定价成本的性质不同，又可分为以下几种。

1. 成本加成定价法

成本加成定价法是应用最普遍的一种方法。单位产品成本加上固定比率的利润，即该商品的出售价格。其计算公式为：单位产品价格=单位产品成本×（1+加成率）。加成率即预期利润与产品总成本的百分比。

这种方法的优点：①简单易行，大大简化企业定价程序。②若多家企业成本和加成接近，则会避免按需求定价所引起的激烈竞争。③企业以本求利，消费者会认为公平合理。

缺点：按照习惯比例加成定价，忽视了竞争状况与需求的弹性，难以确保企业实现利润最大化。这种定价方法应用面广，不仅生产企业、中间商长期使用，其他行业如科研部门等也常采用。

2. 损益平衡定价法

损益平衡定价法是指在分析企业未来的生产数量、成本、价格及收益之间关系的基础上，合理确定产品销售价格的定价方法。损益平衡点又称保本点，是盈利为零时的经营时点。损益平衡点所对应的价格为损益平衡价格。损益平衡价格就是企业的保本价格。其计算公式为

损益平衡价格=固定成本/损益平衡销售量+单位变动成本

损益平衡价格虽无盈利可言，但在市场不景气时，却可给经营者一个最低价位的提示。企业经营的目的不仅仅是保本，而且是为了获得一定的利润，若把利润目标考虑进去，单位产品售价就等于损益平衡价格加上预期利润，即

产品售价=（固定成本+预期利润）/销售数量+单位变动成本

这种方法的优点：企业可以在较大范围内灵活掌握价格水平，并且运用较简便。但运用这种定价法时，企业生产的产品应以能全部销售出去为前提条件。因此，企业应力求在保本点以上定价或扩大销售来取得盈利。损益平衡定价法侧重于企业总成本费用的补偿，这一点对有多条产品线和多种产品项目的企业尤为重要。

3. 边际贡献定价法

边际贡献定价法是指在变动成本的基础上，加上预期边际贡献来计算价格的定价方法，所以也称变动成本定价法。边际贡献是指销售收入减去变动成本的余额，其计算公式为

单位产品边际贡献=单位产品价格−单位变动成本

利用边际贡献定价法有利于维护买卖双方良好的关系，扩大产品销量，提高竞争能力。它通常适用于以下两种情况：一是企业产品滞销积压时，以变动成本为基础定价有利于提高企业竞争力；二是当企业生产两种以上的产品时，可根据各种产品贡献的大小安排企业的产品线，易于实现产品的最佳组合。

8.3.2 需求导向定价法

需求导向定价法是在预计市场能够容纳目标产销量的需求价格限度内，确定消费者价格、经营者价格和生产者价格的一种方法。这种定价法具体可分为以下几种。

1. 可销价格倒推法

可销价格倒推法是通过价格预测，先确定市场可销零售价，再据此向后推算批发价、出厂价的一种方法。采用可销价格倒推法的关键在于正确测定市场的可销价格，否则，定价会偏高或偏低，影响企业的市场营销能力。所谓市场可销价格，一般应满足以下两个条件：①与消费对象的支付能力大体相适应；②与同类产品的现行市场价格水平大体相适应。

2. 理解值定价法

所谓理解值定价法，是根据消费者对商品价值的理解程度来决定商品价格的一种方法。其关键在于企业对消费者理解的商品"价值"有正确的估计。如果估计过高，定价超过了消费者的价值判断，消费者就会拒绝购买；如果估价过低，定价低于消费者的价值判断，消费者又会不屑购买；只有当产品定价同消费者的价值判断大体一致时，消费者才会乐于购买。采用理解值定价法时，企业并非完全处于被动地位，而是可以在充分了解消费者对商品理解值的基础上，尽可能地采用多种手段去影响消费者对商品价值的理解。例如，有计划地搞好产品的市场定位，在质量、服务、包装、广告等因素上下功夫，从而进一步提高价格决策的主动性。

3. 需求差别定价法

需求差别定价法是指对于同一质量、功能、规格的商品，可以根据消费者需求的不同而采用不同的价格。即价格差别并非取决于成本的多少，而是取决于消费者需求的差异。这种定价法主要有以下几种形式。

（1）以不同消费者为基础的差别定价，如工业用水、民用水按两种价格收费。

（2）以不同产品式样为基础的差别定价，如同等质量的产品，式样新的可定高价，式样旧的可定低价。

（3）以不同地理位置为基础的差别定价，如可口可乐易拉罐饮料在星级饭店的售价就比街边杂货店的售价高。

（4）以不同时间为基础的差别定价，如长途话费在不同时间可以制定不同的价格。

采用需求差别定价法应具备一定的条件：①市场要能细分，且细分市场的需求差异较为明显；②高价市场中不能有低价竞争者；③价格差异适度，不会引起消费者的反感。

8.3.3　竞争导向定价法

竞争导向定价法是指以市场上竞争对手的价格为依据，随市场竞争状况的变化来确定和调整价格的定价法。这种方法具有在价格上排斥对手，扩大市场占有率的优点。一般可分为以下几种形式。

1. 随行就市定价法

随行就市定价法是指与本行业同类产品的价格水平保持一致的定价方法。适用随行就市定价法的产品，一般需求弹性小、供求基本平衡、市场竞争较充分，且市场上已经形成了一种行业价格，企业轻易不会偏离这个通行价格，除非它有很强的竞争力和营销策略。采用这种方法的优点：可以避免挑起价格战，与同行业和平共处，减少市场风险。同时可以补偿平均成本，获得适度利润，易为消费者接受。因此，这是一种较为流行的保守定价法，尤其为中小企业所普遍采用。

2. 竞争价格定价法

竞争价格定价法是指根据本企业产品的实际情况及与对手的产品差异状况来确定价格的方法。这是一种主动竞争的定价法。一般为实力雄厚、产品独具特色的企业所采用。

它通常将企业估算价格与市场上竞争者的价格进行比较，分为高于竞争者定价、等于竞争者定价、低于竞争者定价三个价格层次：①高于竞争者定价。在本企业产品存在明显优势，产品需求弹性较小时采用。②等于竞争者定价。在市场竞争激烈，产品不存在差异的情况下采用。③低于竞争者定价。在具备较强的资金实力，能应付竞相降价的后果且需求弹性较大时采用。

3. 投标定价法

投标定价法是指在投标交易中，投标方根据招标方的规定和要求进行报价的方法。一般有密封投标和公开投标两种形式。公开投标有公证人参加监视，广泛邀请各方有条件的投标者报价，当众公开成交。密封投标则由招标人自行选定中标者。投标的价格主要以竞争者可能的递标价格为转移。递价低的竞争者，可增加中标机会，但不可低于边际成本，否则就不能保证适当利益。而标价过高，中标机会又会太小。投标价格中的利润与中标的概率正好相反，投标价格中的利润与中标概率的乘积叫作期望利润，一般可根据期望利润值的大小来制订投标价格方案。由于各企业密封投标，中标概率难以估计，故投标企业必须对同行业各企业的实力、经营状况有所了解。

【相关链接】

封闭式投标拍卖定价法

许多大宗商品、原材料、成套设备和建筑工程项目最终的买卖和承包价格就是通过封闭式投标拍卖定价法确定的。其具体操作方法是首先由采购方通过刊登广告或发出函件的方式说明拟采购商品的品种、规格、数量等具体要求，邀请供应商在规定的期限内投标。供应商如果想做这笔生意就要投标，即在规定的期限内填写标单，填明可供应商品的名称、品种、规格、价格、数量、交货日期等，密封送给招标人（采购方）。采购方在规定的日期内开标，选择报价最合理的、最有利的供应商成交并签订采购合同。一般来说，招标方只有一个，处于相对垄断地位，而投标方有多个，处于相互竞争地位，因此，最后的价格是供应商根据对竞争者报价的估计制定的，而不是按照供应商自己的成本费用或市场需求来制定的。

【相关案例】

营销视野——四种最基本的拍卖形态

1. 英式拍卖

英式拍卖也称增价拍卖。这是最常用的一种拍卖方式。拍卖时，由拍卖人提出一批货物，宣布预定的最低价格，然后由竞买者相继叫价，竞相加价，有时规定每次加价的金额额度，直到无人再出更高的价格时，则用击槌动作表示竞卖结束，将这批商品卖给最后出价最高的人。在拍卖出槌前，竞买者可以撤销出价。如果竞买者的出价都低于拍卖人宣布的最低价格，或称价格极限，卖方有权撤回商品，拒绝出售。购物者彼此竞标，由出价最高者获得物品。当前的拍卖网站所开展的拍卖方式以"英式拍卖"为主。二手设备、汽车、不动产、艺术品和古董等商品常以这种方式进行拍卖。

2. 荷兰式拍卖

荷兰式拍卖也称降价式拍卖。这种方法先由拍卖人喊出最高价格，然后逐渐降低叫价，直到有某一竞买者认为已经低到可以接受的价格，表示买进为止。这种拍卖方式使得商品成交迅速，经常用于拍卖鲜活商品和水果、蔬菜、花卉等。荷兰阿姆斯特丹的花市所采用的便是这种运作方式，通用电器公司的"交易过程网络"（trading process network）也是如此。

3. 标单密封式拍卖

标单密封式拍卖是一种招标方式，在这种拍卖方式中，买方会邀请供应商前来进行标单密封式投标，最后，由买方选择价格合理的供应商来成交。目前，这种方式在建筑市场、大型设备市场及药品的成批买卖中较为普遍。

4. 复式拍卖

在复式拍卖中，买方和卖方的数量均较多。众多买方和卖方事先提交他们愿意购买或出售某项物品的价格，然后通过电脑迅速进行处理，并且就各方出价予以配对。复式拍卖的典型例子是股票市场，在该市场上，许多买方和卖方聚集在一起进行股票的买卖，价格也会随时发生变化。

8.4　定价策略

定价策略是企业为了实现预期的经营目标，根据企业的内部条件和外部环境，对某种商品或劳务，选择最优定价目标所采取的应变谋略和措施。

定价策略与定价方法密切相关，定价方法侧重于确定产品的基本价格，而定价策略则侧重于根据市场具体情况，运用价格手段去实现企业定价目标。由于企业生产经营的产品和所处市场状况等条件的不同，企业的定价策略应有所区别。

8.4.1　折扣定价策略

在定价过程中，可先定出一个基本价格，然后再用各种折扣和折让来刺激中间商和用户，以促进销售。西方市场上常用的折扣或折让主要有以下几种。

1. 现金折扣

在赊销的情况下，卖方为鼓励买方提前付款，按原价给予一定折扣。典型的例子是"2/10，n/30"，即 10 天内付款的消费者可享受 2%的优惠，30 天内付款的消费者全价照付。其折扣率的高低，一般由买方付款期间利率的多少、付款期限的长短和经营风险的大小来决定。这一折扣率必须提供给所有符合规定条件的消费者。此法在许多行业已成习惯，其目的是鼓励消费者提前偿还欠款，加速资金周转，减少坏账损失。

2. 批量折扣

为刺激客户大量购买而给予的一定折扣，购买量越大，折扣越大，但折扣数额不可超过因批量销售所节省的费用额。批量折扣可按每次购买量计算，也可按一定时间内的累计购买量计算。这在我国通常称为批量差价。典型的例子是"购货 100 个单位以下的单价是 10 元，购买 100 个单位以上的单价是 9 元"。

3. 交易折扣

交易折扣也称贸易折扣、功能折扣，是指企业根据交易对象在产品流通中的不同地位、功能和承担的职责给予不同的价格折扣，即制造商给中间商的折扣。因不同的分销渠道所提供的服务不同，折扣不同；因批发商和零售商的功能不同，折扣也不同。交易折扣的多少，随行业与产品的不同而有所区别；同一行业和同种商品，则要依据中间商在工作中承担风险的大小而定。通常的做法是，先定好零售价，然后再按一定的倒扣率，依次制定各种批发价及出厂价。在实际工作中，也可逆向操作。

4. 季节折扣

季节折扣也称季节差价，是制造商为保持均衡生产、加速资金周转和节省费用，鼓励客户淡季购买（如夏季购进绒衣），按原价给予的一定折扣。它主要适用于具有明显淡旺季的行业和商品。

5. 价格折让

价格折让即从目录表价格降价的一种策略。它主要有以下两种形式。

（1）促销折让，即生产企业为了鼓励中间商开展各种促销活动，而给予某种程度的价格减让，如刊登地方性广告、布置专门的橱窗等。

（2）以旧换新折让，即消费者购买新货时将旧货交回企业，企业给予一定价格优惠的方法，如"双喜"牌压力锅的以旧换新策略。

【相关案例】

日本东京银座"美佳"西服店的促销折扣策略

日本东京银座"美佳"西服店采用了一种折扣销售方法，颇获成功。具体方法：先发一公告，介绍某商品品质性能等一般情况，再宣布打折的销售天数及具体日期，最后说明打折方法——第一天打九折，第二天打八折，第三、四天打七折，第五、六天打六折，以此类推，到第十五、十六天打一折。这个销售方法的实践结果是：第一、二天顾客不多，来者多半是来探听虚实和看热闹的。第三、四天人渐渐多起来。第五、六天打六折时，顾客洪水般地涌向柜台争购。以后连日爆满，没到一折售货日期，商品早已售罄。

这是一则成功的促销折扣定价策略。妙在准确地抓住了顾客的购买心理，有效地运用折扣售货方法销售。人们当然希望买质量好又便宜的货，最好能买到以二折、一折价格出售的货，但是有谁能保证到想买时还有货呢？于是出现了头几天顾客犹豫，中间几天抢购，最后几天买不到时惋惜的情景。

8.4.2 地理定价策略

地理定价策略，是指企业根据产销地的远近、交货时间的长短和运杂费用的分担制定的不同的价格策略。这一定价策略主要有以下几种形式。

1. 产地交货价格

产地交货价格，是指卖方按照厂价交货或按产地某种运输工具交货的价格。

2. 买主所在地价格

买主所在地价格，是指企业负责将产品运到买主所在地，并承担运输费用和保险费用等。

3. 统一交货价格

统一交货价格，是指企业对于卖给不同地区的顾客的某种产品都按照相同厂价（产地价格）加相同的运费（按平均运费）定价。

4. 区域定价

区域定价，是指把产品的销售市场分成几个价格区域，对于不同价格区域的顾客制定不同的价格，实行地区价格。

5. 基点定价

基点定价，是指企业选定某些城市作为基点，然后按一定的厂价加基点（最靠近顾客所在地的基点）至顾客所在地的运费来定价，而不管货物是从哪个城市起运的。

6. 运费免收定价

运费免收定价，是指企业替买主负责全部或部分运费，企业采用运费免收价，一般是为了与购买者加强联系或开拓市场，通过扩大销量来抵补运费开支。

8.4.3 心理定价策略

心理定价，是指企业定价时，根据消费者的心理特点，迎合消费者的某些心理需求，利用顾客心理有意识地将产品价格定得高些或低些，以扩大销售。具体有以下几种形式。

1. 尾数定价策略

尾数定价策略是指在商品定价时，取尾数，而不取整数的定价策略。一般来说，价格较低的产品采取零头结尾，常用的尾数为 9 和 8，给消费者以便宜感，同时因标价精确给人以信赖感而易于扩大销售。此策略适用于日常消费品等价格低廉的商品。例如，一家餐厅将它的汉堡类食品统一标价为 9.8 元，这比标价 10 元要受欢迎。消费者会认为 9.8 元只是几元钱，比整数 10 元要便宜许多。

2. 整数定价策略

整数定价策略与尾数定价策略相反，企业有意将产品价格定为整数，以显示产品具有一定质量。这种方法易使消费者产生"一分钱一分货""高价是好货"的感觉，从而提升商品形象。这种定价策略一般用于价格较贵的耐用品或礼品，以及消费者不太了解的产品。

3. 声望定价策略

声望定价策略是指利用消费者仰慕名牌商品或名店的声望所产生的某种心理来制定商品价格的策略。一般把价格定成高价。因为消费者往往以价格判断质量，认为价高质必优。像一些质量不易鉴别的商品，如首饰、化妆品等宜于采用此法。

4. 招徕定价策略

招徕定价策略是指企业利用部分顾客求廉的心理，特意将某几种产品的价格定得较低，以吸引顾客、扩大销售。虽然几种低价品不赚钱，但由于低价品带动了其他产品的销售，企业的整体效益得以提升，如某酒店推出的每日一个"特价菜"。

【相关链接】

采用招徕定价策略需注意的问题

采用这种策略要注意以下几点：商品的降价幅度要大，一般应接近成本或者低于成本。只有这样，才能引起消费者的注意和兴趣，才能激起消费者的购买欲望；降价品的数量要适当，太多则商店亏损太大，太少则容易引起消费者的反感；用于招徕的降价品，应该与低劣、过时商品明显地区别开来。招徕定价的降价品，必须是品种新、质量优的适销产品，而不能是处理品。否则，不仅达不到招徕顾客的目的，反而可能使企业声誉受到影响。

【相关案例】

日本"创意药房"的定价

日本"创意药房"在将一瓶200元的补药以80元超低价出售时，每天都有大批人潮涌进店中抢购补药，按说如此下去肯定赔本，但财务账目显示出盈余逐月骤增，其原因就在于没有人来店里只买一种药。人们看到补药便宜，就会联想到"其他药也一定便宜"，促成了盲目的购买行动。

5. 分档定价策略

分档定价策略是指在定价时，把同类商品比较简单地分为几档，每档定一个价格，以简化交易手续，节省消费者时间。这种定价法适用于纺织业、水果业、蔬菜业等行业。采用这种定价法，档次划分要适度，级差不可太大也不可太小，否则起不到应有的分档效果。

6. 习惯定价策略

习惯定价策略是指按照消费者的需求习惯和价格习惯定价的技巧。一些消费者经常购买、使用的日用品，已在消费者心中形成一种习惯性的价格标准。这类商品价格不宜轻易变动，以免引起消费者不满。在必须变价时，宁可调整商品的内容、包装、容量，也尽可能不要采用直接调高价格的办法。日常消费品一般都适用这种定价策略。

7. 促销定价

有些企业利用多数顾客贪便宜的心理，将某几种商品定低价（低于正常价格甚至低于成本），或利用节庆日和换季时机举行"大甩卖""酬宾大减价"等活动，把部分商品按原价打折出售，以吸引顾客，促进全部商品的销售。例如，"原价 359 元，现价 299元"。但如果将原价虚增后再打折欺骗顾客，应受到法律制裁。

8.4.4 差别定价策略

差别定价，就是对同一产品或服务定出两种或多种不同的价格，这种差价并不反映产品成本的变化，而是根据不同顾客、不同时间和场所来调整其产品价格。差别定价主要有以下几种形式。

1. 对不同顾客群定不同价格

同一种商品，对某些顾客照价收款，而对另一些顾客则给予优惠，即根据具体情况灵活掌握售价。

2. 不同的花色、式样定不同价格

例如，同一质量和成本的鲜花，因花色不同，需求量不同，定不同的价格。

3. 不同部位定不同价格

例如，同一头牛的肉，不同部位定价不同；同一个剧场的座位，前排与后排定价不同；等等。

4. 不同时间定不同价格

有些产品价格特别是饮食服务业的价格，可因季节、日期甚至同一天里的不同时间，定不同的价格。

实行差别定价的前提：市场必须是可细分的，且各个子市场的需求强度不同；商品不可能从低价市场流向高价市场，即不可能转手倒卖；高价市场上不可能有竞争者削价

竞销；这种差别价格必须合法（如有些国家法律禁止"价格歧视"），并得到社会公众的认同。

【相关案例】

亚马逊公司的差别定价

差别定价被认为是网络营销的一种基本的定价策略，一些学者甚至提出在网络营销中要"始终坚持差别定价"，然而，没有什么经营策略在市场上可以无往不胜，差别定价虽然在理论上很好，但在实施过程中却存在着诸多困难，我们将以亚马逊的一次不成功的差别定价试验作为案例，分析企业实施差别定价策略时面临的风险以及一些可能的防范措施。

亚马逊公司的差别定价实验

作为一个缺少行业背景的新兴的网络零售商，亚马逊不具有巴诺公司那样卓越的物流能力，也不具备像雅虎等门户网站那样大的访问流量，亚马逊最有价值的资产就是它拥有的 2 300 万个注册用户，亚马逊必须设法从这些注册用户身上实现尽可能多的利润。因为网上销售并不能增加市场对产品的总的需求量，为提高在主营产品上的赢利，亚马逊在2000 年 9 月中旬开始了著名的差别定价实验。亚马逊选择了 68 种 DVD 碟片进行动态定价实验，实验当中，亚马逊根据潜在客户的人口统计资料、在亚马逊的购物历史、上网行为以及上网使用的软件系统确定对这 68 种碟片的报价水平。例如，《泰特斯》（*Titus*）对新顾客的报价为 22.74 美元，而对那些对该碟片表现出兴趣的老顾客的报价则为 26.24美元。通过这一定价策略，部分顾客付出了比其他顾客更高的价格，亚马逊因此提高了销售的毛利率，但是好景不长，这一差别定价策略实施不到一个月，就有细心的消费者发现了这一秘密，通过在名为 DVDtalk（www.dvdtalk.com）的音乐爱好者社区的交流，成百上千的 DVD 消费者知道了此事，那些付出高价的顾客当然怨声载道，纷纷在网上以激烈的言辞对亚马逊的做法进行口诛笔伐，有人甚至公开表示以后绝不会在亚马逊购买任何东西。更不巧的是，亚马逊前不久才公布了它对消费者在网站上的购物习惯和行为进行了跟踪和记录，因此，这次事件曝光后，消费者和媒体开始怀疑亚马逊是否利用其收集的消费者资料作为其价格调整的依据，这样的猜测让亚马逊的价格事件与敏感的网络隐私问题联系在了一起。

8.4.5　新产品定价策略

定价策略一般要随着产品生命周期的变化而相应改变。由于事关新产品的市场前景，处于导入期的新产品的定价自然是一个十分重要的问题。新产品关系着企业的前途和发展方向，它的定价策略对新产品能否及时打开销路，占领市场，最终获取目标利润有很大的影响。新产品的定价策略一般有以下几种。

1. 撇脂定价策略

撇脂定价策略是指在新产品上市之初，将价格定得很高，尽可能在短期内赚取高额利润的策略。这种策略如同从鲜奶中撇取奶油一样，所以叫撇脂定价策略。这是一种短期内追求最大利润的高价策略。运用它时必须具备以下条件：①产品的质量、形象必须与高价相符，且有足够的消费者能接受这种高价并愿意购买；②产品必须有特色，竞争者在短期内不易打入市场。

采用这种定价策略的优点：高价格高利润，能迅速补偿研究与开发费用，便于企业筹集资金，并掌握调价主动权。缺点：定价较高会限制需求，销路不易扩大；高价原则会诱发竞争，企业压力大；企业新产品的高价高利时期也较短。撇脂定价策略一般适用于仿制可能性较小，生命周期较短且高价仍有需求的产品。

【相关案例】

柯达公司的撇脂定价

柯达公司生产的彩色胶片在20世纪70年代初突然宣布降价，立刻吸引了众多的消费者，挤垮了其他国家的同行企业，柯达公司甚至垄断了彩色胶片市场的90%。到了20世纪80年代中期，日本胶片市场被"富士"所垄断，"富士"胶片压倒了"柯达"胶片。对此，柯达公司进行了细心的研究，发现日本人对商品普遍存在重质而不重价的倾向，于是制定高价政策打响牌子，保护名誉，进而实施与"富士"竞争的策略。柯达公司在日本发展了贸易合资企业，专门以高出"富士"1/2的价格推销"柯达"胶片。经过5年的努力和竞争，"柯达"终于被日本人接受，走进了日本市场，并成为与"富士"平起平坐的企业，销售额也直线上升。

2. 渗透定价策略

渗透定价策略是一种低价策略，新产品上市之初，将价格定得较低，利用价廉物美迅速占领市场，取得较高市场占有率，以获得较大利润。适用条件：①潜在市场较大，需求弹性较大，低价可增加销售；②企业新产品的生产和销售成本随销量的增加而减少。

这种定价策略的优点：低价能迅速打开新产品的销路，便于企业提高市场占有率；低价获利可阻止竞争者进入，便于企业长期占领市场。缺点：投资的回收期长，价格变动余地小，难以应付在短期内突发的竞争或需求的较大变化。

3. 温和定价策略

这是一种中价策略，在新产品上市之初，将价格定在高价和低价之间，力求使买卖双方均感满意。由于撇脂定价策略定价较高，易引起消费者的不满及市场竞争，有一定风险；市场渗透定价策略又定价过低，虽对消费者有利，但企业在新产品上市之初，收入甚微，投资回收期长。而温和定价策略既可避免撇脂定价策略因高价而具有的高风险，又可避免市场渗透定价策略因低价带来的企业生产经营困难。因而既能使企业获取适当的平均利润，又能兼顾消费者的利益。此法的缺点：比较保守，不适于需求复杂多变或竞争激烈的市场环境。

4. 仿制品定价策略

新产品中有一类仿制品，是企业合法模仿国内外市场某种畅销产品而制造的新产品。这类产品定价的关键在于如何进行市场定位，特别是仿制品的定位应尽量与市场上原有创新者的定位保持一定的价格差。例如，目前中外合资企业生产的仿制品普遍采用优质中价、中质低价、低质廉价的降档定价策略。

8.4.6　产品组合定价策略

相关产品，是指在最终用途和消费购买行为等方面具有某种相互关联性的产品。制造或经营两种以上产品的企业可以利用此特点综合考虑企业产品的定价。

1. 互补产品价格策略

互补产品是指两种（或以上）功能互相依赖、需要配套使用的商品。互补产品价格策略是企业利用价格对消费互补品需求的调节，全面扩展销售量所采取的定价方式和技巧。具体做法是，把价值高购买频率低的主件价格定得低些。

2. 替代产品价格策略

替代产品是指功能和用途基本相同，消费过程中可以互相替代的产品。替代产品价格策略是企业为达到既定的营销目标，有意识安排企业替代产品之间的关系而采取的定价措施。

企业若生产或经营着两种以上有替代关系的产品，这两种产品的市场销量常常表现为此消彼长，而这种增加或减少与商品价格的高低有着十分密切的关系。企业主动地运用这一规律来实行组合价格策略。

3. 连带产品定价策略

连带产品是指有连带互补关系，必须配套使用的产品。两种相关产品同时生产的企业，一般将主体产品定低价以吸引消费者购买，而将附属产品定高价，以获取长期利益。例如，吉列公司的剃须刀架定价很低，因为它会在高价销售的吉列刀片上赚回利润。

4. 副产品定价策略

企业在生产过程中，经常产生副产品，如酿造厂的酒糟、榨油厂的油渣。这些副产品的处理，需要花费一定的费用。如果能将其直接变卖，将会对主产品的价格产生非常有利的影响，也有助于企业在迫于竞争压力时制定较低价格。

5. 产品群定价策略

为了促销，企业常将几种产品组合在一起，进行捆绑降价销售。例如，图书经销商将整套书籍一起销售，价格就要比单独购买低得多。采用这种策略，价格的优惠程度必须有足够的吸引力，且要注意防止易引起消费者反感的硬性搭配。

8.5　价格调整策略

营销者在定价之后，由于宏观环境变化和市场供求发生变动，企业必须主动地调整价格，以适应激烈的市场竞争。

8.5.1　企业产品调价策略——企业降价与提价

降价常会影响同业者之间的关系，引起价格竞争，但在某些情况下不能不降价。一般地，当产量过多，库存积压，虽然用了各种营销手段仍然销路不畅，面临激烈的价格竞争，市场份额逐渐丧失时，可采取降价策略。

提价会引起顾客及中间商的不满，但在有些情况下，企业需考虑提价：产品畅销，市场供不应求，这时为平衡供求并提高产品档次和增加收益，应适当提价；当发生通货膨胀时，物价普遍上涨，企业的成本上升，售价必然要相应提高，有时售价的上涨要超过成本的上升。

在通货膨胀的条件下，企业为了减少交易中的风险，可采取下列应变措施：限时报价，所报价格限在指定时间内，过时另议；在合同中载明随市价调整价格的条款；将原来与产品一起定价的附加服务项目分出来，另行定价；削减现金折扣和批量折扣，或提高订货起批点；对高利的产品和高利市场，加强营销力量；降低产品质量，减少产品功能和附加服务。

企业在提价时，应通过各种传播媒体沟通信息，向买方说明情况，争取买方的理解，并帮助买方解决因提价而产生的一些问题。

8.5.2　顾客、竞争者对企业调价的反应

企业变价之后，要注意分析各方面的反应，特别是购买者的反应，并采取相应对策。

首先，可用弹性理论来分析需求的价格弹性，从弹性的大小，可测定价格的升降幅度是否适当。其次，由于购买者对变价的理解不同，有时出现始料不及的反应，也需要认真研究。例如，降价本应吸引更多购买者，增加销售量，但有时对某些购买者却适得其反，因为他们对降价的理解是：将有新产品上市，老产品降价是为了处理积压存货；好货不降价，降价无好货；企业财务困难，该产品今后可能停产，零配件将无处购买；

可能还要降价，等再降价时再买（特别是短期内连续降价，最容易造成这种持币观望的局面）。因此，有时不适当的降价反而使销量减少。

提价本应抑制购买，但有些购买者却有不同的理解：涨价一定是畅销货，不及时购买将来可能买不到；该产品一定有特殊价值；可能还要再涨价，及早多买些存起来。特别是在通货膨胀的情况下，消费者往往抢购保值商品和生活必需品，涨风越大，抢购风也越大，这是消费者在货币贬值时的一种自卫行为。

当竞争者主动调价时，企业应考虑的问题：竞争者为何调价、暂时还是永久、本企业不做出反应有何影响、其他企业会如何反应、本企业做出反应是否产生"连锁反应"等。

当企业面临竞争者降价竞销的挑战时，需要分析竞争者降价的目的是什么，能否持久，对本企业的影响有多大，并且要及时做出反应。竞争者降价总是准备已久、经过深思熟虑的，企业要想在几天甚至几小时内做出反应，采取应变措施，是很难恰到好处的。因此，最好在事前制定出反应程序，以便届时按程序做出反应，使反应较准确及时。这种程序在西方某些变价频繁或必须立即做出反应的行业中，被广泛采用，如肉类加工业、木材业、石油业等。

【相关案例】

休布兰公司史米尔诺夫酒的调价策略

休布兰公司在美国伏特加酒的市场上，属于营销出色的公司，其生产的史米尔诺夫酒，在美国伏特加酒的市场占有率达 23%。20 世纪 60 年代，另一家公司推出一种新型伏特加酒华而夫施密特，其质量不比史米尔诺夫酒低，每瓶价格却比它低 1 美元。按照惯例，休布兰公司有 3 条对策可选择：①降价 1 美元，以保住市场占有率；②维持原价，通过增加广告费用和推销支出来与对手竞争；③维持原价，听任其市场占有率降低。由此看出，不论公司采取上述哪种策略，都处于市场的被动地位。但是，公司的市场营销人员经过深思熟虑后，却采取了对方意想不到的第 4 种策略。那就是，将史米尔诺夫酒的价格再提高 1 美元，同时推出了另外一种品牌雷尔斯卡来同华而夫施密特竞争，并且还生产另一种品牌波波夫，以低于华而夫施密特的售价出售。

这一策略，一方面提高了史米尔诺夫酒的品牌形象，同时使竞争对手的华而夫施密特沦为一种普通的品牌。结果，休布兰公司不仅渡过了难关，而且利润大增。实际上，休布兰公司的上述 3 种产品的味道和成分几乎相同，只是该公司懂得以不同的价格来销售相同的产品的策略而已。

然而，在实战中深入分析企业可选择的每一方案几乎是不可能的。尽管竞争对手在调整价格之前经过了较长时间的思考与权衡，但是一旦决定调价，其动作会非常迅速，有时只是一夜之间的事。这时要求企业能迅速做出反应，没有过多的时间进行充分思考。因而企业需预先准备好备用的反应措施，并建立一个价格反应程序，来缩短价格反应的决策时间。

【本章知识反馈】

一、单项选择题

1. 成本加成定价是在（　　　）的基础上加一定百分比来制定产品的销售价格。

A. 边际成本　　　B. 边际可变成本　　　C. 平均成本　　　D. 单位成本

2. （　　　）是市场营销组织中唯一能产生收入的因素。

A. 产品　　　B. 渠道　　　C. 价格　　　D. 促销

3. 在企业定价方法中，差别定价法属于（　　　）。

A. 成本导向定价　　　B. 需求导向定价　　　C. 竞争导向定价　　　D. 市场导向定价

4. 企业提高价格的原因是（　　　）。

A. 企业生产能力过剩　　　B. 成本膨胀　　　C. 企业市场占有率下降　　　D. 库存积压

5. （　　　）是指企业对按预定日期付款或现金购买的顾客的一种折扣。

A. 现金折扣　　　B. 数量折扣　　　C. 功能折扣　　　D. 季节性折扣

6. （　　　）是指企业以高价将新产品投入市场，以便在产品市场生命周期的开始阶段取得较大利润，尽快收回成本，然后再逐渐降低价格的策略。

A. 渗透定价　　　B. 撇脂定价　　　C. 心理定价　　　D. 声望定价

二、复习思考题

1. 生产经营企业定价的影响因素主要有哪些？

2. 企业定价目标有哪些？

3. 心理定价策略有哪些？

4. 简述竞争者对企业调价的反应。

5. 提价的技巧有哪些？

6. 新产品定价包括哪几种定价方法？

案例分析

第 9 章

分销渠道策略

【引导案例】

春兰公司是如何维系经销商的

春兰公司实行的受控代理制是一种全新的厂商合作方法。代理商要进货，供销员必须提前将货款以入股方式先交春兰公司，然后按全国规定，提走物品。这一高明的营销战术，有效地稳定了销售网络，加快了资金周转，大大提高了工作效率。当一些同行被"互相拖欠"拖得精疲力竭的时候，春兰公司却没有一分钱拖欠，几十亿元流动资金动转自如。目前，春兰公司已在全国建立了 13 个销售公司，同时还有 2 000 多家经销商与春兰公司建立了直接代理关系，二级批发，三级批发，加上零售商，销售大军已达十万之众。

春兰公司的经验虽然简单易行，但并不是所有的企业都能一下子学到手。因为春兰用于维系经销商的手段并非单纯是"金钱"（即预付货款），而是质量、价格与服务。春兰空调的质量，不仅在全国同行首屈一指，而且可以同国际上最先进的顶尖产品媲美。此外，无论是代理商还是零售商，都要从销售中获得理想的效益，赔本交易谁也不会干的。而质量第一流的春兰公司没有忘记给经验商更多的实惠。公司给代理商大幅度让利，有时甚至高达售价的 30%，年末还给予奖励。这一点，许多企业都难以做到。有的产品稍有点"名气"就轮番提价，想把几年的利润在一个早晨就通通挣回来，根本不考虑代理商和经销商的实际利益。再说春兰公司的服务。空调买回来如何装？出了毛病找谁？这些问题不解决，要想维系经销商也是很难的。春兰公司为了免除 10 万名经销商的后顾之忧，专门建立了一支庞大的售后服务中心，近万人的安装、调试、维修队伍，他们实行 24 小时全天候服务。春兰公司正是靠这些良好的信誉维系经销商的，10 万名经销商也给了春兰公司优厚的回报，他们使春兰空调在国内市场上的占有率达到了 40%，在同行各企业中遥遥领先。

【案例思考】

1. 春兰公司维系经销商的成功经验给我们哪些启示？
2. 企业怎样正确维持经销商拖欠货款与拓展渠道网络的关系？

【学习目标】

学习本章，应理解市场分销渠道的特征、类型；掌握中间商的主要类型；掌握影响分销渠道设计的因素。了解渠道设计、管理与改进的主要决策内容；结合实际，分析背景企业现有分销渠道的利弊，然后根据企业实际情况，设计出适合企业的合理的分销渠道。

9.1　分销渠道概述

产品从生产者到消费者（或用户）的流通过程，是通过一定的渠道实现的。生产者同消费者（或用户）之间存在着时间、地点、数量和所有权等方面的差异和矛盾，只有克服这些差异和矛盾，才能在适当时间、适当地点，按适当数量和价格，把产品从生产者转移到消费者（或用户）手中。因此，在市场营销过程中，一般有以下 5 种渠道：产品所有权转移的分销渠道（商流）、产品实体分配的储运渠道（物流）、结算付款渠道、信息沟通渠道、广告促销渠道等，这些统称为市场营销渠道。本章所探讨的只是分销渠道策略，这是营销组合的四个要素之一。

9.1.1　分销渠道的含义、特征

1. 分销渠道的含义

分销渠道是指商品从生产企业流转到消费者手中的全过程中所经历的各个环节和推动力量的总和，即产品所有权转移过程中所经过的各个环节连接起来形成的通道。分销渠道的起点是生产者，终点是消费者（或用户），中间环节包括各种批发商、零售商、商业中介机构（交易所、经纪人等）。

2. 分销渠道的特征

（1）是传统市场营销组合要素之一。
（2）起点：生产者；终点：消费者（或用户）。
（3）以产品所有权转移为前提。
（4）中间环节的介入必不可少。

9.1.2　分销渠道的职能

1. 信息（information）

收集和传播营销环境中有关潜在和现行的顾客、竞争对手和其他参与者及力量的营销调研信息。

2. 促销（promotion）

设计和传播有关商品的信息，鼓励消费者购买。

3. 交易谈判（negotiation）

尽力达成有关产品的价格和其他条件的最终协议，以实现所有权或者持有权的转移。

4. 订货（ordering）

营销渠道成员向制造商（供应商）进行有购买意图的沟通行为。

5. 融资（financing）

获得和分配资金以负担渠道各个层次存货所需的费用。

6. 承担风险（risk taking）

在执行渠道任务的过程中承担有关风险（库存风险等）。

7. 物流（physical possession）

产品实体从原料到最终顾客的连续的储运工作。

8. 付款（payment）

买方通过银行和其他金融机构向销售者提供账款。

9. 所有权转移（passage of title）

所有权从一个组织或个人转移到其他组织或个人的实际转移。

以上这些任务交给中间环节来执行，比生产者自己承担可节省费用、降低成本和售价、提高效率和效益，能更好地满足目标市场的需要。但生产者同时也要有一部分产品自销，以便于直接掌握市场动态。

【相关链接】

分销渠道管理的重要性

（1）只有通过分销，企业产品（或服务）才能进入消费领域，实现其价值。

（2）充分发挥渠道成员，特别是中间商的功能，是提高企业经济效益的重要手段。

（3）良好渠道管理可降低市场费用，既为消费者（用户）提供合理价格的产品（服务），也为企业提高经济效益创造空间。

（4）渠道是企业的无形资产，良好的渠道网络可形成企业的竞争优势。

渠道在营销组合中的地位：产品（product）是营销的基础；价格（price）是营销的核心；渠道（place）是营销的关键；促销（promotion）是营销的手段。

9.1.3 分销渠道的类型

分销渠道按其有无中间环节和中间环节的多少，也就是按渠道长度的不同，可分为4种基本类型。

1. 直接渠道

制造商直接把产品卖给消费者（或用户）（图9-1）。主要有派推销员上门推销、邮寄销售、开设自销门市部、通过订货会或展销会与用户直接签约供货等形式。

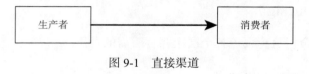

图 9-1　直接渠道

2. 一层渠道

制造商和消费者（或用户）之间，只通过一层中间环节，这在消费者市场是零售商，在生产者市场通常是代理商或经纪人（图9-2）。

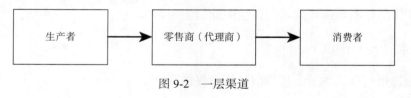

图 9-2　一层渠道

3. 两层渠道

制造商和消费者（或用户）之间经过两层中间环节，这在消费者市场是批发商和零售商，在生产者市场则可能是代理商与批发商（图9-3）。

图 9-3　两层渠道

4. 三层渠道

在大批发商和零售商之间，再加上二道批发商，因为小零售商一般不可能直接向大批发商进货（图 9-4）。此外，还有层次更多的渠道，但较少见。

图 9-4 三层渠道

以上 4 种模式，是就分销渠道的长度不同而言的，也可概括为直接渠道和间接渠道（后 3 种）两大类。直接渠道也称零层渠道，即产品从生产者流向最终消费者或用户的过程中不经过任何中间环节；间接渠道则是在产品从生产者流向最终消费者或用户的过程中经过一层或一层以上的中间环节，消费者市场多数采用这种间接渠道。

综上所述，可将分销渠道的层级结构用一个系统图来表示，如图 9-5 所示。

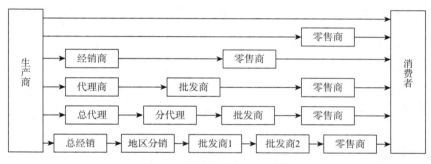

图 9-5 分销渠道的层级结构

渠道类型除长度问题外，还有宽度问题。不同层次环节的多少是长短问题，即产品流通所经过的中间环节越多，则渠道越长；反之，则越短。因此，从生产者到消费者的直接渠道是最短的，即使地理上相距千里。同一层次的环节的多少是宽窄问题，即同一层次分销环节越多，则渠道越宽；反之，则越窄。因此，独家分销是最窄的渠道。分销渠道的长短、宽窄都是相对的，没有绝对的、固定的模式，都要依具体情况而定。

9.2 中 间 商

9.2.1 中间商的概念

中间商是指介于生产者与消费者之间，专门从事组织或参与商品流通业务，促进交易行为实现的企业和个人。在商品经济条件下，商品交换一般是以中间商为媒介进行的。以中间商为媒介的商品交换活动，是从生产者出售商品开始的。生产者出售商品，表现为中间商购买商品，是交换的第一阶段，此时中间商获得了商品的所有权，但交换还没有结束，中间商载着从生产者传递过来的商品继续向交换的终点——消费者运动，最终将商品出售给消费者，完成交换的第二阶段，实现商品交换，消费者成为商品的所有者，商品从生产领域进入消费领域，完成"惊险的一跳"。

9.2.2　中间商的作用

1. 简化交易联系，扩大交换范围，加速商品流转，保证市场供应

如果没有中间商的介入，生产者直接销售，这就意味着每个生产者要同许多消费者发生交易关系，生产者就要投入大量的人力、物力、财力来承担流通任务，对生产者来说交易变得复杂，而且由于生产者自身条件所限，交换范围和市场供应受到很大限制，供求矛盾突出。中间商的介入，由于其专业性强，联系面广，熟悉市场，掌握供求规律，能加快商品转化，调节供求矛盾，减少商品占压资金，增加生产的资金，简化生产者的交易联系，为生产者节约时间、人力、物力、财力，使生产者为社会创造更多的价值。

2. 集中、平衡和扩散商品，均衡地按照消费者的需要组织商品实体转移

中间商发挥其组织商品流通的技能和特长，把若干个生产企业所生产的商品采购集中，进行分类，根据不同的市场需求，从品种、数量和时间上加以平衡分配，然后推销扩散到各地，以满足不同地区广大的消费者的需要。中间商从收购商品开始，到向消费者出售商品为止，始终伴随着商品实体的位移，且这种位移能均衡地按照消费者的需求进行。

3. 沟通信息，促进产需更好地结合

中间商联系面广，承担着商品的购、销、调、存的具体业务，沟通生产者和消费者之间的经济联系，能及时收集和掌握来自生产者和市场的信息，传递给消费者，并把市场和消费者的信息反馈给生产企业，促进产需结合。

【相关案例】

中间商帮助小型生产商找到了大型的国际市场

汉密尔顿（Hamilton，简称 HL）制造公司是一家生产将纸币换成硬币的机器的小公司。该公司的老板詹姆斯·内史密斯（James Nesmith）想进入国际市场。他知道他的公司有为国外货币发展兑币的能力，而且在网站上可以接触一些顾客。然而，通过参加一次国际贸易活动，内史密斯推断出他的公司没有足够的人员和专家队伍，不能通过直销进入充满潜力的国际市场。于是，内史密斯接触了发展国际项目的渠道关系，并选中了一家国际项目公司——HL 公司，这是一个位于俄亥俄州托莱多的出口管理公司，它为各种各样的生产商充当国际市场的中间人。

那时候，HL 公司仅有 6 人，但是，它通过出口娱乐性游艇、医疗设备、空调维修设备和文具等在内的各种各样的分类产品，每年的销售额可达 800 万美元。HL 的首席执行官更想让他们公司在高科技传播技术中成长，特别是传真、电子邮件和计算机等。这并不稀奇，在沿海主要港口城市建立了庞大办公室的贸易中间商，发现数以百计的像 HL 那样的小型公司的商品贸易的竞争即将来临。而且，现在在美国至少有 2 500 个国际中间商。这些在世界上具有广泛关系的企业中间商迅速扩充起来，因为他们能够帮助那些更小的厂商迅速建立国际贸易渠道。但是，贸易中间人发现还有一些困难，阻止他们把工作做得更好。例如，ITM 公司，一位中间商曾为整形外科厂商建立了几百万美元的国际市场贸易，然而，由于有这样大的贸易量，生产厂商们便决定避开中间商而直接销售。

一些小公司也发现它们的国际贸易来自那些在网上发现它们产品的顾客，然而，近期内，这些小公司发现大部分海外市场对互联网的使用与在美国的利用水平相比处于较低水平，因此，这种方法成为中间商开展国际贸易的一个重要手段可能还需要一段时间。

9.2.3　中间商的类型

中间商是介于生产者与消费者之间专门从事商品流通活动的组织和个人。中间商可从多种角度进行划分，按其在流通过程中所处的环节分为批发商和零售商，按中间商是否拥有所经营商品所有权划分，可分为经销商和代理商。

1. 批发商

1）批发商的概念

批发是指供进一步转售或进行加工而买卖大宗商品的经济行为（交易行为），专门从事这种经济活动的商业企业叫批发商业企业（国外均称批发商）。从市场学角度看，衡量其是否属于批发商，关键看其购买动机和目的。一般来说，凡是其购买行为是为了进一步转卖或供其他商业用途的交易都是批发交易。供进一步转卖一般是对零售商而言，供进一步加工生产是对加工生产企业出售所需要的生产资料、原材料、零配件等而言，所以说凡是经营批发交易的组织和个人统称为批发商。一般来说，批发商处于商品流通的起点和中间环节。批发商在商品流通过程中始终表现为中间环节，批发交易行为结束后，商品流通并没有结束。当批发商的购买对象是商业企业（不管是批发还是零售）时，商品还要继续流通，当购买者是生产企业时，商品的使用价值虽被消耗，但商品的价值却依赖于生产者的劳动转移到新产品中去，并随着新产品的诞生重新出现在流通领域。批发商与零售商相比具有交易频率低而每次交易数量大的特点。

2）批发商的类型

批发商按所经办商品是否拥有所有权可划分为三种主要类型。

（1）买卖批发商。买卖批发商，也叫商人批发商、独立批发商。对其所经营商品拥有所有权。买卖批发商按其经营商品范围可划分为：①普通批发商（即一般批发商）。这种批发商经营普通商品、一般货物，而且经营范围广、种类多，销售对象主要是普通日杂店、小百货店、五金商店、电器店、药店等。②产品线批发商。它经营的商品仅限于某一类商品，且这一类商品的花色、品种、规格、厂牌都较齐全。③专业商品批发商。它经营产品线中有限的几种产品项目，专业化程度高，主要同大零售商和专业零售商进行交易。生产资料商品专业批发商一般都专门经营技术性或需要销售后服务的工业品批发的批发销售。

（2）商品代理商。商品代理商是指从事购买或销售或二者兼备的洽商工作，对商品没有所有权的商业单位和个人，其主要职能在于促成商品的交易，借此赚取佣金和报酬。在同一笔交易中，他们通常不同时代表买卖双方。

（3）制造商的营业部和销售机构。这是一种为制造商所有，专门经营其产品的批发销售业务的独立机构，与制造商是隶属和所有的关系。

【相关链接】

批发商的主要功能如表 9-1 所示。

表 9-1　批发商的主要功能

职能	说明	零售商与批发商的不同之处
销售与促销	批量向生产者进货，颇受生产者欢迎，因此能以较低价成交。批发商具有较广泛的业务关系，客户基本不受区域限制。将产品批量销售给零售商和企业单位	零售商向批发商进货，直接销售给消费者
购买与编配商品	批发商有能力也有条件选择顾客需要的花色品种，从而方便顾客节省选购时间	零售商也具有该职能，但数量较少
分装	批发商整买商品，折零销售，可满足小客户的需要，为顾客节约成本	零售商也有分装职能，但范围较小
仓储	多数批发商备有仓库和存货	零售商没有该职能或较小
运输	批发商有自运设备，充分利用社会运力系统	零售商没有该职能或较小
融资	无论是买方还是卖方，长期建立信誉后即可代销或赊销，有的还可向客户（零售商或生产厂）提供信贷	零售商不能提供信贷，但可少量赊销
承担风险	帮助持有商品的所有权的批发商，承担商品因失窃、破损、腐烂过时的费用开支及经营风险	零售商由于进货量小，出货快，承担风险较小
市场信息	批发商经常向生产者和零售商提供有关信息（如新产品、价格变动、竞争者动态等）	零售商只可提供消费者的消费信息
管理服务与咨询	批发商通过为零售商训练销售人员，帮助布置店堂和商品陈列，建立会计与存货管理制度帮助他们改善经营，同时也可通过提供培训与技术服务来帮助生产者	零售商不具有该职能

2. 零售商

1）零售商的概念

零售商是指将所经营的商品直接出卖给最终消费者的个人或组织。作为生产和消费的中介，零售商处在中介地位靠近最终消费者的一端；在流通领域内，零售商处在商品运动的终点，商品经过零售便进入消费领域，实现商品价值。因此，其销售活动是在营业员和最终消费者之间单独、分散进行的，一般有特定的交易场所，各种商品与消费者直接见面，并随着商品的出售向消费者提供服务。

　　2）零售商的特点

　　（1）零售商的销售对象是最终消费者，主要包括消费者个人、家庭、从零售商处购买商品用作消费的机关团体等。商品经过零售，便离开流通领域进入消费领域，实现商品价值。

　　（2）零售商的交易较批发商频繁，且每次交易的量小。零售商的销售对象是最终消费者，作为个人和家庭的消费需要量较小，而购买次数却较为频繁。

　　（3）零售商的地区分布较批发商广，一般分散在全国各地广大最终消费者中间。这是由零售商所处的地位决定的，零售商是专门从事零售贸易，直接为广大最终消费者服务的单位，而各种商品的最终消费者分散在全国各地。

　　3）零售商的类型

　　零售商的类型可按不同的标准进行划分，这里只介绍几种典型的零售商组织形式。

　　（1）专业商店。这是一种专门经营一类或几类商品的商店。大体有专营钟表、食品、皮货、服装、毛织品、蔬菜等的商店，有的只经营本行业商品，有的兼管其他行业，但在消费上经营有连带性的商品都称为专业性商店（如筷子商店，不仅是经营筷子，饭桌上其他的餐具也都经营；礼品商店，有床上用品、工艺品、灯具、皮箱等）。这种商店将随商品经济的发展越来越多，越来越细。其特点是经营的商品种类上比较单一，专业性较强（系列少、项目多、深度大），具体的商品品种、花色、规格比较齐全，它有利于消费者广泛挑选。同时，也是研究消费者需求变化的典型场所。

　　（2）百货商店（百货公司）。这是一种大规模的以经营日用工业品为主的综合性的零售商业企业，经营的商品类别（系列）多，同时每类商品（每条商品线）的花色、品种、规格齐全（项目多），实际上是许多专业商店的综合体。一般以大、中型居多，从日用品到食品，从工业到土特产品，从低档、中档到高档品都经营，综合性强，它又是高度组织化的企业，内部分设商品部或专柜，商品部相对独立（一般半独立核算），可自己负责商品进货业务，控制库存，安排销售计划。1862 年，法国巴黎的"好市场"是世界第一家百货公司，百年来，百货公司仍是零售商业的主要形式之一。美、日、法等国的大型百货公司，销售的商品多在 25 万种以上，最高的达到 50 万种。百货公司又是城市一、二级商业群的骨干企业。

　　（3）超级市场。这是一种消费者自我服务、敞开式的自选售货的零售企业。它是第二次世界大战后发展起来的，最先在欧美兴起，现在欧美十几个国家中已有超级市场 20 万个。

　　超级市场一般以经销食品和日用品为主，其特点主要是薄利多销，基本上不设售货员，经营中低档商品；商品采用小包装，标明分量、规格和价格；备有小车或货筐，顾客自选商品；出门一次结算付款。

　　（4）折扣商店。这是第二次世界大战之后兴起的有影响力的零售企业，它也是一种百货公司，主要以低价竞销，重点经营，不限制营业时间，自助选购。20 世纪 40 年代曾与百货商店有过激烈的竞争，出售商品以家庭生活用品为主，其特点如下：①出售的商品价格比一般商店低；②出售全国性牌号商品，保证质量；③采取自动式售货，很少服务；④店址不在闹市区；⑤设备简单，折扣商店明码标价，但出售时给予一定折扣。折扣商店经营的主要商品是家庭耐用商品，如洗衣机、电视机、收音机等。

（5）样本售货商店。这种商店主要出售毛利高、周转快的名牌货，包括装饰品、电动工具、皮箱、皮包、摄影器材等。这种商店有彩色图片样本，除实物照片之外，还标有货号、价格及折扣数，顾客可凭样本打电话订货，由商店送货到家，提取货款和运费。如果顾客需要取货，商店设有陈列室，把各种商品放在玻璃橱中，可供展览。这是一种很新的销售方式。这种商店在20世纪60年代后期由美国开始建立，之后成为最热门的零售方式之一。

（6）购物中心。其形式可分为两种：①相当于商场的形式，设立在公共建筑物中由出售食品和日用品的零售商业组成。②相当于商业街的形式，这类购物中心位于住宅区附近，有的位于市中心或交通枢纽的位置。在这个区域内，商业中心一般是以百货商店和超级市场为主，此外，尚有各种类型专业商店、食品店、饭菜馆、银行等形成一个区域性购买中心（我国称为零售商业群）。例如，日本位于大阪郊区的千里购物中心，就以百货商店和超级市场为主，配以各种食品店、日用品店、专卖店、饭馆和娱乐场所，形成一个商业服务中心。

【相关链接】

零售商的营销决策与经营管理

零售商的营销决策主要包括以下几种。

（1）目标市场及市场定位决策：在零售经营中，目标市场处于关键地位，零售商要想成功，首先就要正确选择目标市场，并进行科学的市场定位。

（2）地点决策，主要应考虑以下几点。

商圈，是指零售店的顾客分布的地区范围，经营者要对商圈的构成、特点、范围以及影响商圈规模变化的情况进行实地调查和分析。

交通条件，一方面要方便顾客到达，客流通畅，周边有足够的停车场地；另一方面要方便零售店装卸货物和经营作业。

客流情况，包括街道特征、客流类型、客流规模、客流目的、速度和滞留时间等。

地形特点，包括地理、地形、地貌、顾客能见度以及对流动顾客的注意力吸引度等。

城市规划，包括全市及附近的短期规划和长期规划。

（3）经营商品组合与服务决策。

产品配置，包括经营范围和档次、商品质量、商品组合的宽度和深度。

服务组合，零售商应根据其主要消费群来构建其服务组合。

商店气氛，包括店面装饰、殿堂陈设、卫生与人文气氛。

价格决策，零售商一般要从消费者、竞争和成本三个方面来分析研究其价格策略。

促销决策，包括策略指导、方法采用和效果评估三个方面。促销方法一般有以下四个方面：广告促销、销售促进、公共关系和个人推销。

形象决策，零售企业形象是企业的无形资源，企业形象的建立一般要经过外部情报、店铺印象、销售行动、建立感情四阶段。

3. 经销商

经销商泛指拥有商品所有权的批发商和零售商。其特点如下：①拥有商品的所有权和经营权，独立自主地开展商品购销活动，独立核算、自负盈亏；②一般都有一定的营业场所和各种经营设施；③有独立的购买商品的流动资金；④承担商品的经营风险。

【相关链接】

窜货（冲货）

冲货，又称倒货、窜货，是指经销网络中的各级代理商、分公司等受利益驱动，使所经销的产品跨区域销售，造成价格混乱，从而使其他经销商对产品失去信心，消费者对品牌失去信任的营销现象。

冲货的表现形式：①经销商之间的冲货；②分公司之间的冲货；③企业销售总部"放水"；④低价倾销过期的产品；⑤销售假冒伪劣产品；⑥自然性冲货。

冲货的成因：①任务量原因；②返利原因；③价差原因；④控制乏力原因；⑤融资套现原因；⑥库存积压产品原因。

冲货的危害：①经销商对产品品牌失去信心；②消费者对产品品牌失去信心；③损害品牌形象。

【相关案例】

刘某是一家食品厂家的营销经理。为了扩大产品销量，提高经销商的积极性，他制定了新的奖励政策，来进一步提高经销商的销量返利奖励。

刘某为每个经销商制定了三个不同的年销量指标，即底线任务、中档任务和冲刺任务。完成的年销量指标越高，返利的百分比越大。从刘某的返利政策来看，如果经销商只完成200万元的底线任务，只能拿2万元的返利；如果完成300万元的冲刺任务，则可拿到15万元的返利。

在刘某如此的返利奖励诱导下，经销商就是削尖了脑袋也要把销量冲上去。于是，为了完成更高的销量，经销商不惜采用各种手段，有的经销商大肆向其他地区窜货。

刘某为了制止窜货，对一些违规的经销商三令五申，并以扣除返利威胁，但根本不管用，因为厂家的窜货底款扣在经销商手里。于是，窜货和低价倾销就越演越烈，不断升级，原来一直遵守秩序的经销商也被迫卷入，价格越卖越低，经销商的差价利润也越来越薄，不到一年，价格就接近"卖穿"。

4. 代理商

代理商即商品代理商，不拥有所经营商品的所有权，受委托人委托、代理商品采购或销售业务，从代办业务中取得一定数量的佣金。其特点是本身不发生独立的购销行为，对产品不具所有权、不承担市场风险；有广泛的社会关系、信息灵通等。

按代理商与委托企业的业务联系的特点，代理商可分为企业代理商、销售代理商、寄售商和经纪人。

1）企业代理商

企业代理商是指受生产企业委托，签订销货协议，在一定区域内负责代销生产企业产品的中间商。企业代理商和生产企业间是被委托和委托的关系，其负责推销商品，履行销售商品业务手续，生产企业按销售额的一定比例给其酬金。通常，生产企业在产品消费对象少而分布面广，以及推销新产品、开拓新市场时，借助于企业代理商的帮助。

2）销售代理商

销售代理商是一种独立的经销商，其代理制造商销售全部产品，并为制造商提供更多的服务，如设置产品陈列和负责广告的全部费用等。资力雄厚的销售代理商还以票据或预付款等方式向制造商提供资金方面的帮助（可以不用先给钱）。此外，销售代理商还经常派人参观国内外各种展览会，进行市场调查、搜集各种市场情报资料，供制造商参考。销售代理商实际上就是制造商的产品销售组织，它把自己的命运同制造商的发展联系在一起。

3）寄售商

寄售商是受委托经营现货代销业务的中间商。生产企业根据协议向寄售商交付产品，寄售商将销售后所得货款扣除佣金及有关销售费用后，再支付给生产企业。寄售商要自设仓库或营业场所，以便储存、陈列商品，使顾客能及时购得现货。因此，委托寄售商销售产品，对开发潜在购买力、开辟新市场、处理滞销产品有较好的作用。

4）经纪人

经纪人也是一种代理商，主要业务是介绍买卖双方，帮助双方磋商交易，由委托一方付给佣金。他们同制造商没有固定的联系。今天代表这个制造商卖东西，明天又可能代表另一个制造商卖东西。有的经纪人还代表别人买东西，同其他代理商一样，对产品没有所有权，主要为买卖双方提供产品和价格的市场行情，协助双方进行货易谈判。由经纪人参加的销售渠道，在粮食、矿产品和基本化工原料市场上常见，最常见的有食品经纪人、房地产经纪人、保险和证券经纪人。经纪人是既无商品所有权，又无现货，不承担风险，只在双方交易洽谈中起媒介作用的中间商。在一般情况下，经纪人和买卖双方均无固定联系，成交后提取少量的佣金。

9.3　分销渠道策略与管理

生产者在设计分销渠道时，必须在理想的渠道和可能得到的渠道之间做出抉择，最后确定达到目标市场的最佳渠道。最佳渠道是对目标市场的覆盖能力最强、使目标市场的顾客满意程度最高、对生产者能提供较多利润的渠道。

9.3.1　影响分销渠道设计的因素

1. 产品因素

不同产品适合采用不同的分销渠道，这是企业选择分销渠道时必须首先考虑的。产品因素通常包括以下几方面。

（1）产品价格。

一般说来，单位产品价格高的产品宜采用短渠道，尽量减少流通环节，降低流通费用；而单位产品价格低的产品则宜采用较长和较宽的分销渠道，以方便消费者购买。

（2）产品的重量和体积。

重量和体积直接影响运输费用和储存费用。因此，对于体积和重量过大的商品，宜采用短渠道，以减少商品损失，节约储运费用；体积和重量较小的商品，可采用较长渠道。

（3）产品的时尚性。

对于时尚性强、款式花色变化快的产品，应选用短渠道，以免产品过时；而对于款式花色变化较慢的产品，渠道则可长一些。

（4）产品本身的物理化学性质。

凡是易腐、易毁产品，如鲜活产品、陶瓷制品、玻璃制品，以及有效期短的产品，如食品、药品等，应尽可能选择短而宽的渠道，以保持产品新鲜，减少腐坏损失，反之亦然。

（5）产品的技术服务要求。

技术复杂、售后服务要求高的产品，宜采用短渠道，由企业自销或由专业代理商销售，以便提供周到服务。相反，技术服务要求低的产品，则可选择长渠道。

2. 市场因素

市场状况直接影响产品销售，因此，它是影响分销渠道策略选择的又一重要因素。市场因素主要包括以下几点。

（1）目标市场范围。

市场范围大的产品，消费者地区分布较广泛，企业不可能直接销售，因而渠道较长较宽；若目标市场范围较小，则可采用短渠道。

（2）市场的集中程度。

市场比较集中的产品，可采用短渠道；若顾客比较分散，则需要更多地发挥中间商的分销功能，应采用较宽较长的渠道。

（3）每次的销售批量。

每次销售批量大的产品，可采用短渠道；而批量小及零星购买的产品，交易次数频繁，则需要采用较长较宽的渠道。

（4）市场竞争状况。

企业出于市场竞争的需要，有时应选择与竞争对手相同的分销渠道。因为消费者购买某些产品，往往要在不同品牌、不同价格的产品之间进行比较、挑选，这些商品的生产者就不得不采用竞争者所使用的分销渠道。有时则应避免"正面交锋"，选择与竞争对手不同的分销渠道。

（5）市场形势的变化。

市场繁荣、需求上升时，生产商应考虑扩大其分销渠道，而在经济萧条、需求下降时，则需减少流通环节。

3. 企业因素

影响渠道策略选择的企业因素主要有以下几个方面。

（1）企业的规模和声誉。

企业规模大、声誉高、资金雄厚、销售力量强，具备管理销售业务的经验和能力，在渠道选择上主动权就大，甚至可以建立自己的销售机构，渠道就短一些，反之就要更多地依靠中间商进行销售。

（2）企业的营销经验及能力。

一般而言，企业市场营销经验丰富，则可考虑较短的分销渠道。反之，缺乏营销管理能力及经验的企业，就只有依靠中间商来销售。

（3）企业的服务能力。

如果生产企业有能力为最终消费者提供各项服务，如安装、调试、维修及操作服务等，则可取消一些中间环节，采用短渠道。如果服务能力有限，则应充分发挥中间商的作用。

（4）企业控制分销渠道的愿望。

企业控制分销渠道的愿望各不相同。有的企业希望控制分销渠道，以便有效控制产品价格和进行宣传促销，因而倾向于选择短渠道，而有些企业则无意控制分销渠道，因此采用宽而长的渠道。

【相关链接】

中国渠道的四大变化趋势

1. 通路结构：从多层次长渠道向扁平方向变化

厂家—总经销商—二级批发商—三级批发商—零售店—消费者，此种渠道层级可谓传统销售渠道中的经典模式。在供过于求、竞争激烈的市场营销环境下，传统渠道存在着许多不可克服的缺点。为迎合消费者偏好的变化，需对渠道结构进行调整，要求厂商作为产品或服务的供给者，顺应渠道变化的趋势，制定符合企业发展目标的渠道策略。因此，许多企业正将销售渠道改为扁平化的结构，即销售渠道越来越短、销售网点则越来越多。销售渠道短，增加了企业对渠道的控制力；销售网点多，则扩大了产品的辐射面和销售量。

渠道扁平化应该到什么程度，目前厂商和中间商并没有明确的目标。但是就中国的具体国情来讲，有一点可以明确，那就是核心代理是渠道不可或缺的。因为国内市场区域广阔，地方经济发展不平衡，各地区人文特点差异较大，靠厂商独立推广产品，无法针对不同的区域特点有的放矢，往往花费很大代价，却得不到预期的效果，而代理商恰好解决了这些问题。

2. 通路运作：分销渠道的一体化倾向

由于城市化和消费者购物先后顺序的变化，对交通服务设施等提出了更高的要求，买方市场格局的出现，使生产—分配—交换—消费中各个环节的相对重要性发生了历史性的变化，生产商更加依赖批发商和零售商所能提供的有限市场，出现了纵向一体化——生产企业与流通企业合资经营的渠道形式。为了应对日益复杂的环境，许多生产商、批发商和零售商组成统一的系统，以降低交易费用和开发技术费用，确保供应和需求。

3. 通路关系：由商业利益（利用）关系向共赢的合作伙伴关系变化

传统的渠道关系是每一个渠道成员都是一个独立的经营实体，以追求个体利益最大化为目标，甚至不惜牺牲渠道和厂家的整体利益。在伙伴式销售渠道中，厂家与经销商一体化经营，实现厂家对渠道的集团控制，使分散的经销商形成一个整合体系，渠道成员为实现自己或大家的目标共同努力，追求双赢（或多赢）。

4. 通路重心：渠道重心由总经销商向终端市场建设转化

成功企业开始以终端市场建设为中心来运作。一方面，对代理商、经销商、零售商等各环节的服务与监控，使自身的产品能够及时、准确、迅速地通过各渠道环节到达零售终端，提高产品市场展露度，使消费者买得到；另一方面，在终端市场进行各种各样的促销活动，提高产品的出现率，激发消费者的购买兴趣。

9.3.2 分销渠道的选择

1. 建立渠道目标

渠道目标也就是在企业营销目标的总体要求下，选择营销渠道应达成的服务产出目标。这种目标一般要求建立的分销渠道达到总体营销规定的服务产出水平，同时使全部渠道费用减少到最低程度。企业在认真分析影响销售渠道选择决策的主客观因素的基础上，划分出若干分市场，然后决定服务于哪些分市场，并为之选择和使用最佳渠道。

2. 确定营销渠道模式

确定营销渠道模式，即决策渠道的长度，首先要根据影响渠道的主要因素，决定采取什么类型的营销渠道，是派销售人员上门推销或自设销售商店的短渠道，还是选择通过中间商的长渠道，以及通过什么规模和类型的中间商，渠道选择模式首先要确定渠道的长度。一般认为，生产者—批发商—零售商—消费者（包含两个中间层次）的模式是比较典型的市场营销渠道类型。当然，营销渠道的长与短只是相对而言，因为随着营销渠道长短的变化，其产品既定的营销职能不会增加或减少，而只能在参与流通过程的机构之间转移或替代。

3. 确定中间商的数目

确定中间商的数目，即决策渠道的宽度。即每个渠道层次使用多少个中间商，这一决策在很大程度上取决于产品本身的特点、市场容量的大小及市场需求面的宽窄。通常有三种可以选择的形式。

（1）密集分销策略。

实施这一策略的企业尽可能多地通过批发商、零售商销售其产品，使渠道尽可能加宽。密集分销策略的主要目标是扩大市场覆盖面，使消费者和用户可以随时随地买到商品。

（2）独家分销策略。

实施此策略的企业在一定区域仅通过一家中间商经销或代销，通常双方协商签订独家经销合同，独家经销公司在享有该产品经销的特权下，其经营具有排他性，制造商规定经销商不得经营竞争产品。独家分销是一种最极端的形式，是最窄的分销渠道，通常是对某些技术强的耐用消费品、名牌商品及专利产品适用独家经销，对生产者的好处是有利于控制中间商，提高中间商的经营水平，加强产品形象，并可获得较高的利润率。

（3）选择性经销策略。

这是介于密集分销和独家分销之间的销售形式，即生产厂家在某一销售区域精选几家最合适的中间商销售公司的产品。这种策略的特点：比独家分销面宽，有利于开拓市场，展开竞争；比密集分销面窄，有助于厂商对中间商进行控制和管理，同时还可以有效地节省营销费用。这一策略的重点在于着眼稳固企业的市场竞争地位，维护产品在该地区的良好声誉。同时，促使中间商之间彼此了解，相互竞争，能够使被选中的中间商努力提高销售水平。

4. 确定渠道成员的条件和义务

制造商在确定了渠道的长度和宽度之后，需要进一步规定渠道成员彼此的条件和应尽的义务，即制定"贸易关系组合"协议，协议主要涉及价格政策、销售条件、地区权利，以及每一方为对方提供的服务及应尽的责任义务。

价格政策要求制造商制定价目表，对不同地区、不同类型的中间商和不同的购买数量给予不同的价格折扣比率，价格政策的原则及主要内容应得到中间商的理解和认可。

销售条件是中间商的付款条件及生产者的担保。对及时全部付清货款的中间商应给予现金折扣，生产者还应向中间商提供有关产品质量保证和跌价保证，生产者的跌价保证能够吸引并激励中间商大量购货。

5. 选择渠道成员

中间商选择合理与否，对企业产品进入市场、占领市场、巩固市场和发展市场有着关键性的影响。选择中间商时，应主要考虑以下因素。

（1）服务对象。

不同制造商有不同的目标市场，不同中间商有不同的服务对象。生产企业选择分销渠道，应首先考虑中间商的服务对象与本企业的目标市场对象是否一致，只有一致才能选择这个中间商。

（2）地理位置。

中间商的地理位置直接影响到产品能否顺利到达目标顾客手中。因此，选择中间商必须要考虑其地理分布情况，要求既要接近消费者，又要便于运输、储存及调度。

（3）经营范围。

在选择中间商时，如果其经营主要竞争对手的产品，就需格外谨慎，不宜轻易选取。当然，若本企业产品在品质、价格、服务等方面优于同类产品，也可以选择。

（4）销售能力。

即考察中间商是否有稳定的、高水平的销售队伍，健全的销售机构，完善的营销网络和丰富的营销经验。

（5）物质设施与服务条件。

一些特殊商品要求一定的物质设施和贮运条件，这就要求中间商需要具备这种物质的贮运条件。此外，有些商品属高档耐用消费品，需要提供一系列的售中和售后服务，这也同样对中间商提出了要求。

（6）财务状况。

中间商财务状况的好坏，直接关系到其是否可以按期付款，甚至预付货款等问题。企业在选择中间商时，必须对此严加考察。

6. 对分销渠道方案进行评估

分销渠道方案确定后，生产厂家就要根据各种备选方案进行评价，找出最优的渠道路线，通常渠道评估的标准有三个，即经济性、可控性和适应性，其中最重要的是经济性标准。

（1）经济性标准评估。

经济性标准评估主要是比较每个方案可能达到的销售额及费用水平。一是比较由本企业推销人员直接推销与使用销售代理商哪种方式销售额水平更高。二是比较由本企业设立销售网点直接销售所花费用与使用销售代理商所花费用，看哪种方式支出的费用少，企业对上述情况进行权衡，从中选择最佳分销方式。

（2）可控性标准评估。

企业对分销渠道的选择不应仅考虑短期经济效益，还应考虑分销渠道的可控性。因为分销渠道稳定与否对企业能否维持并扩大其市场份额、实现长远目标影响重大。企业自销对渠道的控制能力最强，但由于人员推销费用较高，市场覆盖面较窄，故不可能完全自销。利用中间商分销就应充分考虑渠道的可控性，一般说来，建立特约经销或特约代理关系的中间商较容易控制，但这种情况下，中间商的销售能力对企业的影响又很大，因此应慎重决策。

（3）适应性标准评估。

每一分销渠道的建立都意味着渠道成员之间的关系将持续一定时间，不能随意更改和调整，而市场却是不断发展变化的。因此，企业在选择分销渠道时就必须充分考虑其对市场的适应性。首先是地区的适应性，在某一特定的地区建立商品的分销渠道，应与该地区的市场环境、消费水平、生活习惯等相适应；其次是时间的适应性，根据不同时间商品的销售状况，应采取不同的分销渠道与之相适应。

9.3.3　分销渠道的管理

1. 检查中间商

企业必须定期评估中间商的绩效是否达到某些标准。也就是说，企业要对中间商进行有效的管理，还需要制定一定的考核标准，检查、衡量中间商的表现。这些标准包括销售指标完成情况、平均存货水平、向顾客交货的快慢程度、对损坏和损伤商品的处理、与企业宣传及培训计划的合作情况、对顾客的服务表现等。在这些指标中，比较重要的是销售指标，它表明企业的销售期望。经过一段时期后，企业可公布对各个中间商的考核结果，目的是鼓励那些销量大的中间商继续保持声誉，同时鞭策销量少的中间商要努力赶上。企业还可以进行动态的分析比较，从而进一步分析各个时期各中间商的销售状况。

2. 分销渠道的激励与扶持

企业在选择了分销渠道以后，为了保证中间商努力扩大对本企业产品的销售、不断提高业务水平，必须对其进行激励与扶持。

对中间商的激励首先体现在向其提供价廉物美、适销对路的产品上。只有经销畅销商品，中间商才能加速资金周转，增加企业盈利。因此，提供适销对路的优质产品就是对中间商的最好激励。

对中间商激励的另一种方式是合理分配利润。企业与中间商在一定程度上是一种利益共同体，因此必须"风险共担、利益均沾"，这就要求企业合理分配双方利润，否则中间商就没有销售积极性。所以，对中间商要视其情况采取"胡萝卜加大棒"的政策。对销售指标完成得好的中间商可给予较高的折扣率，提供一些特殊优惠，还可以发放奖金或给予广告补助、促销津贴等；若中间商未完成应有的渠道责任，则对其进行制裁，可降低折扣、放慢交货甚至终止关系。

做必要让步也是对中间商的激励方法之一。要求企业了解中间商的经营目标和需要，在必要时做一些让步，以满足中间商的某些要求，鼓励中间商努力经营。

对中间商的扶持主要体现在资金、信息、广告宣传和经营管理等方面。资金方面，可适当延长中间商的付款期限，放宽信用条件，以解决其资金不足的问题。信息帮助是指将企业了解的市场信息和产品信息等及时传递给中间商，为其扩大产品销售提供信息方面的依据。广告宣传帮助主要包括帮助中间商策划当地的促销活动，并提供广告津贴、陈列经费、宣传品等。经营管理帮助是指生产企业通过帮助中间商搞好经营管理，从而扩大本企业产品的销售。

3. 渠道调整

市场营销环境是不断发展变化的，原先的分销渠道经过一段时间以后，可能已不适应市场变化的要求，必须进行相应调整。一般说来，对分销渠道的调整有三个不同层次。

（1）增减分销渠道中的个别中间商。

由于个别中间商的经营不善而造成市场占有率下降，影响到整个渠道效益时，可以考虑对其进行削减，以便集中力量帮助其他中间商搞好工作，同时可重新寻找几个中间商替补；市场占有率的下降，有时可能是竞争对手分销渠道扩大而造成的，这就需要考虑增加中间商数量。

（2）增减某一个分销渠道。

当生产企业通过增减个别中间商不能解决根本问题时，就要考虑增减某一分销渠道。

（3）调整整个分销渠道。

这是渠道调整中最复杂、难度最大的一类，因为它要改变企业的整个渠道策略，而不只是在原有基础上缝缝补补，如放弃原先的直销模式，而采用代理商进行销售；或者建立自己的分销机构以取代原先的间接渠道。这种调整不但使渠道策略彻底改变，而且对产品策略、价格策略、促销策略也必须做相应调整，以期和新的分销系统相适应。总之，分销渠道是否需要调整、如何调整，取决于其整体分销效率。因此，不论进行哪一层次的调整，都必须做经济效益分析，看销售能否增加，分销效率能否提高，以此鉴定调整的必要性和效果。

【本章知识反馈】

一、单项选择题
1. 接受用户订货是一种（　　　）。
A. 直接渠道　　　B. 间接渠道　　　C. 长渠道　　　D. 短渠道
2. 分销渠道所涉及的是商品实体和商品（　　　）从生产向消费转移的整个过程。
A. 使用权　　　B. 支配权　　　C. 所有权　　　D. 经营权

3. 消费者在当当网上购物属于（　　　）的范畴。

A. 直接推销　　　B. 直复营销　　　C. 购物服务　　D. 间接推销

4. 雅芳产品的销售属于（　　　）。

A. 有店铺零售　　　B. 无店铺零售　　　C. 无店铺、有店铺相结合

5. 宝洁产品多采用广告宣传，不进行过多的终端维护，然而经销商、零售商都钟爱宝洁的产品，宝洁的渠道控制属于（　　　）。

A. 市场控制　　　B. 利益控制　　　C. 品牌控制

6. 格力空调对于扰乱渠道次序的分销商，不论其业绩多好，都一律解除合同。格力空调解决渠道冲突的策略是（　　　）。

A. 共同管理的策略　　　B. 协商、规劝和洽谈的策略

C. 运用控制权，实行奖惩制度的策略

二、复习思考题

1. 分销渠道有哪几种基本类型？其利弊何在？

2. 试说明批发商、零售商、代理商的区别。

3. 影响分销渠道选择的因素有哪些？

案例分析

第 10 章

促 销 策 略

【引导案例】

屈臣氏促销案例剖析

屈臣氏进入中国后受到了白领女士的青睐。逛屈臣氏淘宝，在不知不觉中成了时尚消费者一族的必修课。屈臣氏能够准确捕捉消费者微妙的心理细节，成功地策划一次又一次的促销活动。

一、屈臣氏层出不穷的促销招数介绍

招数 1：超值换购

招数 2：独家优惠

招数 3：买就送

招数 4：加量不加价

招数 5：优惠券

招数 6：套装优惠

招数 7：震撼低价

招数 8：剪角优惠券

招数 9：购某个系列产品满 88 元送赠品

招数 10：购物 2 件，额外 9 折优惠

招数 11：赠送礼品

招数 12：VIP 会员卡

招数 13：感谢日

招数 14：销售比赛

以上列举了一些屈臣氏经常使用的促销招数，其他细节笔者就不一一细说了。

二、屈臣氏促销活动之所以获得消费者青睐，其在以下几方面的突出表现值得借鉴

1. 持之以恒
2. 丰富多彩
3. 权威专业
4. 优惠实效
5. 全员重视
6. 氛围浓郁
7. 注重研究
8. 良好习惯
9. 优秀的 IT 系统支持

【案例思考】

1. 屈臣氏促销成功的秘诀是什么？
2. 屈臣氏名目繁多的促销招数分别属于哪一类促销手段？
3. 你认为屈臣氏的促销策略还有哪些可以改进的地方？对此你有何建议？

【学习目标】

学习本章，应了解促销组合的含义和作用；掌握人员推销的过程和推销技术；掌握各种促销手段的优缺点；掌握促销组合因素的主要内容。并掌握各种促销手段，能够在实践中灵活运用。

10.1　促销与促销组合

企业的营销活动是由多种因素构成的综合体，现代营销要求企业不仅要以合理的价格向目标顾客提供优质的产品，还要求企业以很快的速度与消费者建立关联，通过各种渠道向消费者传递企业的理念、产品信息、品牌形象等，谁首先吸引了消费者的眼球，谁就获得了成功的一半，而这一切都依赖于企业的促销。

10.1.1　促销的含义和作用

促销是指企业采取各种人员和非人员的方式，向顾客传递企业和产品的信息，帮助顾客形成对企业和产品的良好的认知，并激发顾客的购买欲望，促使其做出购买决策的活动。

促销是营销传播的应用，营销人员利用它向潜在购买者传播信息。促销有以下几种作用。

1．沟通信息

企业的经营时刻围绕着信息流、资金流和物流运转，可以把信息流、资金流和物流形象地比喻为手段、条件和过程。消费者是营销的终点，中间商是企业的合作伙伴，企业需要将产品的信息传递给消费者和中间商，刺激消费者对产品产生兴趣、激励中间商采购企业产品。消费者不仅是营销的终点，同时也是营销的起点，所以促销不仅可以向消费者传递产品信息，也可以在这个过程中从消费者那里得到关于产品和需求的反馈信息，进一步改善产品。促销实质上是要改变消费者的行为，消费者行为的改变是一个缓慢的过程，所以促销也要贯穿产品生命周期的始终。

2．引导消费，刺激需求

威廉·斯坦顿研究认为：促销的基本目的是改变一个公司的产品的需求（收入）曲线的形状。通过促销，一个公司有希望在任何一定价格的条件下，增加某种产品的销售量。它还希望促销会影响产品的需求弹性。其目的在于：当价格提高时使需求无弹性，当价格降低时使需求有弹性。换言之，企业管理当局希望：当价格上升时，需求数量下降很少，而当价格下降时，销售量却大大增加。消费者的需求是在不断变化的，有时会出现需求旺盛，有时会出现需求不振，有效的沟通可以影响消费者的需求变化：当需求不振时，促销可以激发需求；当需求波动时，促销可以在一定程度上熨平需求；当需求处于高潮时，促销可以维持这种状态。

3．突出产品差异，提高竞争力

我们已经进入了产品同质化时代，作为消费者很难区分出不同品牌产品之间的细微差别。此时，企业可以利用促销手段突出产品差异，把企业产品的特殊利益点传递给消费者，在消费者的心目中树立产品独特的形象，提升企业产品在同类产品中的地位和竞争力。

4．树立形象，扩大销售额

产品或品牌的形象是消费者对产品或企业的印象，是与品牌相联系的象征性价值。购买者可能因为产品或品牌的形象与个人的气质、个性等相像而偏好购买某一产品或品牌。促销是一个把企业形象迅速树立起来的有效手段，它可以扩大企业产品和品牌的知名度，提高产品和品牌的美誉度，这样就可以相应地增加顾客对企业产品的偏爱和信任，扩大销售额。

10.1.2 促销组合及其影响因素

促销组合是指企业根据产品的特点和营销目标，综合考虑各种因素，将人员推销、广告、营业推广和公共关系进行搭配和运用，使企业的促销活动能够协调，最大限度地发挥促销的整体效果。促销组合的基本原则就是促销的效率最高而促销的费用最低。

1. 促销组合的内容

促销手段可以分为两大类：一类是人员推销；另一类是非人员推销，包括广告促销、营业推广和公共关系，如图 10-1 所示。无论是哪种手段，其都有各自的优缺点。

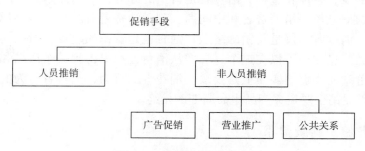

图 10-1　促销组合的内容

人员推销最大的优点就是，推销员可以面对面地与顾客进行双向交流，消除顾客对产品的疑虑和不满，促成交易。同时推销人员还兼做了市场调查和售后服务工作，即时地反馈顾客对产品和服务的意见和建议，维持和提高顾客对企业、产品及推销员的满意程度。但是人员推销的高成本、促销范围小也是不容忽视的问题。广告促销的传播范围比较广，在短时间内高频率地出现，刺激消费者的视觉和听觉，可以节约人力，但是广告促销的针对性不强，与人员推销相比，广告促销的效果有一定的延后性。营业推广可以迅速实现增加销售的目的，挫败竞争对手发起的进攻，但是它的影响面积小，只能作为广告促销和人员推销的辅助工具，有时会损害企业形象。公共关系优点在于消费者可能更信赖媒体发布的信息，缺点是公共关系渠道发出的信息不可重复，而且媒体可能不愿意配合企业。

2. 促销组合的影响因素

促销组合有不止一种的组合方式，那么企业的促销组合决策到底选用哪几种促销方式、侧重于哪种方式促销，这主要受以下几种因素的影响。

1）产品因素

首先是产品本身的特性会影响促销组合，产品可以分为最终消费品和工业品。最终消费品的购买者数量众多，而且不需要消费者花费太多的精力和懂得专业知识，一般属于例行消费，所以，比较侧重于广告促销方式；像一些工业品一般属于大宗采购项目，需要个性化要求，顾客数量较少，所以一般适合于人员推销和营业推广的促销方式。一般科技含量高、复杂的产品需要借助销售人员的介绍和保证，以及售后指导，人员推销更合适。公共关系无论对消费品还是工业品都是很重要的。

其次要考虑产品所处的生命周期。产品导入期要吸引消费者的注意，一般多采用广告促销，而营业推广可加速消费者对产品的采用，人员推销主要用于开发新渠道上；当产品过渡到成长期时，消费者已经认可并普遍接受产品，此时可以适量减少营业推广，广告促销和公共关系仍然很重要，同时可以辅以人员推销；产品进入成熟期时，市场竞争激烈，需求减少，此时促销活动以增加消费者的购买兴趣为主，营业推广的作用超过了广告促销和人员推销；衰退期，由于新产品的出现，销量将会大大降低，营业推广仍然是主要的促销方式，广告促销和人员推销减少。

2）市场因素

市场的分布状况、市场的规模大小、市场种类的不同，都会影响促销组合。对小规模的消费者促销可以采用人员推销，而对市场分布较分散或者向规模较大、范围较广的市场进行促销，要以广告促销为主；对于少次批量购买的消费者采用人员推销，对多次少量购买、多顾客的促销采用广告促销。消费者市场和组织者市场上促销方式的重要性也不相同，如图 10-2 所示。在有竞争对手时，还要考虑竞争对手的促销组合。

广告促销	人员推销
人员推销	公共关系
公共关系	广告促销
消费者市场	组织市场

图 10-2　促销工具的相对重要性

3）促销预算

企业的促销活动需要一定的促销资金作为支撑，促销的效果也与促销费用的多少密切相关。促销预算的多少要视具体情况而定，要综合考虑促销目标、企业实力和竞争对手状况。

4）消费者所处的反应层级

从消费者知道企业的产品到消费者购买产品需要一个过程，要经过一连串的反应阶段，依次是知道、了解、喜欢、偏好、信服、购买，当消费者处于知道和了解阶段时，促销组合侧重于广告促销和营业推广；从了解过渡到喜欢和偏好阶段时，促销组合侧重于广告促销和人员推销；在信服和购买阶段，主要侧重于广告促销、营业推广和人员推销，如图 10-3 所示。

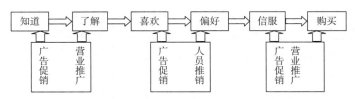

图 10-3　消费者反应层级与促销方式

5）拉式策略和推式策略

企业是采用拉式策略还是推式策略，也会影响促销组合。拉式策略是企业针对最终消费者的促销，把绝大部分促销集中在渠道末端的顾客身上。"拉"意味着消费者向中间商索要产品。它的信念是零售层次引起需求，进而鼓励零售商和批发商订购储存商品。此时广告促销和营业推广是最主要的方式。推式策略是企业向批发商和经销商促销产品，企业在渠道成员的帮助下，将产品逐级向前推进，并层层渗透，最后到达消费者手中。此时人员推销是最主要的方式，辅之以中间商销售促进，兼顾消费者的销售促进，如图 10-4 所示。

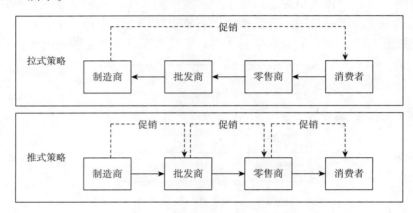

图 10-4　拉式策略和推式策略

10.2　人员推销

10.2.1　人员推销的含义和推销方式

1. 人员推销的含义与特点

人员推销是指企业的销售人员与目标消费者之间进行一对一的交流，向消费者传递企业的产品和服务的信息，运用一定的推销手段和方法，吸引消费者的注意，激发消费者的购买欲望，以实现企业销售商品、扩大销售额的目的。

人员推销是一种金钱、时间、才智合聚的综合性商业活动，它是通过销售员自己的努力去发现和满足消费者的需求，使双方能从公平交易中获取各自的利益。人员推销是自商品交换产生后就出现的一种最古老的推销方法。人员推销具有以下特点。

（1）方法灵活，成交率高。

人员推销由于与客户保持直接接触，向顾客提供及时准确的产品信息，极大地降低了顾客的搜寻成本。同时，面对面交流可以直接观察客户反应，有针对性地调整推销计划和内容，还可以第一时间回答和解决顾客的意见或问题，消除顾客的疑虑，使顾客产生信任感，及时达成交易。

（2）直接接触，针对性强。

在进行人员推销之前，销售人员事先做好了调查研究工作，对顾客进行了一定的选择和取舍，具体拟定了针对性的推销方法和推销策略，以便实地推销时，目标明确，容易获得推销成果，同时也可将不必要的经费和时间浪费降低到最低限度。

（3）注重人际关系。

人员推销具有一定公共关系的作用，销售人员在向目标顾客推销商品时，不仅涉及产品的功能、属性及给消费者带来的效用方面的知识，还可以谈及家庭、社交等方面的内容，因为推销员同时为企业和顾客的利益着想，久而久之，可以使单纯的买卖关系发展为相互信任、长期合作的伙伴关系，这样也有利于推销工作的开展。

（4）可兼任其他营销功能。

推销人员除了担任多项产品（服务）推销工作外，还可以兼做信息咨询服务，收集客户情报、市场调研、开发网点，帮助顾客解决商业性事项等工作。

（5）费用较高，推销面窄。

人员推销拜访顾客的数量有限，接触的顾客面窄，比较适用性能复杂的产品，不适用于大众消费品。同时，人员推销对销售人员的要求较高，好的推销人员数量不足，而且人员推销的费用远远高于其他促销方式。

2. 人员推销的方式

人员推销的方式多种多样，其中上门推销、柜台推销和会议推销是企业经常采用的推销方式。

1）上门推销

上门推销是最常见的人员推销形式。它是由推销人员携带产品的样品、说明书和订单等走访顾客并推销产品的推销形式。这种推销形式，可以针对顾客的需要提供有效的服务，有机会把产品和售后服务卖给愿意购买或租赁它的顾客。推销员随时回答顾客提问，不仅有机会纠正顾客对本公司及产品的偏见，还可以从顾客那里得到明确的许诺和预购或预租。如果推销员给顾客留下好印象的话，顾客也会把这种好印象转移到企业和产品上去。

2）柜台推销

柜台推销是营业员向光顾该店的顾客推销商品。这是一种普遍的人员推销方式。这种推销方式与上门推销相反，它是顾客向销售人员靠拢，寻求要选购的商品。顾客挑选商品一般不需要营业员传递，营业员负责上货、整理并照看商品，解答顾客询问。但是营业员主动、恰到好处的推销往往能提高成交率。柜台销售的另一点好处是商品的品种、花色、式样等比较齐全，消费者的选择空间和选择余地较大。

3）会议推销

会议推销是企业利用展览会、洽谈会、订货会、交易会、供货会等形式宣传和介绍商品，开展销售活动。在推销会议上会有众多企业参加，各企业之间、同行之间充分接洽、交流，与会者一般都带有明确的目标，即顾客为买而来，企业为卖而来，所以，双方极易达成交易，且交易的金额巨大。在这一点上会议推销有着上门推销和柜台推销无法比拟的优势。随着经济发展速度的增快，会议推销的优势渐渐显露出来，并且得到了企业的广泛认同和采用。

10.2.2 人员推销的任务职责

1. 销售产品

推销人员的基本职责和核心任务就是与顾客（中间商）接洽、向顾客（中间商）展示企业的产品、解答顾客（中间商）的疑问、说服消费者（中间商）购买（销售）企业的产品。销售人员既要稳定住企业的现实顾客，使其重复购买企业产品，同时也有开发新客户、变潜在的消费者为现实顾客的责任。

2. 传递、反馈信息

销售人员是连接公司与顾客的桥梁和纽带，销售人员在向顾客介绍企业产品时，也是将企业政策、产品和服务的信息向消费者传递的过程，同时，销售人员在走访客户、调查市场时，也会把消费者对企业产品的反应、市场需求的变化反馈给企业。

3. 提供服务

服务是销售的有利补充，有助于提高顾客满意度。对于一些高科技产品和复杂产品，如仪器设备、计算机等，消费者在使用过程中需要指导和维修，还有些需要进行个性化的改造，这些都是由销售人员负责的，特别是随着营销实践的发展，销售人员与顾客之间不再是零和关系，提倡销售人员与顾客建立互动互利关系，使销售人员成为顾客的顾问和问题解决者。

4. 树立、维护企业形象

销售人员代表公司销售产品，是公司形象的象征。因此，销售人员在工作中，不仅要销售产品，还要宣传企业的信誉、理念，化解消费者对企业的偏见和误解，增加消费者对企业的好感，提高消费者的满意度。

10.2.3 人员推销策略

推销员应该根据不同目标市场顾客的需求特征及不同商品的具体情况，分别采用灵活的推销策略。根据顾客购买心理变化不同阶段的特点，可采用如下策略。

1. 试探性策略

试探性策略也称"刺激-反应"策略。就是在不了解顾客需要的情况下，与顾客接洽，通过一些交谈和询问，观察顾客的反应，在了解掌握了顾客的需要之后，采取刺激手段诱发消费者购买。这种方式非常适合推销日用品。对于客户不熟悉的新产品，向客户做示范表演更为有效。

2. 针对性策略

针对性策略也称"配方-成交"策略。这种策略的运用是在已经知道消费者的需求和意图的情况下，销售人员制订有针对性的推销方案，诱导消费者对企业产品产生兴趣，促成交易。

【相关案例】

帕特的针对性推销

美国推销员帕特在一次为推销一套可供一座 40 层办公大楼用的空调设备时，不厌其烦地向这个公司的全体董事们介绍空调系统。但董事们反应冷淡，并说了一大堆刁难的话，这时，他心急如焚，浑身发热。这一热使他急中生智："今天天气很热，请允许我脱去外衣，好吗？"说罢，还掏出手帕擦了擦额上的汗珠。他的话似乎使董事们也感到闷热难熬，个个脱去外衣，有位董事还抱怨说："这房子没有空调，闷死了。"结果在 20 分钟内，这笔买卖成交了。

3. 诱导性策略

诱导性策略也称"诱发-满足"策略。这是一种创造性推销，即通过一些诱惑性强的语言，诱发消费者产生某方面的需求，同时，向消费者说明所推销的商品能较好地满足这种需要。这种策略要求推销人员有较高的推销技术，在"不知不觉"中成交。

10.3 广 告 促 销

广告从它诞生之日起一直在为企业的营销活动贡献着力量，广告对消费行为有着巨大的影响，为了使广告的经济性得到最大限度的发挥，企业必须做好广告决策。

10.3.1 广告的概念和作用

1. 广告的概念

广告是企业以付费的方式，采用某种艺术手法，通过电视、广播、影院、印刷品、互联网等大众媒体，对企业的产品和服务进行的非人员促销，将信息传达给消费者，以增加顾客对产品的好感度和信任度，从而促进销售。广告向人们传递着各种各样的信息，一则完整的广告应包含广告主、广告信息、广告媒介、广告费用和广告受众五个要素。

1）广告主

广告主是指愿意承担相应的费用而发布商品或服务及其他信息的法人、其他经济组织或个人。广告主决定着广告的目标、规模、进程和基本内容，所以在广告活动中居于主体地位，发挥着主导作用。

2）广告信息

广告信息是广告的主要内容，大致包括商品信息、服务信息、社会信息、形象信息和观念信息五类。其中商品信息包括产品的性能、质量、功效、价格、品牌、型号等。服务信息包括企业提供的售前和售后服务。社会信息多与公众生活相关。形象信息主要包括企业历史沿革、经营理念、企业文化、传奇故事等。

3）广告媒介

广告媒介是广告信息的中介物，是广告信息沟通的渠道。科技手段的进步使得企业可以利用的广告媒介不断增多，除了传统的电视、广播、报纸、杂志等媒介，各种户外广告如海报、广告牌、标志牌等也应用广泛，随着电子媒介的飞速发展，互联网、LED（light emitting diode，发光二极管）板等电子媒体将发挥越来越重要的作用。

4）广告费用

广告费用是指广告主支付给广告媒介所有者的费用，并从中提取佣金支付给广告制作单位。公开付费是广告的一大特点，也是它和一般宣传报道的重要区别。

5）广告受众

广告受众是广告信息的接受者。每一则广告都有明确的、特定的受众群体，他们是广告的目标受众。由于绝大多数广告都具有群体传播、大众传播的特征，故广告受众具有符合性、分散性、隐匿性的特点。

2. 广告的作用

1）广告是企业产品信息的主要传播工具

广告可以以低成本向大范围的目标顾客传递商品或服务的信息，企业可以利用多种广告媒介向目标顾客进行多角度、全方位的介绍，说明商品的功能、效用、品牌、价格等信息，帮助消费者辨认和识别企业的商品和服务，在消费者心目中留下产品上市的印象。通常，消费者在购买商品时，90%的信息直接或间接地来自广告。

2）广告是企业有利的竞争武器

广告可以提高企业及其产品、品牌的知名度和美誉度，树立企业和产品的良好形象，增强消费者购买企业产品的积极性，从而达到为企业开拓市场、扩大市场份额、增加企业竞争优势的效果。

3）广告是引导、刺激消费的主要手段

广告作为一种说服性沟通活动，可以不断地强调消费者使用商品的必要性和紧迫性，诱发和刺激消费者潜在的购买意识，同时消除消费者的疑虑，增强购买信心，同时广告宣传还可以通过示范和诱导来改变人们的消费观念和消费行为，使新产品、新式样迅速流行，形成消费时尚。

10.3.2　广告目标

制定广告规划是从确定广告目标开始的，广告活动应该有一个清晰的目标，根据DAGMAR（define advertising goals for measured advertising results，广告目标与效果测定）模式，广告目标应包括四个部分：目标对象，即广告是针对哪部分受众进行的宣传；沟通目标，即希望达到什么沟通效果，是认知、态度还是行为的改变；期望结果，即希望沟通目标发生什么样的变化；时间，即广告持续的时间。

在广告目标的四个部分中，企业主要进行决策的是沟通目标。广告活动的最终目的是销售产品，受竞争对手、市场、企业产品等的影响。广告目标分为以下三类。

1. 告知性的广告目标

告知性的广告目标是突出改变消费者认知的广告，即告知消费者企业开发新产品的情况，介绍新产品的新特点、新用法，解释产品价格的变化，目的是减轻消费者的疑虑，树立企业的良好形象。倡导型广告的广告目标是告知性的，一般在产品导入期使用。我国茶饮料在发展之初，就花费了大量时间进行市场培育，使消费者接受茶是可以隔夜喝的，可以做成饮料这一观念。

2. 说服性的广告目标

说服性的广告目标是突出改变消费者的态度和行为的广告，即强调选择性需求，改变消费者对企业品牌的印象，建立消费者对本企业品牌的偏好，说服消费者立即放弃其他品牌，转向本企业品牌。竞争型广告的广告目标是说服性的，在企业的产品进入成长期时，企业并未抵制竞争者，而是突出自己产品的特点。说服性广告越来越多地演变成了比较性广告。

3. 提醒性的广告目标

提醒性的广告目标，即增强企业产品与消费者自己的有利关系，提醒消费者记住企业产品，在不久的将来可能会需要企业的产品，并提醒消费者可以在哪里购买。提醒性的广告目标在产品进入成熟期或是产品销售淡季和旺季交替的时候使用。组织型广告的广告目标是提醒性的，其目的在于增强公司的形象和声誉，而不是直接刺激销售。

【相关案例】

宝洁的洗发水广告策略

20 世纪 80 年代末到 90 年代初是宝洁洗发水市场的导入期。1988 年，宝洁在中国率先推出海飞丝产品，突出去屑功能。1989 年，宝洁推出飘柔二合一洗发水，强调柔顺；1992 年又推出了潘婷洗发水，这次以营养来吸引消费者眼光。在这一期间的广告形式以"宣传广告"为主，目的是"建立基本需求"，让消费者了解它的产品。现在宝洁能取得这么高的知名度，是建立在当初高成本广告投入的基础上的。

到了 20 世纪 90 年代初到 90 年代中期，宝洁的洗发水市场份额急剧上升，销售量日益攀升。面对消费者更高的需求，宝洁在不断改善产品质量的同时增加新的产品特色和式样，进入新的细分市场和新的销售渠道。1996 年，飘柔第一个在中国突破性地推出具有焗油效果的深层护发洗发露，潘婷和海飞丝等产品也针对不同发质的消费者相应推出了不同的产品，1997 年更推出"沙宣"这个全球知名品牌。这时，海飞丝不只是宣传其简单的去屑功能，潘婷也更加重视宣传其丰富的营养配方，沙宣则从世界著名发型设计师的角度宣传其专业护发。宝洁的广告攻势转为以"劝说广告"为主要形式，内容也已由产品认知改为产品销售购买，此时的目标是"建立选择需求"，形成品牌偏好。

此时宝洁的广告攻势更多的是以"提醒"的形式让顾客记住其产品，形式也上了一个高层次，特别是飘柔的广告，以"自信"为诉求点，将飘柔的形象塑造成了"自信、乐观、积极"的代表，由此与消费者建立一种情感的联系。这也就是较高层次的"品牌精神营销"，宝洁广告的高明之处即在此。

10.3.3 广告预算

企业确定好广告目标之后，接下来就要确定广告预算。确定广告预算的方法与确定促销预算的方法是一致的，前面已经介绍过。企业希望花费实现销售目标所需要的最低的金额，即追求预算效率的最大化。广告预算费用多少才合适，取决于以下因素。

1. 目标市场规模及其分布状况

目标市场大（目标市场大既指企业划分的单位市场区域大，也可指市场地域范围小，但是市场潜在规模大），消费者地域分布较分散，广告费用就高。

2. 目标市场占有率及市场质量

市场质量是指消费者对企业产品的理解程度，包括对产品性能及使用方法的熟悉、了解和接受程度，还有对企业品牌的忠诚度，一般来说，消费者对企业产品理解度和品牌忠诚度越高，广告费用就可以越低。当企业产品在市场上已经占有稳定的份额时，广告的作用就是维持这部分市场份额，所以这部分市场不需要占用企业过多的广告费用，当企业开拓新市场时，再相应追加广告费用即可。

3. 产品因素

影响广告费用的产品因素包括产品所处的生命周期和产品差异性。产品所处的生命周期不同，对广告费用的要求也不同，一般产品在导入期和成长期的广告费用要高于在成熟期和衰退期的广告费用。对于差异性小的产品，企业主要采用价格手段促销。对于产品差异性大的产品，企业主要采用广告促销。

4. 竞争状况

如果目标市场上竞争者众多，竞争强度大，企业的广告费用相对要多一些。企业经常会参照竞争者的广告策略和广告费用来进行广告决策，力争与竞争对手持平或超出竞争对手。另外，不同类型的产品适用的促销方式不同，有些侧重于广告，有些侧重于其他方式，如彩电行业多侧重于营业推广的方式。

5. 企业财务能力

不同企业的财务状况会有差别。我们应该根据一个企业实际的财务状况，去拟定具有操作价值的广告投放费用。

6. 预期销售额与利润额

广告投入的多少，与企业未来的销售额和利润额之间有一定的正相关关系，正常情况下，广告费用越多，企业的销售额和利润额也会越多。

7. 企业选择合作广告媒体

企业广告计划中选择的广告媒体的类型，也会影响到广告费用的多少，如报纸、杂志的广告费用就明显低于电视广告的费用。

10.3.4　广告媒体决策

将正确的信息传达给正确的受众就是一个好广告。广告信息需要找到一个载体传播出去，这个载体就是广告媒体。没有媒体，就没有人能听到或看到广告。广告媒体决策的目的就是经济有效地选择广告媒体。认识各种媒体在触及率、频率和影响力方面的差异之后，才能做出正确的选择。

触及率是指在某一特定时间内，从某一媒体上接触到一次以上广告信息的人数的比例。频率是指在某一特定时间内，平均每一个个人或家庭接触到的信息的次数。影响力是指某一特定媒体展露所产生的定性价值。广告触及面越广，频率越高，效果越好，当然广告费用也越高。

1. 广告媒体的种类及其特点

1）报纸

报纸这种广告媒体的优越性表现在以下方面：涵盖面广，成本低廉，读者众多，富有时效性，报纸本身的信誉会增加广告的可信性。其缺点表现在以下方面：广告信息时效短，重复性和传递性皆差，广告信息容易被忽视，另外，现在报纸的地位正在受到互联网的威胁，读者在不断地减少。

2）杂志

杂志这种广告媒体的优越性表现在以下方面：对顾客的针对性高，重复阅读率高，传递效果较佳。其缺点表现在以下方面：发行周期长，会产生无效广告。

3）广播

广播这种广告媒体的优越性表现在以下方面：具有地域上的优势，信息传播迅速，成本低，选择性高，灵活性高。其缺点表现在以下方面：时间短促，不便记忆；有声无形，印象不深。

4）电视

电视这种广告媒体的优越性表现在以下方面：视听结合，使广告形象生动、感染力强，广告宣传范围广，影响面大，创意空间广阔，艺术性强。其缺点表现在以下方面：成本高，选择性强，针对性较差。

5）网络广告

互联网是一个新兴媒体，但已变成一个相当重要的媒体。其优越性表现在以下方面：网络信息传播迅速，传播范围广，不受地域限制，企业可以通过建立自己的网站宣传产品，也可以通过链接让顾客方便地找到自己的产品，通过聊天室、留言板与客户互动，而且网络广告的成本比较低。其缺点表现在以下方面：网络的虚假性会影响企业广告的可信性。

【相关链接】

中国网络广告近 4 000 亿元

2017 年，中国网络广告规模近 4 000 亿元，在中国广告市场中占比将超过 50%。受网民人数增长、数字媒体使用时长增长、网络视听业务快速增长等因素推动，未来几年，报纸、杂志、电视广告将继续下滑，而网络广告市场还将保持较快速度增长。

网络广告在 2017 年的关键词为"智能化"与"原生化"。广告主对于网络广告的玩法更加熟悉，广告类型也随着原生广告的发展而不断进化，广告与内容之间的界限愈加模糊。随着网络环境的不断改善，视频成了人们接受信息更习惯的内容形式，视频类广告也得到较快发展。同时，人工智能的快速迭代也将在网络营销领域快速得到落地，智能营销成为当前最火热的名词，也为行业注入新的机会点。

6）户外广告

户外广告的形式很多，包括车厢广告、路面广告牌、墙体广告、公交车站台广告等。户外广告用于向某一特定地区宣传产品，适合用图画表示的产品，成本较低。户外广告媒体常作为辅助性推广的媒体。

7）邮寄广告

例如，商品样本、商品目录、商品说明书等直接邮寄给中间商或消费者。邮寄广告的优点表现在以下方面：对象明确，内容翔实，传递速度快。其缺点表现在以下方面：传播范围小。

2. 广告媒体选择的影响因素

1）产品特性

产品的性质不同，广告需要着力展现给消费者的产品特质就不同，选择的媒体形式也不同。一般的生活用品多采用电视、广播媒体，像服装、汽车、化妆品这类需要展示外观和质感的产品，可以选择电视、互联网和一些专业杂志，对于一些高技术性能的消费品、工业品，可选择一些专业性杂志或采用邮寄广告的形式进行宣传。

2）目标消费者接触媒体的习惯

有针对性地选择广告媒体，采用目标消费者易于接受并且易于得到的媒体，这样可以增强广告效果。例如，电子类产品广告可以刊登在《电脑报》《大众软件》杂志上。

3）媒体的覆盖范围

不同媒体的覆盖范围不同，因此在进行选择时，要选择那些覆盖范围与企业产品销售范围一致的广告媒体。例如，企业产品在全国范围内销售，就要选择中央电视台，以及全国发行的杂志、报纸。

4）媒体成本

不同的媒体的费用是不一致的，即使是同一媒体，不同的刊登位置、播出时段也是有差别的，企业要选择在企业能够承受的费用范围内，广告效果最佳的媒体。

10.4 营 业 推 广

营业推广往往被用来配合广告促销和人员推销，使三者相互呼应，营业推广不同于广告促销、公共关系、人员推销，它是一种短期行为，是为了某种目标而采取的特殊的推销方法和措施。例如，为了打开产品的销路，刺激消费者购买，促销新产品，处理滞销产品，提高销售量，击败竞争者，等等。营业推广越来越受到企业的重视，美国促销协会总裁罗宾逊的体验是："广告创作有利的销售环境后，营业推广就可以将商品推进输送管中。"

10.4.1 营业推广的概念和作用

1. 营业推广的概念

营业推广，也称销售促进。它是除了利用广告、公共宣传和人员推销之外的能激起渠道成员和最终消费者购买的促销活动。营业推广实际上是企业让利于购买者，它是广告和人员推销的有利补充，营业推广在加速新产品进入市场、抵御和击败竞争对手、短期内刺激顾客购买等方面效果显著。近年来，营业推广在我国日益得到企业重视并被广泛运用。

2. 营业推广的作用

1）可以吸引消费者购买

这是营业推广的首要目的，尤其是在推出新产品或吸引新顾客方面，由于营业推广的刺激比较强，较易吸引顾客的注意力，使顾客在了解产品的基础上采取购买行为，也可能使顾客为了追求某些方面的优惠而使用产品。

2）可以奖励品牌忠实者和合作者

因为营业推广的很多手段，如销售奖励、赠券等通常都附带价格上的让步，其直接受惠者大多是经常使用本品牌产品的顾客，所以制造商也常常采用馈赠、折扣等方式鼓励中间商更多地购买企业产品，以巩固企业的市场占有率。

3）可以实现企业营销目标

这是企业的最终目的。营业推广实际上是企业让利于购买者，增强企业经营的同类产品对顾客的吸引力，破坏消费者对其他企业产品的品牌忠实度，抵御竞争者的介入，从而达到巩固和扩大本企业产品销售的目的。

10.4.2 营业推广方式

营业推广的方式总体上可以分两种：针对消费者的营业推广、针对中间商的营业推广。

1. 针对消费者的营业推广

由于销售终端的竞争日益激烈，为了争夺消费者，鼓励消费者更多地使用企业产品，促销手段不断推陈出新、花样繁多，主要的促销工具如下。

1）样品赠送

企业推出新产品时，为了迅速打开销路，打消消费者害怕承担风险的顾虑，通常免费向消费者赠送产品的样品。样品赠送的方式可以在零售场所发放，或是以邮寄的方式，或是挨家挨户地分送，或将样品与其他产品套装在一起送给消费者。

在赠送样品时要注意一些问题：新产品的利益必须明显地优于其他现存竞争产品。样品的包装要与市面上出售的产品的包装一致，便于消费者日后可以容易地找到。

2）折扣券

这是消费者可以以优惠的价格获得商品的凭证，也可以称为优惠券、折价券。折扣券可以邮寄，或附在其他商品中，也可刊登在杂志和报纸广告上。优惠券可以有效地促进处于成熟期的产品的销售，一般优惠券的减让程度在15%~20%的促销效果最佳。

3）现场展示

销售人员可以通过现场操作产品或请消费者来亲自体验的方式，向消费者展示产品的性能和质量，来刺激消费者的购买欲望。像厨房用具、化妆品和一些小家电都可以采用这种营业推广方式，这种动态展示的效果会优于静态展示。

4）有奖销售

企业可以通过给购买者提供一些物质奖励的办法促进销售。只要消费者购买一定数量的商品就可以参加抽奖，可以现场开奖，也可以在规定的日期开奖。还可以在商品的外包装上设置奖项，消费者可以凭借产品兑换奖品。例如，青岛啤酒为了打开香港市场的销路，曾经采用过用一个啤酒瓶盖（必须带铁盖内的橡皮）换取一元港币现金的方法。

5）特价包装

特价包装也可以称为一揽子折价。这是以向顾客提供低于产品常规售价的方式进行促销。企业可以把单独包装换成组合包装，或在单独包装上注明"加量不加价"等，或是把相关产品组合在一起，如牙膏和牙刷。此种方法在刺激短期销售方面非常有效。

6）赠品

这是以向消费者赠送低价品或免费品的方式，来鼓励消费者购买某一产品的方式。企业一般会附赠一些实物产品，如购买手机赠电池，购买大家电赠送小家电等，也有的赠送印有企业标识的产品，如背包、手表等。

【相关案例】

哈雷摩托车的冬季攻势

美国的摩托车市场，向来为本田、山叶、铃木等日本产品所霸占，在市场争霸战中唯一劫后余生的美国产品是哈雷摩托车。但在美国，哈雷摩托车并非用来作为交通工具，而是爱好户外运动和享受兜风乐趣的年轻人的宠物。以往的消费者，大多是手头不很充裕的年轻人，这些年轻人必须储存足够的钱才能进行购买，而且其销售旺季是在室外活动活跃的夏天，冬季是摩托车的滞销期。每逢冬季来临，皑皑白雪覆盖大地，各地的摩托车经销商都为堆积如山的库存大伤脑筋。如何能在沉寂的冬天，使摩托车销售打开市场，变滞销为畅销，是个迫切需要解决的问题。为了刺激消费者能在冬天购买自己生产的摩托车，哈雷公司推出了一个叫作"早起的鸟儿有食吃"的促销活动，呼吁想要拥有摩托车的年轻人，不要等到春天到来后才购买，冬天才是购买高级摩托车和各种附件的最佳时期，应抓住有利时机尽早购买。

哈雷摩托车制造厂除生产各式摩托车外，还生产各种摩托车附属品，如皮带、皮靴、坐垫、皮夹克、皮质旅行箱等，这些附属品与哈雷摩托车一样，也希望尽早清出库存。于是，想出了早买摩托车早得附属品，越早买得到越多，越贵的车种得到越多的赠奖促销办法，鼓励消费者尽早进行购买。实际做法是，凡于每年1月购买哈雷摩托车者，赠送价值800美元的附属品，于每年2月购买者，赠送价值400美元的附属品。同时通过店面广告、杂志广告及精美图片等各种促销手段和工具，广为宣传此项活动。

采用赠奖促销策略，加之各种媒体广告宣传配合得当，引起潜在消费者的高度注意与反响，使季节性销售差异极大的哈雷摩托车，即使在白雪皑皑的冬季，依然畅销无阻。结果仅在每年的1月及2月，市场占有率就由原来的30.8%增加到38.9%，收到了良好的促销效果。

2. 针对中间商的营业推广

针对中间商的营业推广主要是为了吸引中间商经营企业产品，鼓励中间商增加存货，配合企业的宣传和推广工作，抵制竞争对手的促销活动。采用的主要促销方式有如下几种。

1）购买折扣与折让

购买折扣是给予中间商一定的价格折减或优惠，用来鼓励中间商在特定时间内购买一定数量的产品。折让是作为对中间商提供设施或服务配合企业产品宣传的报答，主要有：广告折让，用以补偿中间商广告宣传的费用支持；陈列折让，用以补偿对企业产品提供较佳的货架空间的中间商。

2）奖金

奖金主要是用来奖励那些有成就的中间商或他们的销售人员，作为他们推广企业产品和品牌的红利。例如，2007年在8月23日至8月底，美国通用公司对经销商进行现金奖励，希望能促进销售、阻止销量下滑。通用公司的经销商每卖出一辆汽车，都将得到250美元的现金。在9月的交易中，经销商可以用这些奖励向客户提供更多折扣。

　　3）销售竞赛

　　为了激励中间商大量销售企业产品，完成销售任务，制造商有时会举办销售竞赛。业绩突出者会获得现金或实物奖励。这一方式可以极大地提高中间商的积极性，但是也要防止中间商虚拟进货。

　　4）商务会议、展览会

　　企业每年会举行一些商务会议、展览会，邀请中间商和顾客参加，借以介绍企业的产品知识，展示新产品的性能，介绍服务等。借此可以宣传新产品，吸引顾客，提升企业形象，获取竞争者信息。

【相关案例】

借国际展会掀"SINOPEC"润滑油热潮

　　2016 年元旦前夕，中国石化润滑油公司参展马来西亚国际品牌与新产品展览会，在马来西亚掀起一场"SINOPEC"热潮。此次展览共有 550 家企业参加，到中国石化润滑油公司的展台前参观的人络绎不绝，展会现场就有客户表达了购买意向和代理经销事宜。

　　在国内市场，中国石化润滑油公司的技术、营销、服务人员经常会与各级经销商一同组织各种类型的产品推介会，为经销商开发客户、开拓市场提供有力的支持。2015 年 12 月 20 日晚，中国石化润滑油公司在吉隆坡为二级经销商 ALDO 公司召开产品介绍会，来自马来西亚雪兰莪州的 50 位工业用户参加了会议。这是中国石化润滑油公司为二级经销商提供直接的营销支持的一次大型活动。此次以产品推介会形式将 SINOPEC 润滑油全系列产品推向市场，整体反响强烈，会上，中国石化润滑油公司的有关人员在向来宾着重介绍中国石化和中国石化润滑油公司实力的同时，还介绍了市场状况和销售策略，几日内已新增小包装订单近百吨。

10.4.3　营业推广决策

　　营业推广决策涉及一系列问题。企业在运用营业推广时，必须确定营业推广的刺激强度和刺激对象，营业推广的时间，营业推广的总预算。

1. 营业推广的刺激强度和刺激对象

　　营业推广的总体策略是盈利策略，无论何种营业推广方式，只是企业赚钱的方式不同而已，薄利多销，或减少商品保管费用和银行利息，或以样品代替广告等，其目的都是鼓励顾客尽快达到最大交易量。因此，在确定优惠及让利时，必须掌握好"最利点"。

　　具体操作时，首先应考虑刺激强度问题。确定刺激强度就是要确定给予消费者、中间商和推销人员的利益。强度过小难以吸引顾客，强度过大又会使企业蒙受损失，唯有适当的奖励才会收到以较少投入获得满意销售的效果。

其次应考虑刺激对象。即确定享受营业推广优惠的人数的多少，要选择奖励那些使企业能够最有效地扩大销售的顾客。在奖励总额一定的前提条件下，奖励面越小，奖品越丰厚，对顾客的吸引力越大，要突出奖励老顾客和多年合作的中间商，他们才是企业利润增长的持久动力。

2. 营业推广的时间

营业推广的时间决策包括两个方面：一个是确定营业推广的开始时机；另一个是确定营业推广的持续时间。在确定营业推广开始的时机时，要综合考虑企业的市场营销战略、产品生命周期、竞争对手情况等，一般促销时机都选择节假日。从持续时间上看，时间过短，顾客可能不知道或无法在这段时间内重新购买某商品，则不能获得预期的销售效果；而时间过长，会使刺激需求的作用减少或消失，甚至诱发对商品的怀疑心理，损害企业形象，不利于正常的销售，同时也使企业的费用开支增大，影响销售效果。美国的一些研究人员调查表明，理想的营业推广持续时间为每季度使用 3 周时间，每一次推广的最佳时间长度为消费者的平均购买周期。

3. 营业推广的总预算

确定营业推广费用的方法有两种：第一种是根据总促销比例来确定营业推广的费用，再将预算分配到每个推广项目上；第二种是先估算每种营业推广所需的费用，再相加得出总费用。

10.5　公　共　关　系

公共关系是对企业和产品形象的引导、传播和推广。公共关系希望通过组织和大众的认同，来提高企业、产品和品牌的正面形象，激发消费者对企业所提供的产品和服务的需求，为企业营造良好的经营环境。

10.5.1　公共关系的概念和作用

1. 公共关系的概念

公共关系是一个组织为了增进内部及社会公众的信任与支持，运用各种传播手段在组织与社会公众之间建立相互了解和信赖的关系，从而促进组织本身目标的实现的活动的总称。公共关系是企业精心策划、持久努力的结果。

公共关系作为一种独特的促销方式，具有如下特点。

1）注重长期效应

公共关系的最终目标是树立企业的良好形象来改变企业的经营环境，从而达到长时间的促进销售和占领市场的目的。有利的经营环境的形成既需要加强企业内部的管理（包括提高员工素质、产品质量和服务质量等），又需要得到组织外部公众的理解和信任，而这些都需要企业长期坚持不懈努力，综合运用各种公关手段才能实现。

2）注重双向沟通

双向沟通是公共关系的主要模式，公共关系强调的是与包括内部和外部的所有公众进行交流，交流就意味着是双向的，而不是企业单向的、一味的灌输，即一方面将企业各方面的信息传播给公众，使其了解企业及企业的产品；另一方面又运用信息技术从公众那里获取信息，不断地完善企业形象，不断地改进企业产品。

3）注重间接促销

公共关系强调的是企业通过举办和参与各种活动来宣传企业宗旨，联络感情，扩大知名度，加深公众对企业的了解和信任，间接达到销售商品的目的，因为不是直接介绍和推销商品，所以不会引起顾客的抵触情绪。

2. 公共关系的作用

1）树立企业形象，提高信誉

企业通过提供优质的产品和周到的服务，必然会赢得公众对企业商品的信誉，这只是较低层次的信誉，企业还要通过公共宣传，使公众了解到企业的成绩和为公众服务的信念，提高企业的知名度、美誉度，给公众留下良好形象，因势利导，引导公众舆论朝着有利于企业的方向发展，形成企业内、外部公众对企业的良好印象。

2）消除误会，协调关系

在企业的经营和运作过程中，经常会出现企业与内部员工之间、企业与外部消费者之间、企业与政府及社会组织之间的矛盾和冲突，如果这些误会不解除，就会影响到企业的生存和发展，因此就要求企业的公共关系部门建立预警机制，定期走访调查，减少不利事件的发生，同时要积极主动，妥善协调纠纷双方的关系。

10.5.2 公共关系的活动方式

公共关系在企业新产品上市、组织面临重大危机及企业重新定位上，扮演着很重要的角色。企业的公共关系部门所采用的公共关系活动方式主要有以下几种。

1. 宣传型公共关系

宣传型公共关系主要是指企业利用新闻媒体、广告媒体和自控媒体，向公众传递组织各方面的信息，使之了解企业的经营理念、产品特色、品牌价值、企业动态等，创造有利于组织的社会舆论环境。常用的方式有召开新闻发布会、制作宣传图册和影视作品等。

2. 征询型公共关系

征询型公共关系是指社会组织为自我生存与发展而收集社会的舆论和民意，也包括对市场、社会情况及公众意向等信息的收集、整理与研究，以求掌握社会发展趋势的公共关系活动方式。其目的是为组织的经营管理决策提供依据，与公众加强双向沟通，使自己的行为尽可能地与经济发展和市场的总体趋势相一致。常用的方式有市场调查，民意测验，建立信访制度，设立监督电话等。

3. 服务型公共关系

服务型公共关系是一种以为用户和消费者提供优质服务、以实际行动获取公众的理解与好评、建立组织良好形象为宗旨的公共关系活动方式。常用的方式有提供售前咨询和售后服务、免费安装、上门维修、热线指导等。

4. 社会活动型公共关系

社会活动型公共关系是利用举办各种社会性、公益性活动来塑造组织形象的活动方式。这种类型的公共关系主要是展现企业的社会责任。常用的方式有赞助各项文体赛事，参加公众公益活动，赞助社会福利事业和慈善事业，推动公共服务设施的建设等。

5. 交际型公共关系

交际型公共关系是在人际交往中直接接触并建立感情，达到建立良好关系的公共关系活动方式。交际型公共关系活动不借助任何媒体，而是举办招待会、茶话会、座谈会等。

【本章知识反馈】

一、单项选择题

1. 在各种促销手段中，最利于建立和培养友好关系，且能及时获得买主反应的方式是（   ）。

A. 广告促销　　B. 营业推广　　C. 人员推销　　D. 公共关系

2. 促销的目的是刺激消费者产生（   ）。

A. 购买行为　　　B. 购买兴趣　　　C. 购买决定　　　D. 购买倾向

3. 人员推销的缺点主要表现为（   ）。

A. 成本低，顾客量大　　　　B. 成本高，顾客量大

C. 成本低，顾客有限　　　　D. 成本高，顾客有限

4. 一般日常生活用品，适合于选择（   ）做广告。

A. 人员　　B. 专业杂志　　C. 电视　　D. 公共关系

5.（　　）是报纸媒体的优点。

A. 形象生动逼真、感染力强　　　　　　　B. 专业性强、针对性强

C. 简便灵活、制作方便、费用低廉　　　　D. 表现手法多样、艺术性强

6. 制造商推销价格昂贵、技术复杂的机器设备时，适宜采取（　　）的方式。

A. 广告宣传　　　　　　　　　　　　　　B. 营业推广

C. 经销商商品陈列　　　　　　　　　　　D. 人员推销

二、复习思考题

1. 促销方式有哪些？其各自的特点是什么？

2. 在产品生命周期的不同阶段，促销组合有什么变化？

3. 简述销售人员的主要工作任务。

4. 试述影响广告预算决策的因素有哪些，举例分析一下。

5. 试述公共关系对企业的重要性。

案例分析

第 11 章

市场营销管理与控制

【引导案例】

雕牌的营销控制

    "雕牌"是浙江纳爱斯集团的一个知名品牌。2018 年中国 500 强企业高峰论坛在西安举行，会上发布了"2018 中国制造业企业 500 强"榜单，纳爱斯蝉联榜单并遥居日化行业榜首，持续引领行业发展。纳爱斯集团共有员工 20 000 余人，总部位于浙江省丽水市，在湖南益阳、四川成都、河北正定、吉林四平、新疆乌鲁木齐、江苏太仓，以及台湾等地区分别设有驻外生产基地，并建有 50 多家销售分公司。集团产品已覆盖家居洗护、织物洗护、口腔护理、个人护理等多个领域，各项品牌均拥有自主知识产权，集团旗下的雕牌、超能、纳爱斯、健爽白、伢牙乐、100 年润发、西丽、麦莲、李字、妙管家等品牌，面市即受到消费者喜爱。产品远销欧洲、非洲、大洋洲、东南亚、美国、新西兰等地区和国家。纳爱斯集团由于发展迅速、业绩突出，多次荣获"中国轻工优秀企业""中国轻工先进集体""中国企业 500 强""质量效益型企业""诚信示范企业""AAA 级信用企业""A 级纳税信誉单位""国家生态示范点"等多项殊荣和信誉称号。

    纳爱斯也将市场经营工作重心放在超市、卖场上，开创城市辐射农村的新局面。因为有了多年流通网络建设的基础和经验，又实行了保证金制度，雕牌在市场的开拓上有足够的优势，也让雕牌皂粉在广大的农村市场走得游刃有余。于是雕牌开始转变市场战略，走了一条中国革命取得胜利的道路——农村包围城市，在全国各地实行分公司建制，只做超市、商场，最终形成城市辐射农村的格局。推行网络扁平化管理，减少中转环节，降低经营成本。同时，继续推行经销商保证金制度。庄启传认为，不提高经营纳爱斯及雕牌两大品牌的门槛、限定条件、锁定网络，不能让经销商获利和消费者受惠，纳爱斯大业势必难成。正是雕牌这种自上而下对渠道的重视和大力的投入，才使得雕牌在竞争对手众多的激烈市场上脱颖而出。我们可以看到雕牌这种对渠道的强大的后盾支持终于有了可以预见的效果。

2004 年, 纳爱斯集团的终端销售取得了喜人的成绩, 而江苏分公司更是积极抢占制高点, 合理安排促销, 终端销售更是连创新高, 实现了三级跳, 销售额与上年同比递增超千万元。在时间上突出不同阶段的战略重点。

一季度: 完善管理体系。针对江苏终端分布既相对集中在省会城市, 又发散式分布在地县级城市的个性特点, 江苏分公司狠下功夫完善管理制度和网络配送体系, 规范价格体系, 理清网络销售结构, 调整人员配备, 改变作业环境, 为实现"零距离面对终端"打下了较为扎实的基础。

二季度: 合理安排促销。在一季度打下坚实基础的前提下, 发挥具体操作的思维空间, 凭借纳爱斯和雕牌企业以及产品的知名度和消费者的认可度, 迎来了终端销售的旺季。通过合理安排促销, 进行错位销售, 扩大排面陈列, 增加销售品种, 参与洗化节活动和厂商周活动, 各业务人员积极选择洗化区有利地段, 布置展台和端架, 极大地提升了产品的形象。

同时, 随着与各超市合作的层次不断提升, 渠道不断拓宽, 销量大幅提升, 获得了双赢, 从而形成了战略伙伴关系。很多卖场、超市的采购经理通过数据分析, 对纳爱斯和雕牌产品的市场竞争力一致看好。正如江苏一连锁超市采购总监所言: "纳爱斯、雕牌产品被越来越多消费者喜欢, 从纳爱斯产品的销售我们看到了民营企业的潜力所在, 我们将一如既往地与纳爱斯携手共进、强强联手, 实现双赢。"

【案例思考】

1. 雕牌是如何进行有效营销控制的?
2. 你认为为什么雕牌选择终端作为提升品牌形象的主要方法?
3. 从雕牌的案例中你得到了哪些启示?

【学习目标】

学习本章, 应了解市场营销计划的含义和基本内容, 掌握年度市场营销计划的制订; 了解市场营销组织的含义、类型; 弄清营销组织与其他组织之间的关系; 了解和掌握市场营销控制的原则、程序、种类和内容。

11.1　市场营销计划

11.1.1　市场营销计划的定义及其分类

市场营销计划是指在研究目前市场营销状况, 分析企业所面临的主要机会与威胁、优势与劣势以及存在问题的基础上, 对财务目标与市场营销目标、市场营销战略、市场营销行动方案以及预计损益表的确定和控制。

从特定层面来看，营销计划一般分为：①品牌营销计划（brand marketing plans），即单个品牌的营销计划；②产品类别营销计划（product category marketing plans），关于一类产品、产品线的营销计划，品牌计划应当纳入其中；③新产品计划（new product plans），在现有产品线上增加新产品项目、进行开发和推广活动的营销计划；④细分市场计划（market segment plans），面向特定细分市场、顾客群的营销计划；⑤区域市场计划（geographical market plans），面向不同国家、地区、城市等的营销计划；⑥客户计划（customer plans），针对特定的主要顾客的营销计划。从时间跨度来看，分为长期的战略性计划和年度计划。

战略性计划需要考虑的是，哪些因素会成为今后驱动市场的力量，可能发生的不同情境，企业希望在未来市场占有的地位及应当采取的措施。它是一个基本框架，需年度计划使之具体化。

许多企业往往在战略计划的指导下，以年度计划为重心，重视对年度计划的控制，并根据年度计划执行的效果，隔一年或两年对战略性计划进行审计和修订。

11.1.2 市场营销计划的要素和内容

战略性营销计划主要由形势分析、营销目标、选择目标市场及度量营销需求、营销策略四部分构成。

1. 形势分析

形势分析主要说明制订营销计划的背景，包括国际、国内环境分析，行业状况分析，以及公司的现有营销组合分析等。

以鹏泰（秦皇岛）面粉有限公司（简称鹏泰公司）为例。该公司由泰国正大集团和中国香港鹏利集团合作创立。因此，在这方面，鹏泰公司的营销计划不能不首先简要地分析国际、国内环境。计划书写道："从国际看，亚洲金融危机及国家的应对政策，对面粉这种以内销为主的产品在销量及价格方面的影响甚小；国际市场小麦价格持续下降，尤其是美国，小麦价格低于国内，一方面有利于降低高档专用粉的生产成本，另一方面对国内小麦市场的价格回升造成压力。从国内看，随着人口的增长，面粉作为居民日常生活所必需的主食原料，其市场需求量有增无减；下岗、失业人数的增加扩充了第三产业队伍，街头快餐店、小面包房林立，将拉动面粉市场需求向结构多元化方向发展；银行利息连续下调，对鹏泰公司这种以融资、贷款为主的企业来说，意味着财务费用的降低，一定程度上减轻了企业的负担；同时，随着人民生活水平的不断提高，现代工作节奏的加快以及外来文化的影响，人们越来越注重膳食营养，市场的面制成品（如面包、蛋糕、快餐面及各式面制冷冻食品）的产量以每年约5%的幅度增长。这些将带动面粉加工企业的同步发展。"

接着，计划书分析了鹏泰公司的优势和劣势，计划书写道："优势：作为股东的中粮集团有限公司实力雄厚，具有较高的声誉及数十年粮油经营经验；在我国加入世界贸易组织之前及过渡期，鹏泰公司可保持相当稳定的进口小麦配额，从而保障高档专用粉的连续生产和品质并获得特别的成本优势；公司采用配麦联产和配麦配粉技术生产，在技术上具有较强的提升潜力；鹏泰品牌在周边地区及东北、上海等地区辐射效应越来越强；营销区域网络已拓展到 24 个省市，在东北市场占有稳定的市场份额；公司 70%的员工具有大专以上文化水平，专业技术能力较强；具备扩充一倍生产规模和吸引其他产业投资的潜力。"

劣势：鹏泰公司处于非小麦产区，国内小麦成本较高，在中低档粉的生产上处于相对成本劣势；与小麦面粉生产企业及粮食系统的部分国有面粉生产企业相比，在税收、国家政策扶持上处于劣势；基建投资过大，一条生产线却要按照两条生产线的厂房计提折旧，降低了产品在市场上的竞争力，制约了销量，影响了经济效益。

2. 营销目标

营销层次上的目标，与公司范围的目标和策略是紧密相关的。事实上，公司策略往往转化为营销目标。

鹏泰公司确定的营销目标：三年内将产销量逐步提升至 15.6 万吨 / 年；在 2000 年进行经营扩张，租用小麦产地的面粉厂，进行中低档面粉的加工；实行配麦配粉技术，提高面粉的技术含量，三年内使鹏泰公司的技术达到国内一流水平，成为国内的知名品牌及面粉行业的龙头企业，并具有一定的国际竞争力。

3. 选择目标市场及度量营销需求

选择目标市场是营销计划的关键步骤。在新成立的公司，经理应详细分析市场，识别潜在目标市场；在已经成立的公司，经理应当重新评价公司对目标市场的选择，确认目标市场和其他市场的变化。在选择目标市场的基础上，公司应预测目标市场的销售额。

鹏泰公司对市场需求的估计：全国每年面粉的总需求量在 5 000 万吨左右，面粉企业（包括国有和民营）每年的总生产能力已经达到 8 000 万吨，中低档民用面粉供大于求，面粉厂平均开工率 50%~60%的局面将持续一段时间。专用和民用高档粉的市场总需求量约为 1 000 万吨 / 年，需求量有越来越大的趋势，国内加工或提取高档粉的总生产能力为 1 050 万吨 / 年，生产能力与市场需求目前基本平衡。实际上，受原料制约和企业经营效益的影响，高档粉尚存一定的供给不足。一些特殊行业的专业粉，如油炸粉、冷冻面包团、家庭用自发糕点粉和馒头粉等存在空白，需要开发或市场开拓。

4. 营销策略

经理必须设计出能使公司满足其目标市场并实现其营销目标的营销战略或营销组合。在这方面，鹏泰公司制定了一系列策略，具体如下。

1）客户层次策略

客户有三个层面：食品制造商，包括面包厂、挂面厂、方便面厂和速冻饺子厂等；

面粉经销商，如粮油经销公司、个体粮店；普通消费者，如居民家庭、零散餐饮摊点等。第一个层面对面粉品质要求苛刻，用量大，服务费用低；第二个层面是公司面粉销售网络的中坚力量，可借以缩短产品进入市场的时间，降低销售费用；第三个层面，处于市场的终端，点多面广，开发费用大，服务成本高。公司的客户策略是着重发展第一、第二层面客户，适当缩小第三层面客户的比例。

2）竞争策略

公司执行关系导向性市场竞争策略，既向顾客提供优质产品，又向顾客提供一流服务，以高产量、高质量、低成本抢夺更大的市场份额，在3~5年内成为市场领导者。

3）营销组合策略

产品组合策略。以高档专用粉为主，增加中低档民用粉开发深度。

品牌策略。由单一品牌"鹏泰"向多品牌发展。

定位策略。改变笼统的高中低档的定位方法，不同品种的面粉采取不同的定位。糕点粉定位为"筋力低，价格低"；饺子粉定位为"筋道爽口，不破皮"；雪花粉定位为"洁白如雪，筋力适中"。

差异化策略。南方消费者注重产品的内在质量，要求面包粉灰分低、筋力高，对价格存在较大的忍耐性；相反，北方消费者对价格比较敏感，对质量的要求仅仅停留在表象上，如水分、白度等。公司对销往南方的面粉，严把质量关，必要时可单独生产，做到高档、高服务、高价位；对销往北方的面粉力求物美价廉，除京、津外，以中档、中价位占领市场。

包装策略。鹏泰公司首开无纺布材料用于面粉包装的先河。公司将继续在外包装设计、包装物材料选用及包装规格上下功夫。

降价策略。其包括淡季促销价和批量优惠价。每年的6~9月，特别是7月、8月，是销售淡季，实行淡季促销价，每吨面粉给予一定的实物或现金折扣。

涨价策略。适时取消淡季促销价，增加公司盈利；推出新品牌时，采取高价位；在产品供不应求或原料供应困难时，适当降低优惠价幅度。

11.1.3　年度市场营销计划

公司营销部门应根据公司的战略性营销计划制订出年度计划。年度计划是为每一条产品线、重要产品、品牌或市场制订的。年度计划一般由7个部分构成。

1. 计划提要（计划说明书）

计划提要是市场营销计划的开头部分，是对主要营销目标和措施的简要概括的说明。例如，某企业年度营销计划的内容提要如下：本年度计划要使销售额和利润比上年有较大幅度的增长，计划销售额达到5 000万元，比上年增加25%；利润额要达到700万元，比上年增加40%。之所以能实现这一增长，是因为目前的经济形势以及营销能力比上年同期有较大进展。为达到上述目标，本年的促销预算要达到100万元，占计划销额的 2%；广告预算要达到 250 万元，占销售额的 5%。

2. 营销现状（综合形势分析）

有效的营销计划必须立足于以事实为基础的综合形势分析。综合形势分析对产品和市场等的分析从企业内外环境了解过去一段时间内市场上的实际状况，必须识别那些对市场以及企业销售额和成本产生影响的趋势和因素，主要包括市场形势、竞争形势、宏观环境形势、以往的产品绩效等。这些现状直接和间接影响到企业的计划和经营。计划过程应与经营环境保持一致，计划过程应反映出环境的变化。由于外界环境非常复杂，故应对环境信息进行选择，标准是该因素能直接或间接影响营销计划的市场、目标、战略。

3. 风险与机会分析

分析风险和机会主要是识别计划中在翌年经营的产品的主要机会和威胁，识别产品的相对优势和劣势。风险机会分析是管理活动中保持业绩或恢复业绩的关键。营销经理必须注意将外在机会与企业资源结合起来。

4. 目标和课题

确定本期的营销目标和所要解决的课题，这是市场营销计划的核心内容。营销目标包括市场占有率、销售额、利润率和投资收益率等。例如，本期计划要使市场占有率提高 2%，利润率增加 10%，投资收益率提高 15%，等等。假设要使市场占有率从目前的 10% 提高到 12%，那么管理者应考虑采取哪些措施，从哪些方面努力才能达到这一目标，这就是本期所要解决的课题。

5. 营销策略和营销组合策略

营销策略和营销组合策略包括目标市场的选择和市场定位策略、营销组合策略、营销费用等。

6. 营销活动方案

为了进一步加强营销的可操作性，必须将营销策略转化为具体的活动程序，以便执行检查。活动计划包括采取哪些具体行动，每项活动由谁负责，什么时间进行，以及每项活动的费用。

7. 营销预算（财务效果）

（1）预计收入。
说明预期销售量及平均价格。
（2）预计支出。
预算类型：说明生产成本、实体分配成本及营销费用等，如促销上花费多少，特殊促销计划占了总预算的百分比等。

（3）预计损益。

企业的各业务单位编制出营销预算，送高层管理者批准后，就成为购买原材料、安排生产和劳动人事及各项营销活动的依据。

8. 营销控制

良好的控制系统的关键是信息流。成功的组织必须创造出市场营销计划完善的制订方法，也创造出完善的事实方法，组织必须具备将战略成功地转化为战术所需要的一系列技巧，包括分配技巧、监督技巧、组织技巧。

11.2 市场营销组织

11.2.1 市场营销组织结构的含义

市场营销组织结构简称组织结构，是指组织内部的结构框架。一定的组织结构和一定的组织关系相结合，就构成了一定的组织模式。组织结构的建立是实现目标的一种手段，组织结构是企业为了实现经营目标、发挥营销职能与有关部门协作配合的有机的科学系统，是企业内部连接其他职能部门使整个企业经营一体化的核心。

11.2.2 市场营销组织结构的类型划分

1. 职能型营销组织

职能型营销组织是最常见的营销组织形式，它是将营销职能加以扩展，将营销各职能的专家组合在一起来组建营销各职能部门，使之成为公司整个组织的主导形式。例如，设立广告促销、营调调研、销售等职能部门。这些部门的经理通常由一些营销专家担任，他们分别对营销副总经理负责，营销副总经理协调他们的活动，如图 11-1 所示。不同企业设立的职能部门可能有所不同，除上述部门外，还可以有营销行政事务、营销计划、实体分销等，即职能部门的数量可以根据公司经营的需要增减。

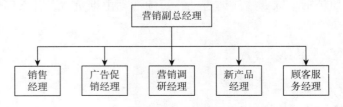

图 11-1　职能型营销组织

职能型营销组织的主要优点在于它从专业化中获得的优越性。这种优越性主要表现在以下方面：①将同类型的营销专家归在一起，易于管理，可以产生规模经济；②按功能分工，可以避免重复劳动，减少人员和设备的重复配置，提高工作效率；③专业人员在同一个职能部门相互影响，可以产生系统效应；④通过给员工们提供与同行们"说同一种语言"的机会而使他们感到舒适和满足。

随着公司产品品种的增多和市场的扩大，这种职能型营销组织越来越暴露其效益低下的弱点。其突出弱点为：①各部门常常会因为追求本部门目标，而看不到全局的最佳利益；②这种按功能划分的结构通常是比较刻板的，随着公司业务量的增大，职能部门之间的协调难度也会日趋增加；③由于没有一个部门对一项产品或一个市场负全部责任，因而没有按每项产品或每个市场制订完整的计划，于是有些产品或市场就容易被忽略；④各职能部门都争相要求使自己的部门获得比其他部门更多的预算和更重要的地位，使得营销副总经理经常疲于调解部门纠纷。因此这一组织形式适用于那些产品种类不多、目标市场相对较集中的中小企业。

2. 地理区域型营销组织

在全国范围进行销售的公司，通常按地理区域设立营销组织，安排其销售队伍。在营销副总经理主管下，按层次设全国销售经理、大区销售经理、地区销售经理、分区销售经理、销售人员。假设，一位负责全国销售的销售经理领导 4 位大区销售经理，每位大区销售经理领导6位地区销售经理，每位地区销售经理领导8位分区销售经理，每位分区销售经理直接领导 10 位销售人员。从全国销售经理到分区销售经理，再到销售人员，所管辖的人数即"管理幅度"逐级增大，呈自上而下自然的"金字塔"形组织结构，如图 11-2 所示。

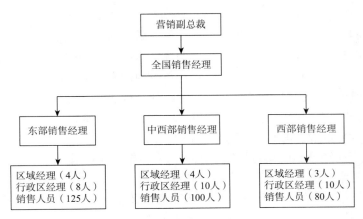

图 11-2　地理区域型营销组织

在这种组织内部，为避免职能部门重复，市场调研、广告、行政管理等仍归属原职能部门，且与地区部门并列。优点在于可充分发挥每一地区部门熟悉该地区情况的优势。不足之处在于，当产品种类较多时，很难按不同产品的使用对象来综合考虑，各地区的活动也难以协调。

3. 产品或品牌型营销组织

经营多种产品和品牌的企业，常常建立产品或品牌管理组织。产品管理组织不是用于取代职能型管理组织，而是在职能型管理组织的基础上增加一个管理层次。产品管理组织由一名产品主管经理负责，下设几个产品线经理，产品线经理之下可以再设若干个具体产品经理负责各种具体产品，如图 11-3 所示。

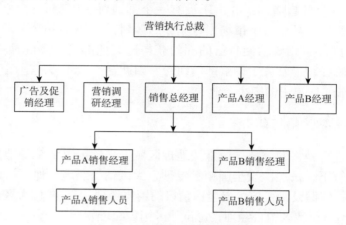

图 11-3　产品或品牌型营销组织

产品管理组织的优点：①产品经理能将产品营销组合的各要素很好地协调一致，也不易忽视那些较小品牌的产品；②能更快地对市场变化做出反应。

产品经理管理组织也存在一定的缺陷，主要有：①相对于职责来说，产品经理的权力是有限的，必须获得其他部门的密切配合，才能有效地履行其职责，产品经理要用大量的时间和精力处理与其他部门的关系，从而影响了其本应承担的职能工作；②产品经理是其所负责的产品的专家，但很难成为某些营销职能方面的专家；③产品经理管理组织往往会导致管理层次和管理人员过多，各项开支增加，使企业成本上升；④产品经理任期通常较短，企业的营销计划也相应较短，从而影响产品长期优势的建立。

要克服产品经理制的缺点，改善产品经理制的工作，可以采取以下措施。

（1）改善产品经理制的运行机制。主要内容包括：①明确规定产品经理对产品管理所承担的职责范围；②建立一个战略发展和评估考核程序，使产品经理在战略计划制订方面有明确的职责；③在规定产品经理和职能专家职责时，仔细考虑可能发生矛盾和冲突的方面，明确哪些由产品经理负责，哪些由职能专家负责，哪些应共同负责；④建立一定的程序，使产品经理和职能部门之间发生的冲突都能提交总经理，使冲突能得到妥善解决；⑤建立一个衡量与考核产品经理责任和绩效的制度。

（2）把产品经理制改为产品小组制，在产品管理组织中的产品小组结构有垂直型产品小组、三角型产品小组和水平型产品小组三种类型。

（3）取消次要产品的产品经理。

（4）使用类目管理。在采用产品经理制的企业中，还发展出了品牌经理制。一般认为，品牌经理制始于宝洁公司。1929 年，宝洁公司佳美牌香皂经营效果不佳。公司派遣年轻的经理尼尔·H. 麦克埃利专门负责这种产品的开发和促销，成效显著。于是这家公司增设了其他品牌经理。品牌经理制开始发展较慢，到 20 世纪 50 年代和 60 年代才为许多企业采用。美国国家广告协会 1974 年的研究报告指出，产品经理制被 85% 的小包装商品制造商、34% 的其他消费品公司、58% 的工业品制造商所采用。1980 年被调查的 470 家公司中约有 58% 的公司采用产品经理制。毫无疑问，产品经理制已成为企业组织的主要形式。

4. 顾客（市场）型营销组织

市场细分化理论要求公司根据顾客特有的购买习惯和产品偏好等细分和区别对待不同的市场，针对不同购买行为和特点的市场，建立市场/顾客管理型营销组织是公司的一种理想选择。这种组织结构的特点是由一个总市场经理管辖若干个子市场经理，各子市场经理负责自己所管辖市场的年度计划和长期计划，他们开展工作所需要的功能性服务由其他功能性组织提供。其组织形式如图 11-4 所示。

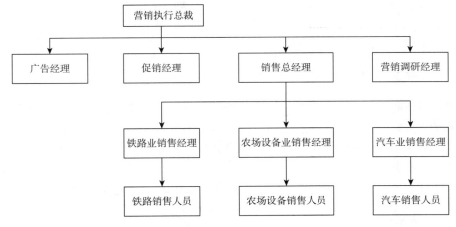

图 11-4　顾客（市场）型营销组织

采用这种组织形式有以下几个优点：首先，营销人员会成为了解顾客确切需要和欲求的专家，向顾客提供超值服务；其次，营销人员能够形成关于顾客消费行为的相关知识；最后，这种方法能帮助公司建立与顾客的长期关系。

11.2.3　营销部门与其他部门的关系

1. 营销与研究开发部门

研究开发部门常常是由技术专家和普通技术人员组成的，他们更追求技术上的领先地位，喜欢攻克技术难题，喜欢在宽松的工作环境和充足的预算情况下工作，而对技术的商业性关心较少。而营销人员刚好相反，他们更关心的是产品在市场上的受欢迎程度，以及为此而付出的成本和代价。因此，这两个部门的人经常带着偏见去看待对方的工作，技术人员认为营销人员不懂技术，唯利是图，只会欺骗消费者，而营销人员认为技术人员脱离实际，闭门造车。

在技术和营销同时驱动的公司里，研究开发部门应该与营销部门建立紧密联系，为开发出技术领先而又能满足顾客需要的产品而协同工作。公司应该加强这两个部门人员之间的联系，使技术人员懂得只有符合市场需要的产品才是有用的产品，同时使营销人员了解并支持技术人员的工作。为达到这样一个目标，公司可以定期举办研讨会，使双方相互了解和尊重对方；让技术人员和营销人员共同开发一个新项目；让研发部门的人员参与新产品的销售工作，包括制订营销计划、新产品市场推广等营销活动。

2. 营销与工程技术部门

工程技术部门的职责是寻找设计新产品和生产新产品工艺流程中所需要的实用方法。工程师们对能提高生产效率和扩大规模效益的技术非常感兴趣，他们关心产品的技术品质，希望通过新的生产技术和设备来降低成本，因此，他们希望公司的生产更多采用标准化的零部件和标准化的生产工艺。而营销人员则希望生产出多种型号、多种花样的产品来满足不同顾客的需要。在这种情况下，让那些懂得生产技术的人员在营销部门里任职，使他们懂得市场营销的重要作用，而他们又能很好地与工程技术人员沟通，这样就能使两个部门的人员达成共识。

3. 营销与采购部门

采购部门的职责是采购适当数量和质量的原材料与零部件，寻求一种经济的批量订货的方式来降低采购成本和库存成本。所以，采购部门的人员喜欢少品种、大批量的订货。而营销部门偏向于小批量采购，这样可以经常获得花样品种不同的原材料与零部件，甚至有时还希望能根据客户的订单采购原材料与零部件。于是，采购人员经常抱怨营销人员对订购的原材料和零部件提出了过高的要求，提高了采购部门的成本，积压了库存。

4. 营销与制造部门

制造部门追求的是标准化的生产，在标准的时间内，以比较低的成本生产出标准化的产品。制造部门的人员经常忙于处理生产过程中出现的各种各样的问题，如维修机器，解决劳资纠纷，提高工效。他们认为营销人员对公司的生产政策了解甚少，不能支持制造部门的工作，而营销人员一方面认为生产部门不了解市场行情，不懂得顾客的真正需求，因而常常抱怨制造部门生产能力弱、交货不及时、售后服务差；另一方面，对满足顾客的要求导致生产成本上升的问题却不甚关心。

5. 营销与财务部门

财务部门的一项主要职责是按标准严格控制支出，他们认为他们最懂得怎样评价各部门的盈利状况以及各项业务活动的支出，而营销部门经常要求在广告、促销活动和销售人员支出方面能给予较宽松的预算，但却不能担保花了这些钱究竟能增加多少销售额。于是财务部门就会怀疑营销部门所做的预算为自己考虑得太多，没有花时间认真研究销售支出与销售额之间的关系，因此财务部门对营销部门要求的支出控制得相当严格。而营销部门则认为财务部门不懂营销，过分保守，钱袋子抓得太紧，结果失去了很多开发市场的机会。

6. 营销与其他部门

营销部门与会计部门的冲突在于：会计人员认为营销部门不能及时将销售报告提交上来，他们讨厌营销人员与客户达成的特别交易条款，如价格折让、数量折扣等，这样会加大会计工作的难度；而营销部门不喜欢会计部门在分摊成本时，不考虑不同产品应有不同支出的情况而一律平均分摊，他们还希望会计部门提供有关各个销售渠道、各个销售地区、各种订货数量等的销售额与盈利率的特别报告。有很多公司为了吸引更多的顾客，常常设立信贷部门。信贷部门人员给客户提供信贷时，他们最关心的是客户的信用状况，他们不赞同营销人员对谁都做买卖，甚至对那些支付困难的人也做买卖。而营销人员希望信贷部门将信贷标准定得低一些，这样可以争取到更多的客户，增加公司的销售额和盈利。在公司里要避免或减少营销部门和其他部门之间的这些矛盾或冲突，关键是要在全公司树立起营销观念，建立营销导向的组织体系，形成一种全员营销的企业理念，制定科学且行之有效的行为规范。

营销部门与其他部门的不同观点见表 11-1。

表 11-1　营销部门与其他部门的不同观点

职能部门	其他部门的侧重点	营销部门的侧重点
研究开发	基础研究 产品和服务的内在品质 产品的功能性特点	产品开发 产品和服务的认知品质 产品的销售性特点
工程技术	较长的设计前置时间 型号较少 标准化的元件	较短的设计前置时间 型号较多 定制化元件
采购	产品线较短 标准化的零部件 原材料的价格 经济性采购批量 采购间隔时间较长	产品线较长 非标准化的零部件 原材料的质量及适应性 大批量采购 根据顾客需要及时采购
制造	生产准备时间较长 生产周期长而型号少 型号长时间不变 标准化订货 装配容易 一般质量控制	生产准备时间较短 生产周期短而型号多 型号经常更新 定制化订货 造型美观和多样化 严格质量控制
财务	严格按原则开支 刚性预算 成本回收性定价	灵活直观方法开支 柔性预算 市场开拓性定价
会计	标准化交易 报告极少	灵活交易和折扣 报告很多
信贷	严格要求客户全面公开财务状况 信贷风险小 信贷条件严格 收款程序严格	最低限度的客户信用审查 信贷风险适中 信贷条件宽松 收款程序简便

11.3　市场营销控制

11.3.1　营销控制的含义

市场营销控制是指衡量和评估营销策略与计划的成果，以及采取纠正措施以确定营销目标的完成，即市场营销经理经常检查市场营销计划的执行情况，看看计划与实绩是否一致，如果不一致或没有完成计划，就要找出原因所在，并采取适当措施和正确行动，以保证市场营销计划的完成。

11.3.2　营销控制的类型

1. 年度计划控制

年度计划控制的中心是目标管理，即保证企业年度营销计划中规定的各项目标能够顺利实现。年度营销计划控制步骤如下：①营销管理者应将年度营销计划的指标分解为每季或每月的指标；②随时跟踪掌握指标的完成情况；③及时发现实际的营销状况与营销计划的差距并分析其原因；④采取补救措施，调整实施步骤或修正计划。

年度计划控制的方法主要有四种：销售情况分析、市场占有率分析、营销费用率分析、用户反应跟踪。

2. 盈利能力控制

盈利能力控制是对企业营销组合中各类因素的获利能力进行分析，以帮助营销管理者决策需要发展或缩减或淘汰的产品及市场，包括市场营销成本分析和盈利能力分析。

3. 效率控制

效率控制的目的是监督和检查企业多项营销活动的进度与效果，包括人员推销效率、广告效率、营业推广效率、分销效率。

4. 战略控制

战略控制又称市场营销审计，是对企业的营销目标、政策和策略进行控制，以保证企业的可控因素与外界不断变化的营销环境保持和谐统一。营销审计具有全面性、系统性、客观性、定期性的特征。营销审计的步骤包括以下几个方面。

（1）营销审计首先应由公司人员和外部审计人员会面，介绍情况，拟定协议；确定审计目标、范围、资料来源、报告形式及所需时间。

（2）检查企业各项目标的实现情况，如检查各项目标的实施进度以及各种营销资源的配置是否合理。

（3）确定执行计划时是否付出了足够的努力，如营销战略的执行是否受到足够重视、营销人员是否全力以赴、市场营销活动能否得到全力支持等。

（4）检查企业营销组织状况，如内部信息沟通如何、责权分配是否合理。

（5）对审计结果进行汇总，提出改进意见，写成书面报告，提交主管人员。

营销审计的内容：营销环境审计；营销战略审计；营销组织审计；营销绩效审计；营销计划系统审计；营销效率控制系统审计；获利能力控制系统审计；营销信息系统审计；新产品开发系统审计；营销管理职能审计。

11.3.3　市场营销控制的基本程序

营销控制是根据营销计划的要求，制定衡量营销绩效的标准，然后把实际的营销工作结果与预定标准相比较，以确定营销活动中出现的偏差及其严重程度；在此基础上，有针对性地采取必要的纠正措施，以确保营销资源的有效利用和营销目标的圆满实现。

营销控制一般包括八个基本环节的工作，这些基本环节构成了营销控制程序，如图 11-5 所示。

图 11-5　营销控制程序

1．确定控制对象

确定控制对象，即确定对哪些营销活动进行控制。最常见的营销控制的对象包括销售收入、销售成本和销售利润三个方面。其他如市场调查的效果、新产品开发、销售人员的工作效率、广告效果等营销活动也应通过控制加以评价。所以企业可以根据实际情况对控制对象加以选择。

在确定控制对象的同时还应确定控制的量，即控制频率。因为不同的控制对象对企业营销成功的重要作用不同，应该有不同的控制频率。

2．制定衡量标准

一般情况下，企业的营销目标就可以作为营销控制的衡量标准，如销售额指标、销售增长率、利润率、市场占有率等。当进行营销过程控制时，问题就比较复杂，需要建立一套相关的标准，如将一个长期目标转化为各个时期的阶段目标，将战略目标分解为各个战术目标等。由于各企业的具体情况不同，营销目标不同，营销控制的衡量标准也各不相同。

3．选择控制重点

企业没有能力，也没有必要对营销组织的所有成员、所有的营销活动和营销计划实施的每个环节都进行控制，而必须在影响企业营销成果的众多因素中选择若干关键环节或关键活动作为重点控制对象。

4. 制定控制标准

所谓控制标准是对衡量标准定量化，即以某种衡量尺度表示控制对象的预期活动范围或可接受的活动范围。例如，规定每个推销员每年必须增加 30 名新客户，规定推销员每次访问顾客的费用标准等。企业制定的营销控制标准一般应允许有一定的浮动范围，不可绝对化。同时应注意因地制宜、因时制宜、因人而异。例如，推销员的绩效标准，就要充分考虑到个人之间的差别，主要包括：各个推销员的具体产品；各个推销员所负责区域的市场条件和发展潜力；各个推销员所在区域的竞争状况及本企业产品在该市场的地位；推销员所推销产品的广告强度。

5. 衡量营销绩效

衡量营销绩效以预先制定的标准为依据，要评价员工的工作热情，可以考核他们提供有关营销创新和市场开拓合理化建议的次数；评价他们的工作效率，可以计量他们提供的市场和顾客数量与质量；分析企业的盈利程度，可以统计和分析企业的利润额及其与资金、成本或销售额的相对百分比；衡量推销人员的工作绩效，可以检查他们的销售额是否比上年或平均水平高出一定数量；等等。

6. 找出偏差及其程度

把预先制定的衡量标准和控制标准与实际结果进行比较，找出偏差，把握好偏差程度。检查的方法有很多种，如直接观察法、统计法、访问法、问卷调查法等，可根据实际需要选择。企业营销信息系统提供的各种信息也可以用来作为检查对照的依据。

7. 分析偏差原因

营销执行结果与营销计划发生偏差的情况是经常出现的。原因不外乎两种：一种是实施过程中的问题，这种偏差较容易分析；另一种是营销计划本身的问题。而这两种原因通常是交织在一起的，加大了问题的复杂性，致使分析偏差原因成为营销控制的一个难点。要想确定产生偏差的原因，就必须深入了解情况，占有尽可能多的相关资料，从中找出问题的症结。例如，营销部门没有完成营销计划，可能只是某种产品的亏损影响了整个部门的盈利；推销效率不高，可能是推销员的组织结构不尽合理。

8. 采取纠正措施

针对存在的问题，应提出相应的改进措施。提高工作效率是营销控制的最后一个步骤。采取改正措施宜抓紧时间。一般来说，其做法有二：一是企业在制订营销计划的同时提出应急措施，在实施过程中，一旦发生偏差可以及时补救；二是企业事先没有预定措施，而是在发生偏差后，根据实际情况，迅速制定补救措施加以改进。

11.3.4　市场营销的战略控制

营销计划转化为营销业绩的"中介"因素，是计划的执行。再好的营销战略或战术计划，如果不注意在计划的执行或实施中加强管理，效果也会大打折扣。营销实施涉及相互联系的五项内容，也即成功实施营销计划的五个保障。

1．制订行动方案

方案须明确计划的关键性环境、措施和任务，责任分配到个人或团队，还应包含具体时间表。

2．调整组织结构

在实施过程中，组织结构起着决定性作用。它把任务分配给具体部门和人员，规定明确职权界限和信息沟通路线，协调内部各项决策和行动。组织结构应与计划的任务一致，同企业自身的特点、环境相适应。就是说必须根据企业战略、营销计划的需要，适时改变、完善组织结构。

3．形成规章制度

为了保证计划能够落在实处，必须设计相应的规章制度。在这些规章制度中，明确与计划有关的各个环节，岗位，人员的责、权、利，各种要求，以及衡量、奖惩条件。

4．协调各种关系

为了有效实施营销战略和计划，行动方案、组织结构、规章制度等因素必须协调一致，相互配合。

5．市场营销的战略控制

市场营销环境变化很快，往往会使企业制定的目标、策略、方案失去作用。因此，在企业市场营销战略实施过程中必然会出现战略控制问题。战略控制是指市场营销经理采取一系列行动，使实际市场营销工作与原规划尽可能一致，在控制中通过不断评审和信息反馈，对战备不断修正。

各个企业都有财务会计审核，在一定期间客观地对审核的财务资料或事项进行考察、询问、检查、分析，最后根据所获得的数据按照专业标准进行判断，做出结论，并提出报告。这种财务会计的控制制度有一套标准的理论、做法。但是市场营销审计尚未建立一套规范的控制系统，有些企业往往只是在遇到危急情况时才进行，其目的是解决一些临时性的问题。目前，国外越来越多的企业运用市场营销审计进行战略控制。

【本章知识反馈】

一、单项选择题

1. 制订实施市场营销计划，评估和控制市场营销活动，是（　　）的重要任务。

A. 市场主管部门　　B. 市场营销组织　　C. 广告部门　　D. 销售部门

2. 市场营销组织是为了实现（　　），制订和实施市场营销计划的职能部门。

A. 企业计划　　B. 营销计划　　C. 企业目标　　D. 利润目标

3. 企业的市场营销组织随着经营思想的发展和企业自身的成长，大体经历了（　　）典型形式。

A. 六种　　B. 四种　　C. 五种　　D. 七种

4. 现代市场营销企业取决于企业所有的管理人员，甚至每一位员工对待（　　）的态度。

A. 市场营销活动　　B. 市场营销机构　　C. 市场营销组织　　D. 市场营销职能

5. （　　）是最常见的市场营销组织形式。

A. 职能型组织　　B. 产品型组织　　C. 地区型组织　　D. 管理型组织

6. 满足市场的需要，创造满意的顾客，是企业最为基本的（　　）。

A. 组织形式　　B. 宗旨和责任　　C. 主要职能　　D. 营销观念

二、复习思考题

1. 什么是市场营销计划？市场营销计划包括哪些基本内容？

2. 什么是市场营销组织？市场营销组织有哪些类型？营销组织与其他组织之间的关系如何？

3. 什么是市场营销控制？市场营销控制的程序如何？市场营销控制包括哪些内容？

案例分析

第 12 章

市场营销的新领域与新发展

【引导案例】

花旗银行的服务营销

　　花旗银行（Citibank）迄今已有 200 多年的历史。进入 21 世纪，花旗集团的资产规模已达 9 022 亿美元，一级资本为 545 亿美元，被誉为"金融界的至尊"。时至今日，花旗银行已在世界 100 多个国家和地区建立了 4 000 多个分支机构，在非洲、中东，花旗银行更是外资银行抢滩的先锋。花旗银行的骄人业绩无不得益于其 1977 年以来银行服务营销战略的成功实施。服务营销在营销界产生已久，但服务营销真正和银行经营相融合，从而诞生银行服务营销理念，还源于 1977 年花旗银行副总裁列尼·休斯坦克的一篇名为"从产品营销中解脱出来"的文章。花旗银行可以说是银行服务营销的创始者，同时也是银行服务营销的领头羊。花旗银行能成为银行界的先锋，关键在于花旗银行独特的金融服务能让顾客感受并接受这种服务，进而使花旗银行成为金融受众的首选。多年以来，银行家们很少关注银行服务的实质，强调的只是银行产品的营利性与安全性。随着银行业竞争的加剧，银行家们开始将注意力转移到银行服务与顾客需求的统一性上来。银行服务营销也逐渐成了银行家们考虑的重要因素。

　　自 20 世纪 70 年代花旗银行开创银行服务营销理念以来，就不断地将银行服务寓于新的金融产品创新之中。而今，花旗银行能提供多达 500 种金融服务。花旗银行的服务已如同普通商品一样琳琅满目，任人选择。1997 年，花旗银行与旅行者公司的合并，使花旗真正发展成为一个银行金融百货公司。在 20 世纪 90 年代的几次品牌评比中，花旗都以它卓越的金融服务位列金融业的榜首。今天，在全球金融市场步入竞争激烈的买方市场后，花旗银行更加大了它的银行服务营销力度，同时还通过对银行服务营销理念的进一步深化，将服务标准与当地的文化相结合，在加强品牌形象的统一性时，又注入了当地的语言文化，从而使花旗银行成为行业内国际化的典范。

【案例思考】

　　1. 花旗银行实施服务营销及国际营销战略的必要性何在？

　　2. 由花旗银行服务营销成功的案例，谈谈你对服务营销及国际营销的认识。

【学习目标】

　　学习本章，应掌握服务营销的概念、特点和管理内容；明确国际市场营销的概念、类型以及国际市场营销的环境；了解绿色营销的概念、内容及其评价体系；理解网络营销的概念、特点及其内容。

12.1　服　务　营　销

　　服务营销是企业营销管理深化的内在要求，也是企业在新的市场形势下竞争优势的新要素。服务营销的运用不仅丰富了市场营销的内涵，还提高了面对市场经济的综合素质。

12.1.1　服务营销的定义

　　服务营销是指企业在充分认识满足消费者需求的前提下，为充分满足消费者的需要而在营销过程中所采取的一系列活动。服务作为一种营销组合要素，真正引起人们重视是在20 世纪 80 年代后期，这一时期，由于科学技术的进步和社会生产力的显著提高，产业升级和生产的专业化发展日益加速，一方面，产品的服务含量，即产品的服务密集度日益增大；另一方面，随着劳动生产率的提高，市场转向买方市场，随着消费者收入水平提高，他们的消费需求也逐渐发生变化，需求层次也相应提高，并向多样化方向拓展。

12.1.2　服务营销与传统营销的比较

　　同传统的营销方式相比较，服务营销是一种营销理念，企业营销的是服务，而传统的营销方式只是一种销售手段，企业营销的是具体的产品。在传统的营销方式下，消费者购买了产品意味着一桩买卖的完成，虽然也有产品的售后服务，但那只是一种解决产品售后维修的职能。而从服务营销观念理解，消费者购买了产品仅仅意味着销售工作的开始而不是结束，企业关心的不仅是产品的成功售出，更注重的是消费者在享受企业通过产品所提供的服务的全过程的感受。这一点也可以从马斯洛的需求层次理论上理解：人最高的需求是尊重需求和自我实现需求，服务营销正是为消费者（或者人）提供了这种需求，而传统的营销方式只是提供了简单的满足消费者在生理或安全方面的需求。随着社会的进步，人民收入的提高，消费者需要的不仅仅是一个产品，更需要的是这种产品带来的特定或个性化的服务，从而有一种被尊重和自我价值实现的感觉，而这种感觉所带来的就是顾客的忠诚度。服务营销不仅仅是某个行业发展的一种新趋势，更是社会进步的一种必然产物。

【相关案例】

空调行业的服务竞争

在空调行业，格力、海尔、美的、春兰等著名企业都努力为消费者提供安装、维修等一系列的服务。随着市场竞争的日益激烈，价格战时有发生。海尔集团提出：反对价格战，提倡价值战。对于空调产品本身而言，各大厂家受技术和其他条件的制约，想做出差距很大的产品是很困难的，空调是"一半产品，一半服务"的商品。因此，服务竞争成为空调企业寻求差异化的主要途径。

早在 20 世纪 90 年代，海尔集团就认识到了在质量、价格、服务三者之间，消费者最为看重的是服务。于是，海尔集团率先提出了海尔空调一条龙的星级服务。消费者在使用海尔空调时，不但得到了质量的保证，而且得到了海尔集团便利的、优质的服务。海尔集团也向消费者承诺："您只需要拨打一个电话，剩下的事情有我们来做"。海尔空调的价位比同档次空调的要高，但是海尔集团却凭借优质的服务征服了消费者，并且通过优质的服务提升了企业的形象。

【相关链接】

发达国家成熟的服务企业营销活动经历的 7 个阶段如下。

（1）销售阶段。

（2）广告与传播阶段。

（3）产品开发阶段。

（4）差异化阶段。

（5）顾客服务阶段。

（6）服务质量阶段。

（7）整合和关系营销阶段。

12.1.3　服务营销的特点

与实物产品比较，服务产品具有不可感知性、不可分离性、差异性、不可储存性和所有权缺位等特征，服务产品的特征决定了企业服务营销具有不同于实物产品营销的种种特点。

1. 供求分散性

服务营销活动中，服务产品的供求具有分散性。不仅供方覆盖了第三产业的各个部门和行业，企业提供的服务也广泛分散，而且需方更是涉及各类企业、社会团体和许多不同类型的消费者，由于服务企业一般占地小、资金少、经营灵活，往往分散在社会的各个角落；即使是大型的机械服务公司，也只能在有机械损坏或发生故障的地方提供服务。服务供求的分散性，要求服务网点要广泛而分散，尽可能地接近消费者。

2. 营销方式单一性

有形产品的营销方式有经销、代理和直销多种营销方式。有形产品在市场可以多次转手，经批发、零售多个环节才使产品到达消费者手中。服务营销则由于生产与消费的统一性，决定其只能采取直销方式，中间商的介入是不可能的，储存待售也不可能。服务营销方式的单一性、直接性，在一定程度上限制了服务市场规模的扩大，也限制了服务业在许多市场上出售自己的服务产品，这给服务产品的推销带来了困难。

3. 营销对象复杂多变

服务市场的购买者是多元的、广泛的、复杂的。购买服务的消费者的购买动机和目的各异，某一服务产品的购买者可能牵涉社会各行各业各种不同类型的家庭和不同身份的个人，即使购买同一服务产品，有的用于生活消费，有的却用于生产消费，如信息咨询、邮电通信等。

4. 服务消费者需求弹性大

根据马斯洛需求层次原理，人们的基本物质需求是一种原发性需求，人们对这类需求易产生共性，而人们对精神文化消费的需求属继发性需求，需求者会因各自所处的社会环境和各自具备的条件不同而形成较大的需求弹性。同时对服务的需求与对有形产品的需求在一定组织及总金额支出中相互牵制，也是形成需求弹性大的原因之一。同时，服务需求受外界条件影响大，如季节的变化、气候的变化、科技的发展等对信息服务、环保服务、旅游服务、航运服务的需求造成重大影响。需求的弹性是服务业经营者最棘手的问题。

5. 服务人员的技术、技能、技艺要求高

服务者的技术、技能、技艺直接关系着服务质量。消费者对各种服务产品的质量要求也就是对服务人员的技术、技能、技艺的要求。服务者的服务质量不可能有唯一的、统一的衡量标准，而只能有相对的标准和凭购买者的感觉体会。

12.1.4 服务营销的管理

为了有效地利用服务营销实现企业竞争的目的，企业应针对自己固有的特点注重服务市场细分、服务差异化、服务有形化、服务标准化、服务品牌、服务公关等问题的研究，以制定和实施科学的服务营销战略，保证企业竞争目标的实现。为此，企业在开展服务营销活动、增强其竞争优势时应注重以下几方面的内容。

1. 服务市场细分

任何一种服务市场都有为数众多、分布广泛的服务需求者，由于影响人们需求的因素是多种多样的，服务需求具有明显的个性化和多样化特征。任何一个企业，无论其能力多大，都无法全面满足不同的市场服务需求，都不可能对所有的服务购买者提供有效的服务。因此，每个企业在实施其服务营销战略时都需要对其服务市场或对象进行细分，在市场细分的基础上选定自己服务的目标市场，有针对性地开展营销组合策略，才能取得良好的营销效益。

2. 服务差异化

服务差异化是服务企业面对较强的竞争对手而在服务内容、服务渠道和服务形象等方面采取有别于竞争对手而又突出自己特征，以战胜竞争对手，在服务市场立住脚跟的一种做法。目的是要通过服务差异化突出自己的优势，与竞争对手相区别。实行服务差异化可从以下三个方面着手：①调查、了解和分清服务市场上现有的服务种类、竞争对手的劣势和自己的优势，有针对性、创造性地开发服务项目，满足目标顾客的需要。②采取有别于他人的传递手段，迅速而有效地把企业的服务运送给服务接受者。③注意运用象征物或特殊的符号、名称或标志来树立企业的独特形象。

3. 服务有形化

服务有形化是指企业借助服务过程中的各种有形要素，把看不见摸不着的服务产品尽可能地实体化、有形化，让消费者感知到服务产品的存在、提高享用服务产品的利益过程。服务有形化包括三个方面的内容。

（1）服务产品有形化。即通过服务设施等硬件技术，如自动对讲、自动洗车、自动售货、自动取款等技术来实现服务自动化和规范化，保证服务行业的前后一致和服务质量的始终如一；通过能显示服务的某种证据，如各种票券、牌卡等代表消费者可能得到的服务利益，区分服务质量，变无形服务为有形服务，增强消费者对服务的感知能力。

（2）服务环境有形化。服务环境是企业提供服务和消费者享受服务的具体场所和气氛，它虽不构成服务产品的核心内容，但它能给企业带来"先入为主"的效应，是服务产品存在的不可缺少的条件。

（3）服务提供者有形化。服务提供者是指直接与消费者接触的企业员工，其所具备的服务素质和性格、言行以及与消费者接触的方式、方法、态度等如何，会直接影响到服务营销的实现，为了保证服务营销的有效性，企业应对员工进行服务标准化的培训，让他们了解企业所提供的服务内容和要求，掌握进行服务的必备技术和技巧，以保证他们所提供的服务与企业的服务目标相一致。

4. 服务标准化

服务产品不仅仅要靠服务人员，还往往要借助一定的技术设施和技术条件，这为企业服务质量管理和服务的标准化生产提供了条件，企业应尽可能地把这部分技术性的常规工作标准化，以有效地促进企业服务质量的提高，具体可以从下面五个方面考虑。

（1）从方便消费者出发，改进设计质量，使服务程序合理化。

（2）制定要求消费者遵守的内容合理、语言文明的规章制度，以诱导、规范消费者接受服务的行为，使之与企业服务生产的规范相吻合。

（3）改善服务设施，美化服务环境，使消费者在等待期间过得充实舒服，如设置座椅、放置书报杂志、张贴有关材料等，为消费者等待和接受服务提供良好条件。

（4）使用价格杠杆，明码实价地标明不同档次、不同质量的服务水平，满足不同层次的消费者的需求。同时，在不同时期、不同状态下，通过价格的上下浮动调节消费者的需求，以保持供需平衡，稳定服务质量。

（5）规范服务提供者的言行举止，营造宾至如归的服务环境和气氛，使服务生产和消费能够在轻松、愉快的环境中完成。

5. 服务品牌

服务品牌是指企业用来区别于其他企业服务产品的名称、符号、象征或设计，它由服务品牌名称和展示品牌的标识语、颜色、图案、符号、制服、设备等可见性要素构成。创服务名牌，是服务企业提高规模经济效益的一项重要措施。因而，企业应注意服务品牌的研究，通过创名牌来树立自己独特的形象，以建立和巩固企业特殊的市场地位，在竞争中保持领先的优势。

6. 服务公关

服务公关是指企业为改善与社会公众的联系状况，增进公众对企业的认识、理解和支持，树立良好的企业形象而进行的一系列服务营销活动，其目的是要促进服务产品的销售，提高服务企业的市场竞争力。通过服务公关活动，沟通与消费者的联系，影响消费者对企业服务的预期愿望，尽可能地与企业提供的实际服务相一致，保证企业服务需求的稳定发展。服务营销有利于丰富市场营销的核心——充分满足消费者需要的内涵，有利于增强企业的竞争能力，有利于提高产品的附加价值。服务营销的兴起，对增强企业的营销优势，丰富企业营销活动内涵有着重要的意义。

【相关链接】

服务营销组合要素及其内容

服务营销组合包括七个要素，即服务产品（product）、服务定价（price）、服务渠道或网点（place）、服务沟通或促销（promotion）、服务人员与顾客（people）、服务的有形展示（physical evidence）、服务过程（process）。

【相关案例】

海尔的服务营销

在家电行业竞争日益激烈的今天，海尔在不断提高产品质量的同时，也非常注重产品的销售服务营销。为了让消费者能够买到更省心省力的产品，海尔的售后服务营销已全面走向社区。近日，家住某高档小区时尚小高层的刘女士购买了一台海尔壁挂式家用空调。由于小高层外阳台为玻璃密封，等货送回来后才发现无法安装空调外机。于是，刘女士致电海尔售后服务。海尔售后的安装人员立刻赶到了用户家里，在得知是因为住房结构的问题而无法安装空调时，海尔售后服务并未以此推卸责任，而是与用户刘女士商议最优解决方案——租赁脚手架安装，及时地完成了此次的安装任务。

在农村市场，海尔也已在首轮空调下乡项目中做好了充分准备，特别是在售后服务方面。据了解，海尔空调倡导"想农民所想"，针对农村存在的用电安全隐患的问题，提供了用户安全测电的服务；针对农村存在的家电产品维护不足的问题，提供了用户免费维护保养服务。海尔不仅建立起 4 300 多家星级售后服务网点，针对农村存在的购买分散的问题，还在全国 73 000 个村建立起村级服务联络站，将海尔的星级服务延伸到村。特别是针对农村交通不发达、维修难的问题，海尔空调配备了 38 000 多个专业服务人员并确保了每个县有 2 个以上的网点为之服务，从而为空调下乡工作的顺利开展提供了坚实保障。

12.2　国际市场营销

12.2.1　国际市场营销概述

1. 国际市场营销的定义

国际市场营销（international marketing）是指商品和劳务流入一个以上国家的消费者或用户手中的过程。换而言之，国际市场营销是一种跨国界的社会和管理过程，是企业在国际市场营销策划基础上，创造产品和价值并在国际市场上进行交换，以满足多国消费者的需要和获取利润的活动。

2. 国际市场营销与市场营销的关系

国际市场营销学的基本原理和方法同基础市场营销学并无多大差异。许多指导国内企业营销的原理和方法，诸如市场营销调研、消费者行为分析、选择目标市场、营销组合策略、营销战略计划、营销管理等，均可用以指导国际市场营销活动。二者的主要区别有以下几点。

1）市场营销环境不同

国内营销是在企业熟悉的营销环境（包括人口、经济、社会文化、政治法律及竞争环境）中开展的，国际市场营销则要在一国以上的不熟悉的营销环境中开展，同时还受国内宏观营销环境影响，可见，国际市场营销所面临的环境更加复杂多变。

2）市场营销组合策略有区别

国际市场营销活动受到双重环境，尤其是各国环境的影响，使营销组合策略复杂得多，难度也比较大：①在产品策略方面，国际市场营销面临产品标准化与差异化策略的选择。②在定价策略方面，国际市场定价不仅要考虑成本，还要考虑不同国家市场需求及竞争状况，而且成本还包含运输费、关税、外汇汇率、保险费等。此外，还要考虑各国政府对价格调控的法规。③在分销渠道方面，各国营销环境的差异，造成了不同的分销系统与分销渠道，各国的分销机构的形式、规模不同，从而增加了管理的难度。④在促销策略方面，由于各国文化、政治法律、语言、媒体、生产成本等不同，企业在选择促销策略的时候更复杂。

3. 国际营销战略及营销管理过程更复杂

由于各国营销环境差异大，各国消费者需求又存在巨大差别，如制订国际营销战略计划及进行营销管理，既要考虑国际市场需求，又要考虑企业决策中心对计划和控制承担的责任应当达到什么程度等问题。

12.2.2 国际市场营销的类型与发展意义

国际市场营销是世界经济发展的必然产物，它作为进军国际市场的企业行为，是跨越国界的市场营销活动。

1. 国际市场营销类型

一个企业进入国际市场，由于营销目标、实力及营销经验不同，国际营销开展的程度也不同，为此可以把国际市场营销分为四个类型。

1）被动的国际市场营销

这类企业的目标市场在国内，内部未设专业的出口机构，也不主动面向国际市场，只是在国外企业或本国外贸企业求购订货时，产品才可能进入国际市场。其产品虽进入国际市场，但显然是被动而非主动出击，因此属于最低层次的国际市场营销。

2）偶然的国际市场营销

这类企业的目标市场仍然在国内，一般也不设立对外出口的机构，但在某一特定情况下却主动面向国际市场。企业偶然面向国际市场，主要是因为某一时期国内市场供过于求、竞争激烈或因其他原因一次性外销产品，视国外市场为短期销售地。当国内供求及竞争趋于缓和时，又转向国内，生产国内市场所需要的产品。

3）固定的国际市场营销

这类企业的目标市场既有国内市场也有国际市场，一般成立专门的出口机构，甚至在国外成立分销机构。在不放弃国内市场的前提下，制定国际市场营销战略，专门开发国外消费者所需的产品，针对国际市场营销环境，制定国际市场营销组合策略，参与国际竞争，企图在市场上建立持久的市场地位。

4）完全的国际市场营销

这类企业完全把国际市场作为目标市场，甚至把本国市场视为国际市场的一个组成部分。它们一般在本国设立公司总部，在世界各国发展参股比例不等的子公司，并在这些国家从事生产经营活动，其产品、资源在国际市场流通，依靠国际市场获得利润。

2. 开展国际市场营销的重要意义

积极开展国际市场营销，在宏观上和微观上都具有重要的意义。

1）加速经济建设

世界各国经济、技术发展不平衡，特别是科学技术高度发展的今天，任何一个国家都不可能拥有本国经济所需要的一切资源，更不可能拥有发展需要的所有先进技术。要加速发展本国经济，就需要积极开展国际市场营销，将国内产品打入国际市场，顺利实现产品的价值并获得更多盈利，通过出口创汇，引进先进、科学的技术和设备，加速本国的经济发展。

2）扩大产品销售

积极开展国际市场营销，可以为企业寻求更广泛的市场，扩大企业的产品销售：一是通过销售获得更大的利润回报；二是通过扩大销售来扩大企业的生产规模，降低产品单位成本，获得规模效益。

3）加速企业成长

积极开展国际市场营销，使企业投身到激烈的国际市场竞争中去，可以磨炼企业的生产发展能力，加快技术进步，提高经营管理水平，从而加速企业成长壮大。对我国这样一个发展中国家来说，加入世界贸易组织对众多的企业来说既是压力也是动力，既有挑战又有机会，在我国现代化建设过程中，鼓励国内企业积极开展国际市场营销，参与国际竞争，可以在强手如林的激烈竞争中锻炼企业，在融入世界经济主流的同时从根本上转变我国企业的发展思路，锻造出适应国际竞争环境的新型现代企业。

12.2.3　国际市场营销环境

1. 国际贸易与国际市场营销环境的概念

国际贸易，是指在国际范围内不同国家或地区间的商品交换活动。

国际市场营销是超越本国国界的市场营销活动，是企业将产品或服务由一个国家或地区销售给本国（地区）以外的消费者或用户的商业行为。

国际贸易性质复杂，范围广泛，分类颇多，依据不同的标准划分会形成许多概念，如出口贸易、过境贸易、易货贸易、补偿贸易、租赁贸易、加工贸易、技术贸易和合资经营等。

2. 国际市场营销与国内市场营销的区别

（1）国际市场营销的困难大于国内市场营销。

主要表现在语言不通，法律、风俗习惯不同，贸易障碍多，市场调查不易，了解贸易对手信息情况困难，交易技术困难多，交易接洽不便。

（2）国际市场营销比国内市场营销复杂。

主要表现在货币与度量方面各国不同，商业习惯复杂，海关制度及其他贸易法规不同，国际汇兑、运输、保险及索赔技术不易把握。

（3）国际市场营销的风险大。

在国际市场上可能产生的风险很多，比较显著的有信用风险、汇兑风险、运输风险、价格风险、政治风险、商业风险。

（4）国际市场营销的手段及参与者多于国内市场营销。

在国际市场上，市场营销手段除四大市场营销因素之外，还有政治力量、公共关系及其他超经济手段等。国际市场营销的行动规则与关系的微妙都是国内所无法相比的。

国际市场营销环境是各种直接或间接影响和制约国际营销的外部因素的集合。国际市场营销环境包括国际营销经济环境、国际营销人口环境、社会文化环境、政治法律环境、自然环境、科学技术环境。

3. 国际市场营销环境的变化

（1）国际贸易与国际投资迅速增长，世界经济日趋国际化。

（2）美国逐渐失去其以往的全球支配地位，随之而来的是逆差增大和美元贬值。

（3）日本在国际市场上的经济力量日益壮大，截至 2016 年，日本连续 25 年为全球最大债权国。

（4）国际贸易与国际金融体系已经形成，通货的兑换性得到改善。

（5）为保护国内产业，抵制国际竞争，发达国家的贸易壁垒日益增多。

（6）世界各大潜在市场开始对外开放，如中国、俄罗斯、乌克兰、沙特阿拉伯等国家。

（7）国际的二元政治格局崩溃，各国之间的矛盾主要表现为争夺经济利益和开放市场的矛盾。

（8）和平与发展成为当今时代的主题。世界向多极化发展，国际形势总体趋向缓和。

4. 国际市场营销具体环境

企业的市场营销活动要想向国外市场扩展并取得成功，必须掌握下述国际市场营销环境因素。

1）经济环境

研究外销市场，首先必须对国际经济状况有所了解。因此，国际市场营销人员应对各国的经济制度、经济发展水平、经济特征（人口、收入）、自然资源、经济基础结构、外汇汇率等进行认真的研究。

（1）经济制度。世界上大体有两种经济制度，即资本主义经济制度和社会主义经济制度。

（2）经济发展水平。各国的国民经济情况，按其发展水平，大致分为原始农业型、原料输出型、工业发展中类型和工业发达型四大类。这四类国家各自的出口项目与货物很不相同。所以，以什么样的商品进入哪一个国家的市场，就需要了解它们的国民经济发展情况。

（3）经济特征。经济特性包括人口因素和收入因素。

（4）自然资源。自然资源的分布对市场营销的影响，也是一个不可忽视的问题。分布不均对消费结构和对外贸易中的进出口商品结构都有重大影响。所以，企业利用当地资源优势，去发展生产并占领相对应的市场是非常明智的。

（5）经济基础结构。经济基础结构指的是一国的设施、机构、资源供应、交通运输和通信设施、商店、银行、金融机构、经销组织等作为国民经济基础的结构状况。其数量越多，业务量越大，业务水平越高，整个经济的运行就越顺利有效。

（6）外汇汇率。货币兑换率或者说是一个国家对另一个国家货币的价格，是由政府根据供求关系和当时的经济状况决定的。一个国家货币对另一个国家货币的比率定得很低，那么该国必须为进口支付更多的本国货币，这对一些依赖进口原料和生产零件的国家会造成很大的困难。

2）政治法律环境

（1）政治的稳定性。政局的稳定与政策的连续性是增强投资者信心与信任感的重要因素。

（2）对国际贸易和国际投资的态度。有些国家对国际贸易极感兴趣，愿意提供鼓励经济往来的宽松环境；有些国家则相反，对外贸领域的事情处处小心谨慎，许多规定极为严格，没有任何伸缩性。

（3）贸易壁垒。为了保持国家的贸易平衡，各国往往对其进出口货物采取各种直接或间接限制的措施。其中最常用的手段是进口许可证制和进口配额制。

（4）专利与商标保护。专利是按法律规定，发明者在一定时间内对其革新或创造发明成果所拥有的权益。专利权是由国家依法给予的一种排他性权利，旨在保护技术发明者的利益。

（5）价格控制。价格控制是指某些国家对进口商品实行最低限价的规定。目的是降低进口商品在本国市场的竞争能力和减少进口商品的利益，以限制商品进口。

（6）反垄断法和防止不公平竞争法。禁止企业之间或者强制他人签订限制竞争的垄断协议；反对大企业公开形成垄断地位；反对企业在市场上占据控制地位；设置反垄断执行机构。

（7）行政效率。当地政府是否建立了行之有效的外事制度来协助外商投资建厂，包括是否简化海关手续、提供市场咨询以及其他有助于发展的措施。

（8）关税政策。国家为保护本国贸易，通过各种关税来鼓励出口和限制出口。有时为了外交政策的需要，按国别实行税率，称为关税壁垒。

12.3　绿　色　营　销

12.3.1　绿色营销的来源及其含义

英国威尔斯大学肯·毕提教授在其所著的《绿色营销——化危机为商机的经营趋势》一书中指出："绿色营销是一种能辨识、预期及符合消费的社会需求，并且可带来利润及永续经营的管理过程。"绿色营销观念认为，企业在营销活动中，要顺应时代可持续发展战略的要求，注重地球生态环境保护，促进经济与生态环境协调发展，以实现企业利益、消费者利益、社会利益及生态环境利益的协调统一。从这些界定中可知，绿色营销是以满足消费者和经营者的共同利益为目的的社会绿色需求管理，以保护生态环境为宗旨的绿色市场营销模式。

所谓绿色营销，是指社会和企业在充分意识到消费者日益提高的环保意识和由此产生的对清洁型无公害产品需要的基础上，发现、创造并选择市场机会，通过一系列理性化的营销手段来满足消费者以及社会生态环境发展的需要，实现可持续发展的过程。绿色营销的核心是按照环保与生态原则来选择和确定营销组合的策略，是建立在绿色技术、绿色市场和绿色经济基础上的，对人类的生态关注给予回应的一种经营方式。绿色营销不是一种诱导顾客消费的手段，也不是企业塑造公众形象的"美容法"，它是一个导向持续发展、永续经营的过程，其最终目的是在化解环境危机的过程中获得商业机会，在实现企业利润和消费者满意的同时，达成人与自然的和谐相处，共存共荣。

绿色营销是适应 21 世纪的消费需求而产生的一种新型营销理念，也就是说，绿色营销还不可能脱离原有的营销理论基础。因此，绿色营销模式的制定和方案的选择及相关资源的整合还无法也不能脱离原有的营销理论基础，可以说绿色营销是在人们追求健康、安全、环保的意识形态下所发展起来的新的营销方式和方法。

经济发达国家的绿色营销发展过程已经基本上形成了以绿色需求—绿色研发—绿色生产—绿色产品—绿色价格—绿色市场开发—绿色消费为主线的消费链条。

12.3.2　绿色营销管理的内容

1. 树立绿色营销观念与绿色营销计划

绿色营销观念是在绿色营销环境条件下企业生产经营的指导思想。传统营销观念认为，企业在市场经济条件下生产经营，应当时刻关注与研究的中心问题是消费者需求、企业自身条件和竞争者状况三个方面，并且认为满足消费需求、改善企业条件、创造比竞争者更有利的优势，便能取得市场营销的成效。而绿色营销观念却在传统营销观念的基础上增添了新的思想内容。

企业生产经营研究的首要问题不是在传统营销因素条件下，通过协调三方面关系使自身取得利益，而是与绿色营销环境的关系。企业营销决策的制定必须首先建立在有利于节约能源、资源和保护自然环境的基础上，促使企业市场营销的立足点发生新的转移。

实施绿色营销战略是与企业的长期发展规划和战略分不开的。企业对于绿色营销的实施和开展必须要有充足的准备，以便为绿色营销提供必要的条件。这些都要求企业在深入地进行目标市场调研的基础之上，将企业产品和品牌进行合理的市场定位，分析潜在市场容量和潜在顾客购买能力，对绿色营销资源进行有效整合，发挥绿色营销独特的作用，扬长避短，实现绿色营销的综合效益最大化。

2. 设计绿色产品及绿色品牌策略

1）绿色产品策略

产品策略是市场营销的首要策略，企业实施绿色营销必须以绿色产品为载体，为社会和消费者提供满足绿色需求的绿色产品。所谓绿色产品，是指对社会、对环境改善有利的产品，或称无公害产品。这种绿色产品与传统同类产品相比，至少具有下列特征。

（1）产品的核心功能既要能满足消费者的传统需要，符合相应的技术和质量标准，更要满足对社会、自然环境和人类身心健康有利的绿色需求，符合有关环保和安全卫生的标准。

（2）产品的实体部分应减少资源的消耗，尽可能利用再生资源。产品实体中不应添加有害环境和人体健康的原料、辅料。在产品制造过程中应消除或减少"三废"对环境的污染。

（3）产品的包装应减少对资源的消耗，包装的废弃物和产品报废后的残物应尽可能成为新的资源。

绿色产品讲究综合成果，即绿色产品要能够体现健康、安全、环保，体现对社会的一种责任意识，将原本属于社会职能的内容考虑进企业的经营管理当中，并认真负责地承担起解决这些社会问题的义务。

2）绿色品牌策略

绿色品牌策略包括如下内容：①具有高度责任意识的绿色品牌定位；②精细而健康的绿色品牌维护；③科学系统的绿色品牌经营管理；④长期不懈地进行绿色品牌修正。

3. 制定绿色产品的价格策略及市场定位

价格是市场的敏感因素，定价是市场营销的重要策略，实施绿色营销不能不研究绿色产品价格的制定。一般来说，绿色产品在市场的投入期，生产成本会高于同类传统产品，因为绿色产品成本中应计入产品环保的成本，主要包括以下几方面。

（1）在产品开发中，因增加或改善环保功能而支付的研制经费。

（2）在产品制造中，因研制对环境和人体无污染、无伤害而增加的工艺成本。

（3）使用新的绿色原料、辅料而可能增加的资源成本。

（4）由于实施绿色营销而可能增加的管理成本、销售费用。

绿色产品具有较高附加值，拥有优良的品质，在健康、安全、环保等诸多方面具有普通产品无法比拟的优势。因此，在其市场定位上应该着眼于较高的消费需求。企业可以根据市场环境因素，对不同市场进行不同的产品定位。研究表明，在欧美发达国家，即使普通的消费也都倾向于绿色消费，所以绿色产品在那里，已经非常普通，其市场定位当然也较为普通；但在发展中国家，绿色产品的消耗量还很小，对于普通消费者来说还是奢侈品，因此其必须要在一个较高的基点上进行市场定位。

在价格策略上，绿色产品由于支付了相当昂贵的环保成本，在产品选材及设计上的独特性和高要求，使其具有普通产品无法比拟的高附加值，因此其价格比一般普通产品高是极其正常的。消费者也很愿意接受这样的一种价格。因此，企业在为绿色产品进行定价时，要充分地将环保成本、研发设计成本，其他如绿色包装、绿色材料、绿色渠道、绿色服务等的成本均考虑在内，从而制定出对企业和消费大众来说都较为合理的市场价格，逐步在消费者心目中灌输一种"污染者付费""环境有偿使用"的现代观念。

企业在对绿色产品进行定价时，应该遵循一般产品定价策略。根据市场需求、竞争情况、市场潜力、生产能力和成本、仿制的难易程度等因素综合考虑。切不可盲目完全采取撇脂定价策略，亦不宜完全应用渗透定价策略。注重市场信息收集和分析，分析消费者的绿色消费心理，制定合理可行的绿色价格方案是完全必要的。

4. 绿色营销的渠道策略

企业开展绿色营销，其绿色营销渠道的畅通是关键。企业只有充分保障绿色产品物流、商流、价值流、信息流在渠道中畅通无阻，才能最终实现绿色消费。在绿色渠道建设中，企业要结合产品特点，充分发挥产品的绿色特质，实现渠道绿化。

（1）建设属于绿色营销的专用渠道。我们知道，企业在进行绿色营销过程中，不可能完全排斥非绿色产品。通常一个企业的主导产品是非绿色产品，而绿色产品仅仅是企业的一部分。这种情况下，企业可能为了节省成本和渠道费用，将绿色产品放入普通渠道进行销售。这样做，表面上看可以节约许多成本费用，但从长远考虑，会使企业的绿色产品价值降低，消耗企业绿色品牌美誉度和品牌价值，部分绿色品牌或产品因此而退出绿色营销领域。显然，将绿色营销和普通营销的渠道混为一谈的做法是不明智的，也是不可取的。缘于此，我们建议企业要进行绿色营销，就要单独建设纯绿色渠道。

（2）绿色代表着健康向上，绿色中间商或经销商也要具有良好的绿色本质和气质。第一，绿色经销商或中间商要具有良好的绿色信誉，能够并愿意为绿色事业作贡献；第二，能够接受并秉承绿色营销理念，要求其在日常的经营过程中注意绿色环保的重要性，并通过其绿色经营从中获取相当可观的绿色收益；第三，绿色经销商或中间商在日常经营过程中愿意接受企业相关的绿色指导，采取正当可行的绿色竞争手段，实施可持续发展的绿色健康竞争秩序。

（3）作为辅助，企业可以开设一些绿色专营店，确保专营店"纯绿色经营"，对于建立产品良好的绿色信誉，确保消费者对绿色产品的认知，都将发挥较大作用。

5. 搞好绿色营销的促销活动

绿色促销是通过绿色促销媒体，传递绿色信息，指导绿色消费，启发引导消费者的绿色需求，最终促成购买行为。绿色促销的主要手段有以下几方面。

（1）绿色广告。通过广告对产品的绿色功能定位，引导消费者理解并接受广告诉求。在绿色产品的市场投入期和成长期，通过量大、面广的绿色广告，营造市场营销的绿色氛围，激发消费者的购买欲望。

（2）绿色推广。通过绿色营销人员的绿色推销和营业推广，从销售现场到推销实地，直接向消费者宣传、推广产品绿色信息，讲解、示范产品的绿色功能，回答消费者绿色咨询，宣讲绿色营销的各种环境现状和发展趋势，激励消费者的消费欲望。

（3）绿色公关。通过企业的公关人员参与一系列公关活动，如文章、演讲的发表，影视资料的播放，社交联谊及环保公益活动的参与、赞助等，广泛与社会公众进行接触，增强公众的绿色意识，树立企业的绿色形象，为绿色营销建立广泛的社会基础，促进绿色营销业的发展。

企业开展绿色促销要严格与传统促销活动区分开来。绿色促销要重点开展具体的营销和推广活动，将企业的绿色行动付诸实施。企业可以通过一些媒体宣传自己在绿色领域的所作所为，并积极参与各种公益及环保活动，大力提倡绿色环保产品的推广和使用，带头推动环保事业。

另外，绿色营销本身就是一项具有高度责任感的事业。企业必须时刻以对自然、对他人、对未来、对竞争对手负责的态度，来奉献自己的绿色爱心，提高公众的绿色意识，引导绿色消费需求。

因此，制定绿色促销策略，不但要突出爱心、责任、奉献等人文因素，而且要具有长远的战略眼光，将企业的长期利益与企业的短期目标结合起来，要有重点、有秩序地层层推进，切不可虚张声势、不讲实际。

12.3.3 绿色营销的评价体系

1. 绿色产品的评价指标

严格来讲，完全符合环境要求、对环境绝对不造成不良影响的产品是很少见的。因此，所有实施绿色标志的国家都公认，一种具有绿色标志的产品只是相对于其他功能相当的同类产品，对环境的影响或危害较少些。而鉴定产品间在环境影响方面的差异，需要对产品的整个生命周期即从原料、生产、销售（包括包装、运输）、使用到后处置的全过程进行环境影响分析，以找出产品总的环境影响。国外已实施绿色标志的许多国家，为了选择环境标志产品种类和制定获得环境标志必须满足的标准，通常采取如下步骤。

（1）产品种类选择。

（2）对初选产品种类进行产品整个生命周期的环境影响评价。

（3）建立恰当的考核产品环境性能的标准值。

（4）产品种类范围的精选。其中对初选产品进行产品整个生命周期的环境影响评价是选择产品种类和制定绿色标志产品标准的依据，也是实施绿色标志的关键与核心。

2. 建立绿色产品评价指标体系的基本原则

建立指标体系是一项较为复杂的工作，为了达到科学性、规范性和能在大范围内使用的目的，其建立必须遵循一定的原则：①目的性原则；②系统全面性原则；③科学性原则；④动态与静态相结合原则；⑤定量与定性相结合原则；⑥简明性、可比性和可操作性原则；⑦独立性原则；⑧侧重性原则。

12.4 网 络 营 销

12.4.1 网络营销的概念

网络营销是以现代营销理论为基础，借助网络、通信和数字媒体技术，来实现营销目标的商务活动；是科技进步、顾客价值变革、市场竞争等综合因素促成的；是信息化社会的必然产物。

一般认为，营销目标是指企业营销活动所要达到的最终目的，具体来讲，就是要通过营销活动使企业达到一定的有竞争力的地位或状态。这种状态包括实现一定数量的利润、占有一定的市场份额、进入和退出哪些市场领域、企业的营销组合状态、企业经营的领域、企业的竞争能力及竞争地位等。

简单地说，网络营销就是以互联网作为传播手段，通过对市场的循环营销传播，满足商家和消费者需求的过程。

12.4.2　网络营销的特点

网络营销具有传统营销不具备的许多独特的、十分鲜明的特点。

1. 具有鲜明的理论性

网络营销是在众多新的营销理念的积淀、新的实践和探索的基础上发展起来的。网络营销理念吸纳了众多新的营销理念的精髓，但又不同于任何一种营销理念。

其根本原因在于以往的所有这些营销理念：①都没有本质地反映出网络经济的内涵和特点；②都没能准确地把握网络对传统经营理念的碰撞和冲击；③都没有充分地揭示网络营销带给企业的深刻变革和无限生机；④都没能有效地整合各种资源，形成一种开拓市场的进击能力。

因此，网络营销是以往一切营销理念所无法比拟的。网络经济是对传统经济的一种扬弃，网络营销理念同样是对传统营销理念的一种扬弃。

2. 市场的全球性

网络的连通性，决定了网络营销的跨国性；网络的开放性，决定了网络营销市场的全球性。在此以前，任何一种营销理念和营销方式，都是在一定的范围内去寻找目标客户。而网络营销，是在一种无国界的、开放的、全球的范围内去寻找目标客户。

市场的广域性、文化的差异性、交易的安全性、价格的变动性、需求的民族性、信息价值跨区域的不同增值性及网上顾客的可选择性，不但给网络经济理论和网络营销理论研究提供了广阔的发展空间和无尽的研究课题，而且这种市场的全球性带来的是更大范围成交的可能性、更广域的价格和质量的可比性。而越是可比性强的产品，市场竞争越激烈。

3. 资源的整合性

在网络营销的过程中，将对多种资源、多种营销手段、多种营销方法进行整合；将对有形资产和无形资产的交叉运作和交叉延伸进行整合。这种整合的复杂性、多样性、包容性、变动性和增值性具有丰富的理论内涵。需要我们下功夫、花力气进行深入的研究。

特别是营销商务软件，它在这种多维整合中发挥了重要作用，扮演了重要角色。无形资产在营销实践中的整合能力和在多种资源、多种手段整合后所产生的增值效应，也是对传统市场营销理念的重大突破和重要发展。

4. 明显的经济性

网络营销具有快捷性，因此，将极大地降低经营成本，提高企业利润。形成和促成网络营销经济性的有诸多原因，如资源的广域性、地域价格的差异性、交易双方的最短连接性、市场开拓费用的锐减性、无形资产在网络中的延伸增值性，以及所有这一切对网络营销经济性的关系和影响，都将使我们极大地降低交易成本，给企业带来经济利益。网络营销的经济性以及由此带来的明显效果，必将清晰地、鲜明地显现出来。

5. 极强的实践性

所有这一切都说明：网络营销是一门实践性很强的学问。它的理论根底深深扎在网络营销实践的沃土中。网络营销的每一步发展，都呼唤着网络经济理论研究的深入。但是，这种呼唤，只有在网络营销的实践中攀登和开拓的人，才可以听到，才可以感受到、体验到。

12.4.3　网络营销的内容

利用网络技术进行市场调查、客户分析、产品开发定位和经营流程改进等。

1. 利用网络技术进行市场调查

网上市场调查是指在互联网上针对特定营销环境进行简单调查设计、收集资料和初步分析的活动。利用网络技术进行市场调查可以充分利用互联网作为信息沟通渠道的开放性、自由性、平等性、广泛性和直接性的特性，使得网上市场调查具有传统的市场调查手段和方法所不具备的一些独特的特点和优势。网上市场调查有两种方式：一是利用互联网直接进行问卷调查收集一手资料；二是利用互联网的媒体功能，从互联网收集二手资料。

2. 利用网络技术进行客户分析

客户分析是市场营销策略制定的一个重点，对于网络营销来说更是重中之重。客户分析是客户信息数据库的落脚点，是直接为企业开展其他一系列工作服务的基础。客户分析是指从大量的数据中提取有用的信息，该信息主要可以分为直接信息和间接信息。直接信息是可以从数据中直接取得、价值量较小、使用范围较小的信息；而间接信息是经过加工获得的较有价值的信息。分析过程主要包括基本信息分析、统计分析、趋势分析、关联分析。

基本信息分析是利用客户的基本情况信息，分析本企业或产品的主要客户的特点，包括年龄、性别、职业、工资状况、学历、地理位置等。统计分析是利用所有的信息进行统计，分析企业或产品的销售额、利润额、成本量等经济指标，也包括大客户分析和业务流量分析。趋势分析是利用本企业的信息和同行业其他企业的信息，并结合国民经济的整体运行状况，对长期和短期的业务状况进行预测。关联分析是利用客户信息对产品信息、市场信息、企业信息进行分析，综合评价企业的运行状况和产品的供需比例。通过对客户信息进行全面完整的统计分析，网络营销人员才能真正把握用户的需求，进行有效的营销。

3. 利用网络技术进行产品开发定位

网络营销新产品开发的首要前提是新产品的构思和概念的形成。新产品的构思可以有多种来源，可以是顾客、科学家、竞争者、公司销售人员、中间商和高层管理者，但最主要来源还是依靠顾客来引导产品的构思。网络营销的一个最重要特性是与顾客的交互性，它通过信息技术和网络技术来记录、评价和控制营销活动，掌握市场需求情况。

网络营销通过其网络数据库系统处理营销活动中的数据，并用来指导企业营销策略的制定和营销活动的开展。网络营销顾客参与新产品研制与开发不再是简单的被动接收测试和表达感受，而是主动参与和协助产品的研制开发工作。与此同时，通过互联网，企业可以与供应商、经销商和顾客进行双向沟通和交流，可以最大限度地提高新产品研制与开发速度。

网络营销产品定位。网络市场作为新兴市场，消费群体一般具有很强的好奇性和消费领导性，比较愿意尝试新的产品。个性化消费者可直接参与生产和商品流通，向商家和生产厂家主动表达自己对产品的欲望，企业可以根据消费者的需求设计、生产出产品。

4. 利用网络技术进行经营流程改进

网络营销大大改变了消费者传统的购买行为，顾客从信息的被动接受者变为信息的主动搜寻者。以产品为导向的营销理念将逐步转向以顾客为导向的营销理念。营销目标也将从降低成本、提高效率转向开拓业务、提高顾客忠诚度。由此也带来经营流程的改变。一般来说，一个完整的营销流程包括：下订单（业务员联系客户）—开提货单（内勤或财务）—提货（库房）—送货（物流/运输）—销售（促销员）—开发票（财务）—回收货款（业务员）—下订单……

在网络营销中，这些营销流程内容已发生了本质的变化，如下订单、开提货单、提货全部由网上订单系统一并完成。更重要的是利用现代信息技术、互联网技术，企业可以通过有效收集和分析顾客的特殊需求信息，直接安排生产顾客需要的产品，新的营销流程将使企业不再是制造产品的公司，而是为顾客提供满意服务的公司。同时网络营销还能建立与顾客双向互动沟通的营销流程。传统的营销沟通主要是通过广告促销、营业推广、公共关系、人员推销等方法把企业的产品信息及产品传送给目标市场顾客。

网络营销使得与顾客进行个性化双向互动沟通不但可行，而且经济。以亚马逊书店为例，亚马逊书店建立了庞大的顾客资料库，根据顾客的访问记录、购书记录和需求记录，通过互联网有针对性地向其提供可能感兴趣的信息，顾客如果高兴的话，可以进一步去看一段书评、书摘，了解作者的资料等，甚至还可以了解已经看过此书读者的评语，以作为购书决策的参考。

12.4.4　网络营销的方法

网络营销的职能需要通过一种或多种网络营销手段来实现。常用的网络营销方法有如下几种。

1. 交换链接

交换链接或称互惠链接，是具有一定互补优势的网站之间的简单合作形式，即分别在自己的网站上放置对方网站的 logo 或网站名称并设置对方网站的超级链接，使得用户可以从合作网站中发现自己的网站，达到互相推广的目的。交换链接的作用主要表现在几个方面：获得访问量、增加用户浏览时的好印象、在搜索引擎排名中增加优势、通过合作网站的推荐增加访问者的可信度等。更重要的是，交换链接的意义已经超出了是否可以增加访问量，比直接效果更重要的在于业内的认知和认可。

2. 网络广告

几乎所有的网络营销活动都与品牌形象有关，在所有与品牌推广有关的网络营销手段中，网络广告的作用最为直接。标准标志广告（banner）曾经是网上广告的主流（虽然不是唯一形式），进入 2001 年之后，网络广告领域发起了一场轰轰烈烈的创新运动，新的广告形式不断出现，新型广告由于克服了标准条幅广告条承载信息量有限、交互性差等弱点，获得了相对比较高的点击率。

3. 信息发布

信息发布既是网络营销的基本职能，又是一种实用的操作手段，通过互联网，不仅可以浏览到大量商业信息，同时还可以自己发布信息。最重要的是将有价值的信息如新产品信息、优惠促销信息等及时发布在自己的网站上，以充分发挥网站的功能。

4. 许可 E-mail 营销

基于用户许可的 E-mail 营销比传统的推广方式或未经许可的 E-mail 营销具有明显的优势，如可以减少广告对用户的滋扰、增加潜在客户定位的准确度、增强与客户的关系、提高品牌忠诚度等。开展 E-mail 营销的前提是拥有潜在用户的 E-mail 地址，这些地址可以通过企业从用户、潜在用户资料中自行收集整理而得，也可以利用第三方的潜在用户资源。例如，国内的 51mymail、拓鹏数据库营销都是属于此类。

5. 邮件列表

邮件列表实际上也是一种 E-mail 营销形式，也是基于用户许可的原则，用户自愿加入、自由退出，稍微不同的是，E-mail 营销直接向用户发送促销信息，而邮件列表是通过为用户提供有价值的信息，在邮件内容中加入适量促销信息，从而实现营销的目的。邮件列表的主要价值表现在四个方面：作为公司产品或服务的促销工具、方便和用户交流、获得赞助或者出售广告空间、对信息服务收费。邮件列表的表现形式很多，常见的有新闻邮件、各种电子刊物、新产品通知、优惠促销信息、重要事件提醒服务等。

6. 个性化营销

个性化营销的主要内容包括：用户定制自己感兴趣的信息内容、选择自己喜欢的网页设计形式、根据自己的需要设置信息的接收方式和接收时间等。个性化服务在改善顾客关系、培养顾客忠诚及增加网上销售方面具有明显的效果，据研究，为了获得某些个性化服务，在个人信息可以得到保护的情况下，用户才愿意提供有限的个人信息，这正是开展个性化营销的前提保证。

7. 会员制营销

会员制营销已经被证实为电子商务网站的有效营销手段，国外许多网上零售型网站都实施了会员制计划，几乎已经覆盖了所有行业，国内的会员制营销还处在发展初期，不过已经可以看出电子商务企业对此表现出的浓厚兴趣和旺盛的发展势头。

8. 网上商店

建立在第三方提供的电子商务平台上，由商家自行经营网上商店，如同在大型商场中租用场地开设商家的专卖店一样，是一种比较简单的电子商务形式。网上商店除了通过网络直接销售产品这一基本功能之外，还是一种有效的网络营销手段。从企业整体营销策略和顾客的角度考虑，网上商店的作用主要表现在两个方面：一方面，网上商店为企业扩展网上销售渠道提供了便利的条件；另一方面，建立在知名电子商务平台上的网上商店增加了顾客的信任度，从功能上来说，对不具备电子商务功能的企业网站也是一种有效的补充，对提升企业形象并直接增加销售量具有良好效果，尤其是将企业网站与网上商店相结合，效果更为明显。

9. 病毒性营销

病毒性营销并非真的以传播病毒的方式开展营销，而是通过用户的口碑宣传网络，信息像病毒一样传播和扩散，利用快速复制的方式传向数以千计、数以百万计的受众。病毒性营销的经典范例是 Hotmail，现在几乎所有的免费电子邮件提供商都采取类似的推广方法。

10. 来电付费广告

来电付费是指按接到客户有效电话的数量进行付费，英文"PayPerCall"，是近年在欧美国家出现的一种新的广告推广计费新模式，实现策划不收费，展示不收费，点击不收费，只有广告主接到客户有效电话后才收取相应费用。也就是说，按来电付费，是一种真正意义上的按效果付费的模式。

11. 网络视频营销

网络视频营销是通过数码技术将产品营销现场实时视频图像信号和企业形象视频信号传输至互联网上，客户只需上网登录公司网站就能看到对产品和企业形象进行展示的电视现场直播。这是遥眺网络监控发展科技有限公司在网站建设和网站推广中，为加强浏览者对网站内容的可信性、可靠性而独家创造的。在这以前，所有的网站建设和网站推广方式所能起的作用只是让网民从浩如瀚海的互联网世界中找到企业；而网络视频营销使找到企业的网民相信该企业。

12. 论坛营销

其实人们早就开始利用论坛进行各种各样的企业营销活动了，当成为新鲜媒体的论坛出现时，就有企业在论坛里发布企业产品的一些信息，其实这也是论坛营销的一种简单的方式。在这里结合网络策划的实践经验简要地说一下什么是论坛营销。论坛营销就是企业利用论坛这种网络交流的平台，通过文字、图片、视频等方式发布企业的产品和服务的信息，从而让目标客户更加深刻地了解企业的产品和服务，最终达到宣传企业品牌、加深市场认知度的网络营销活动。

13. 网络图片营销

网络图片营销其实现在已经成为人们常用的网络营销方式之一，我们时常会在 QQ 上接收到朋友发过来的创意图片，在各大论坛上看到以图片为主线索的帖子，这些图片中多少也夹杂了一些广告信息，如图片右下角带有网址等，这其实就是图片营销的一种方式。目前，国内的图片营销方式千花百样，如果很有创意，那么就可以很好地掌握图片营销。

14. 网络营销联盟

网络营销联盟包括三要素：广告主、网站主和广告联盟平台。广告主按照网络广告的实际效果（如销售额、引导数等）向网站主支付合理的广告费用，节约营销开支，提高企业知名度，扩大企业产品的影响，提高网络营销质量。

12.4.5　网络营销促销策略

1. 网上折价促销

折价亦称打折、折扣，是目前网上最常用的一种促销方式。网上商品的价格一般都要比传统方式销售时要低，以吸引人们购买。网上销售商品不能给人全面、直观的印象，也不可试用、触摸等，再加上配送成本和付款方式的复杂性，造成网上购物和订货的积极性下降。而幅度比较大的折扣可以促使消费者进行网上购物的尝试并做出购买决定。目前大部分网上销售商品都有不同程度的价格折扣。

2. 网上赠品促销

赠品促销目前在网上的应用不算太多，一般情况下，在新产品推出试用、产品更新、对抗竞争品牌、开辟新市场情况下利用赠品促销可以达到比较好的促销效果。赠品促销的优点：可以提升品牌和网站的知名度；鼓励人们经常访问网站以获得更多的优惠信息；能根据消费者索取赠品的热情程度而总结分析营销效果和产品本身的反应情况；等等。

3. 网上抽奖促销

抽奖促销是网上应用较广泛的促销形式之一，是大部分网站乐意采用的促销方式。抽奖促销是以一个人或数人获得超出参加活动成本的奖品为手段进行商品或服务的促销，网上抽奖活动主要附加于调查、产品销售、扩大用户群、庆典、推广某项活动等。消费者或访问者通过填写问卷、注册、购买产品或参加网上活动等方式获得抽奖机会。

4. 积分促销

积分促销在网络上的应用比起传统营销方式要简单和易操作。网上积分活动很容易通过编程和数据库等来实现，并且结果可信度很高，操作起来相对较为简便。积分促销一般设置价值较高的奖品，消费者通过多次购买或多次参加某项活动来增加积分以获得奖品。积分促销可以增加上网者访问网站和参加某项活动的次数，可以增加上网者对网站的忠诚度，可以提高活动的知名度，等等。

【相关链接】

企业进行网络营销的十大绝招

（1）选好域名。域名具有唯一性，选好与自己企业形象和名称相符的域名可独家享用"一生"。

（2）选择最适合企业的服务器。可自架服务器，委托服务器托管，还可以租用虚拟机。根据自己的需要与经济实力选择最适合企业的。

（3）在网络营销的基础上做网站整体策划与网页设计。

（4）切勿堆叠图片，制造了美，却跑了顾客。过多的图片或是累赘的修饰会影响网站响应速度，影响顾客体验。

（5）注意网络无国界。想要做大，则应考虑多种语言版本。

（6）合理利用网站空间。对于用户不喜欢的功能，即使花了再多时间、精力，也要去掉。

（7）内容不是越多越好，内容也体现专业性和权威性。海量的信息容易给人二流企业的感觉。

（8）及时更新内容。一个网页内容一成不变的网站容易给人企业并无进步的感觉，觉得企业没有发展。也不会有人愿意与这样的企业合作。

（9）最绝招：狠命宣传。

（10）回复客户的询问不要超过 24 小时。

【本章知识反馈】

一、单项选择题

1. 服务营销只能采取（　　）的营销方式。

A. 经销　　B. 代理　　C. 直销　　D. 都不是

2. 为选择国际目标市场，要对各国顾客的不同需要和行为进行国际市场（　　）。

A. 预测　　B. 开发　　C. 决策　　D. 细分

3. 在国际市场有独特的巨大需求，企业技术力量雄厚情况下，可用（　　）策略。

A. 产品延伸　　B. 产品扩展　　C. 产品适应　　D. 产品发明

二、复习思考题

1. 什么是服务营销？服务营销具有哪些特点？企业如何进行服务营销的管理?

2. 什么是国际市场营销？国际市场营销的环境包括哪些内容?

3. 什么是绿色营销？企业进行绿色营销的内容和策略有哪些?

4. 什么是网络营销？网络营销包括哪些内容?

案例分析

参 考 文 献

卜妙金. 2001. 分销渠道管理[M]. 北京：高等教育出版社.

布恩 L E. 2005. 当代市场营销学[M]. 第 11 版. 赵银德，等译. 北京：机械工业出版社.

范云峰. 2002. 市场营销实战[M]. 北京：中国经济出版社.

郭国庆. 2007. 市场营销学通论[M]. 第 3 版. 北京：中国人民大学出版社.

何佳迅. 2000. 品牌形象策划——透视品牌经营[M]. 上海：复旦大学出版社.

何立居. 2004. 市场营销：理论与实务[M]. 北京：机械工业出版社.

霍金斯 D I，贝斯特 R J，科尼 K A. 2003. 消费者行为学[M]. 符国群，等译. 北京：机械工业出版社.

纪宝成. 2008. 市场营销学教程[M]. 第 4 版. 北京：中国人民大学出版社.

江林，张险峰，任锡源. 2002. 现代市场营销管理[M]. 北京：电子工业出版社.

科特勒 P，阿姆斯特朗 G. 2007. 市场营销原理[M]. 郭国庆，等译. 北京：清华大学出版社.

科特勒 P，凯勒 K L. 2006. 营销管理[M]. 第 12 版. 梅清豪译. 上海：上海人民出版社.

昆奇 J A，等. 2004. 市场营销管理：教程和案例[M]. 吕一林，等译. 北京：北京大学出版社.

拉奥 V R，斯特克尔 J H. 2001. 战略营销分析[M]. 张武养，张永宏，等译. 北京：中国人民大学出版社.

李强. 2004. 市场营销学教程[M]. 大连：东北财经大学出版社.

李穗豫，陈玮. 2006. 中国本土市场营销精选案例与分析[M]. 广州：广东经济出版社.

洛夫洛克 C H. 2001. 服务营销[M]. 陆雄文，等译. 北京：中国人民大学出版社.

吕一林. 2007. 现代市场营销学[M]. 北京：清华大学出版社.

欧德罗伊德 M. 2005. 市场营销环境[M]. 杨琳译. 北京：经济管理出版社.

庞大庆，等. 2001. 促销管理与策划[M]. 大连：东北财经大学出版社.

特劳特 R. 2002. 营销战[M]. 左占平，等译. 北京：中国财政经济出版社.

万后芬. 2007. 市场营销教程[M]. 第 2 版. 北京：高等教育出版社.

吴健安. 2007. 市场营销学[M]. 第 3 版. 北京：高等教育出版社.

谢声. 2005. 现代市场营销教程[M]. 广州：暨南大学出版社.

叶生洪，张泳，张计划. 2006. 市场营销经典案例与解读[M]. 广州：暨南大学出版社.

余鑫炎. 2001. 品牌战略与决策[M]. 大连：东北财经大学出版社.

周梅华，郑聪玲. 2002. 市场营销教学案例[M]. 北京：中国矿业大学出版社.

庄贵军，周筱莲，王桂林. 2004. 营销渠道管理[M]. 北京：北京大学出版社.